Övnings
sve grammatik
grammatik

スウェーデン語トレーニングブック

當野能之
Takayuki Tohno

白水社

装丁・本文デザイン　森デザイン室

はじめに

　ノベル（ノーベル）賞，「長くつ下のピッピ」をはじめとする児童文学，スウェーデンデザイン，女性の社会進出，IKEA や H&M といった企業—スウェーデンは人口 1000 万人の小国ですが，日本での関心は高く，「スウェーデン」と聞くと，誰しも何らかのイメージが湧くのではないでしょうか．ところが，「スウェーデン語」と聞いても，ピンとこない方が多いかもしれません．スウェーデン語はゲルマン系の言語で，英語やドイツ語などと親戚関係にあり，それらの言語の知識があると，学びやすい言語です．

　本書はスウェーデン語文法のトレーニングブックです．スウェーデン語を学び始める方，あるいは，文法の復習をしたい方を対象に想定して執筆しました．見開き 2 ページで，文法解説と練習問題から成ります．解説はできるだけ平易に，そして簡潔に記述し，また，練習問題は無味乾燥にならないように，スウェーデンの社会・歴史・文化に関する事柄が含まれるように配慮しました．本書がスウェーデン語を学ぶ方々の一助になれば幸いです．日本語や英語を介さずに，スウェーデン語を通してみるスウェーデンには，必ずや新しい気づきや発見があることでしょう．

　本書を書くにあたり，多くの方々にお世話になりました．まず，草稿に目を通していただいた梅谷綾さん，スウェーデン語のチェックを引き受けてくれたMárton András Tóth さんに，この場を借りて感謝を申し上げます．また，常日頃お世話になっている大阪大学デンマーク・スウェーデン語研究室の同僚にも合わせて，お礼を申し上げたい．本書は大阪大学着任以来，担当しているスウェーデン語専攻 1 年生の文法の授業がもとになっています．いつも疑問や質問を寄せてくれるスウェーデン語専攻の学生の皆さんに感謝したいと思います．

移転直前の大阪大学(旧大阪外国語大学)箕面粟生間谷キャンパスにて
2021 年 1 月
當野能之

本書の使い方

●スウェーデン語学習の準備

まずは，次のページを読んで，スウェーデン語学習の準備をしてください．

●1課〜78課

見開き2ページで，左に文法解説を，右に問題を配しています．文法解説を読んだうえで，練習問題を解いてください．練習問題には新出の「語句」が付されています．基本的に辞書の見出し語として載っている形（名詞は単数未知形，動詞は不定詞）を載せてありますが，次の点に注意が必要です．名詞の前には，その性が分かるように，en（EN名詞）とett（ETT名詞）を付しました．(en), (ett)のように記載がある場合は，その名詞が不可算名詞であること（従って，複数形がないこと）を表しています．動詞については，20課までは現在形で，文法事項として不定詞が出てくる21課以降は不定詞を載せてあります．

●補遺

補遺では，語順と副詞について，詳しい説明を載せてあります．語順については，近年スウェーデンで刊行されている学習書でも採用されている節スキーマに基づいた解説を行っています．語順に関するまとめとして，ご一読ください．

●巻末資料

学習の際に役に立つ，名詞・形容詞・動詞の変化形などをまとめてあります．

●単語リスト

本書で使用された語彙をアルファベット順に載せてあります．不規則動詞はその変化形を現在形・過去形・完了形の順に，名詞はウムラウト変化を起こすものについて，単数既知形・複数未知形・複数既知形の順に挙げてあります．また，一部の代名詞に関しても，中性単数形・複数／既知形の順に載せました．固有名詞については，紙幅の関係から国名のみを掲載しました．

語彙集で使用した略号は次の通りです．

[名]名詞，[代]代名詞，[形]形容詞，[動]動詞，[助]助動詞，[副]副詞，[前]前置詞，[接]接続詞，[数]数詞，[間]間投詞，[略]略号

スウェーデン語学習の準備

　本書はスウェーデン語文法のトレーニングブックで，できるだけこの本で完結できるように書いたつもりですが，やはりどうしても準備が必要です．以下では，スウェーデン語を学んでいくうえで，ぜひやって欲しいこと（発音の練習）とあった方がよいモノ（本やアプリ）を紹介していきます．日本語でアクセスできるものを中心に，見ていきたいと思います．

1. 文字

　スウェーデン語には英語で使われるアルファベット以外に，Å, å, Ä, ä, Ö, ö という 3 種類の母音字が加わります．紙の辞書を引く際には，通常の A ～ Z に続いて，Å, Ä, Ö の順で配列されています．

2. 発音

　本書では，発音については扱っていません．しかし，発音を無視してスウェーデン語学習を始めることはできません．そこで，筆者も作成に関わった❶でしっかりと発音について学んでください．ネット上の無料の教材で「発音編」で音声を聞くことができ，母音については口の形を見ながら発音練習ができます．また，後述する❺にも，詳しい発音の解説があります．

　❶清水育男・當野能之・Johanna Karlsson・梅谷綾. 『高度外国語教育学習コ
　　ンテンツ　スウェーデン語』大阪大学，2009 年.
　　（http://el.minoh.osaka-u.ac.jp/wl/sv/）

母音に関しては，(1) 各母音の発音，(2) 長母音・短母音の区別，(3) 軟母音・硬母音の区別が重要になります．また，子音では，(1) 強勢のある軟母音の前にある g-, k-, sk- の発音，(2) r+l/d/s/t/n の際にそり舌音になる点が特徴的です．最後に，強弱アクセントと高低アクセントについてです．スウェーデン語には，いわゆる強弱アクセントがあり，原則として第 1 音節に強勢が置かれます．しかし，借用語などで第 1 音節以外に置かれるものがあり，注意が必要です．さらに，高低アクセント（語アクセント）があり，アクセントⅠとアクセントⅡの区別がある点に注意しましょう．

　なお，ヨーテボリ，マルメなどは，ユテボリあるいはユーテボリ，マルムー

がより原音に近い表記になりますが，地図帳などで確定している固有名詞についてはその表記に合わせました.

3. 辞書・語彙集

本書には巻末に単語リストがついていますが，学習を進めていくうえでは辞書や語彙集が必要になるでしょう. 日本語で書かれた大型の辞書としては❷があります. また，語彙集には❸❹があり，覚えた単語を確認するのによいでしょう. ❺は分野別語彙集で，作文をする時などに役に立ちます.

❷尾崎義・田中三千夫・下村誠二・武田龍夫.『スウェーデン語辞典』大学書林，1990 年.

❸菅原邦城・Claes Garlén.『スウェーデン語基礎 1500 語』大学書林，1987 年.

❹速水望.『ニューエクスプレス　スウェーデン語単語集』白水社，2011 年.

❺松浦真也.『スウェーデン語の基本単語』三修社，2010 年.

さて，日本語でアクセスできるという点からは外れてしまいますが，次の❻❼は有用です. どちらも，ネット上で（https://svenska.se/），またアプリとして，無料で利用できるものです. スウェーデン語で書かれてはいますが，前者では単語の変化形を調べることができ，後者ではすべての見出し語の発音を聞くことができます.

❻ SAOL (= Svenska Akademiens ordlista). Svenska Akademien. 2016.

❼ Svensk ordbok. Svenska Akademien. 2009.

最後に，大阪大学外国語学部スウェーデン語専攻の HP でも，簡単な語彙集を PDF で公開していますので，機会があればアクセスしてみてください.

（http://www.sfs.osaka-u.ac.jp/user/swedish/publikation.html）

4. 文法・会話

本書よりも詳しい文法の解説を読みたい方は，筆者も関わった❽を参照してください. また，会話表現に関しては，上掲の❶や以下の❾が参考になるでしょう.（ちなみに，本書は❽で清水育男先生が書かれた文法記述に大きな影響を受けていることを書き添えておきます.）

❽清水育男・Larsson Ulf・當野能之.『世界の言語シリーズ12　スウェーデン語』大阪大学出版会，2016 年.

❾速水望『ニューエクスプレスプラス　スウェーデン語』白水社，2019 年.

さあ，それでは早速，スウェーデン語を学んでいきましょう.

目　次

9

11

1 人称代名詞（1）主格／表現（1）自己紹介

❶ 人称代名詞（1）主格

主語として機能し，「〜が」に相当する人称代名詞の主格は以下の通りです．

	単数	複数
1人称	jag（私が）	vi（私たちが）
2人称	du（あなたが）	ni（あなたたちが）
3人称	han（彼が）	de（彼らが，それらが）
	hon（彼女が）	
	den（それが）	
	det（それが）	

注意
- jag は -g が発音されないのが一般的．
- det は -t が発音されないのが一般的．
- den は EN 名詞に，det は ETT 名詞を指す場合に使われる． ☞ Kapitel 2
- de は /dâm/ と発音される．
- 3人称単数で性別を特定しない，つまり han でも hon でもない，hen という代名詞の使用が公文書などで広まっている．

❷ 表現（1）自己紹介

Jag heter Ida Andersson. 　　　　　私の名前はイーダ・アンデションです．

Jag kommer från Sverige. 　　　　　私はスウェーデン出身です．

Jag bor i Stockholm. 　　　　　　　私はストックホルムに住んでいます．

Jag läser japanska vid Stockholms universitet.

　　　　　　　　　　　　　　　　ストックホルム大学で日本語を勉強しています．

Jag har en man och tre barn. 　　　私には夫がと子供が3人います．

┌─ **語句** Ida イーダ（女性名），Andersson アンデション(姓)，heter 〜という名前である，kommer från 〜の出身である，Sverige スウェーデン，bor 住んでいる・泊まる，i 〜に（英語 in），Stockholm ストックホルム，läser 読んでいる・学んでいる，japanska 日本語，vid（大学）で，ett universitet 大学，Stockholms universitet ストックホルム大学，och そして（英語 and），en man 夫・男，har 持っている，tre 3，ett barn 子供

☞ 解答例 175 ページへ

問題1 下線部を人称代名詞に変えなさい．

1. Anna kommer från Göteborg.

アンナはヨーテボリの出身です．

2. Anna och Hans bor i Majorna.

アンナとハーンスはマイヨナに住んでいます．

3. Jag och min pojkvän reser till Göteborg och träffar dem imorgon.

私とボーイフレンドは明日ヨーテボリに旅行して彼らに会います．

4. Vi bor på ett hotell och hotellet heter Scandic Europa.

私たちはホテルに泊まります．ホテルの名前はスカンディック・ヨーロッパです．

5. Vi besöker en nöjespark i Göteborg. Nöjesparken heter Liseberg.

私たちはヨーテボリの遊園地を訪れます．遊園地の名前はリセバリです．

> **語句** Anna アンナ（女性名），Göteborg ヨーテボリ，Hans ハーンス（男性名），Majorna マイヨナ（ヨーテボリの地区名），min 私の，en pojkvän ボーイフレンド，reser 旅行する，träffar 会う，dem 彼らを・彼らに，imorgon 明日，på（ホテル）で，ett hotell ホテル（ETT 名詞），Scandic Europa スカンディック・ヨーロッパ（ホテル名），besöker 訪れる，en nöjespark 遊園地（EN 名詞），Liseberg リセバリ（ヨーテボリにある遊園地名）

問題2 以下の文を読んで，カッコ内に適切な人称代名詞を入れ，日本語に訳しなさい．

Jag kommer från Japan. Jag studerar kemi på KTH. Jag har en fru. (1.　　　) heter Yuko och läser svenska på SFI. (2.　　) har en son och en dotter. (3.　　) heter Kenta och (4.　　) heter Ai. (5.　　) går båda på dagis. (6.　　) heter Liljeholmens förskola. (7.　　) ligger nära vår lägenhet.

> **語句** studerar 勉強してる，(en) kemi 化学，KTH 王立工科大学，en fru 妻，SFI 移民のためのスウェーデン語学校，en son 息子，en dotter 娘，går på dagis 保育所に通っている，båda 両方，ett dagis 保育所（ETT 名詞），en förskola 就学前学校（EN 名詞），ligger（建物などが）ある，nära ～の近くに，vår 私たちの，en lägenhet マンション

問題3 次の日本語をスウェーデン語に直しなさい．

1. 彼らはドイツの出身です．（ドイツ Tyskland）

2. 彼女はノルウェーに住んでいます．（ノルウェー Norge）

3. 彼は生物学を勉強しています．（生物学 biologi）

4. 私たちは家を 3 軒持っています．（家 hus 単複同形）

2 名詞（1）性と数／未知形と既知形

❶ 性と数

他のヨーロッパの言語と同様に，スウェーデン語の名詞にも文法上の性があります．もともとは男性・女性・中性の3性がありましたが，男性と女性が一つになり，共性名詞となり，現在は共性・中性という2性の対立です．また，単数と複数という数の区別も存在します．数えられる名詞（可算名詞）には，不定冠詞（英語の a/an に相当）がつきます．共性名詞には不定冠詞 en が，中性名詞には ett が用いられることから，本書では共生名詞を **EN 名詞**，中性名詞を **ETT 名詞**と呼ぶことにします．

EN 名詞（共性名詞）　：**en pojke** 少年，**en vecka** 週，**en stol** 椅子

ETT 名詞（中性名詞）：**ett barn** 子供，**ett år** 年，**ett bord** テーブル

注意　・EN 名詞か ETT 名詞かは，基本的にそれぞれの単語ごとに覚えていく．
・人や動物を表す名詞は EN 名詞，花や木々なども EN 名詞である傾向があるが，どちらも例外がある．
・EN 名詞は約75％，ETT 名詞は約25％．ETT 名詞を覚えると効率的．

❷ 未知形と既知形

名詞には，未知形と既知形があります．

未知形（初出の情報）	既知形（既出の情報）
en hund (*a dog*)	**hunden** (*the dog*)
ett hus (*a house*)	**huset** (*the house*)

未知形は英語の不定冠詞がついた名詞句に，既知形は定冠詞がついた名詞句におおむね相当します．既知形は話し手と聞き手が了解しているものに言及する際に使われ，名詞の語尾変化として現れ，EN 名詞では -en を，ETT 名詞では -et を語末につけます．ただし，母音で終わる名詞の場合，EN 名詞では -n を，ETT 名詞では -t を語末につけます．（複数形の未知形と既知形☞ Kapitel4・5・6）

未知形	既知形
en flicka (*a girl*)	**flickan** (*the girl*)
ett äpple (*an apple*)	**äpplet** (*the apple*)

Jag har en hund och en katt. Hunden heter Kalle och katten heter Findus.

私は犬と猫を飼っていて，犬はカッレ，猫はフィンドゥスという名前です．

☞ 解答例 175 ページへ

問題1 カッコ内に適切な名詞の単数既知形を入れなさい.

1. Södermanland är ett landskap i Sverige. (　　) kallas även för Sörmland.

スーデルマンランドはスウェーデンのランドスカープ（地方）だ. その地方はスルムランドとも呼ばれている.

2. Kiruna är en stad i Lappland. (　　) har cirka 17 000 invånare.

キルナはラップランドの都市で, その町には約 1 万 7 千人の住人がいる.

3. Vasastan är ett område i Stockholm. Stadsbiblioteket ligger i (　　).

ヴァーサスタンはストックホルムの一地区で, その地区には市立図書館がある.

4. Vättern är en sjö i Sverige. (　　) ligger mellan Östergötland och Västergötland.

ヴェッテンはスウェーデンの湖で, その湖はウステルユートランドとヴェステルユートランドの間にある.

> **語句** Södermanland (Sörmland) スーデルマンランド（地名）, ett landskap ランドスカープ（地方に相当）, kallas för A A と呼ばれている, även さらに, Kiruna キルナ（地名）, en stad 都市・町, Lappland ラップランド（地名）, cirka 約, en invånare 住人, Vasastan ヴァーサスタン（地名）, ett område 地区, Stadsbiblioteket 市立図書館, Vättern ヴェッテン（湖名）, en sjö 湖・海. Östergötland ウステルユートランド（地名）. Västergötland ヴェステルユートランド（地名）

問題2 日本語文の意味になるように, カッコ内に単数未知形か単数既知形を入れなさい.

Jag är advokat. Jag har (1.　) i Södermalm. Jag har bara (2.　), (3.　) och (4.　) i (5.　). Jag sitter alltid på (6.　) och funderar. Jag har en laptop på (7.　), men jag letar efter en ny dator.

私は弁護士です. スーデルマルムに事務所があります. 事務所にはソファーと椅子と机しかありません. 私はいつも椅子に座って考えごとをしています. 机にはラップトップがありますが, 新しいパソコンを探しています.

> **語句** en advokat 弁護士, ett kontor 事務所, Södermalm スーデルマルム（地名）, en soffa ソファー, en stol 椅子, ett skrivbord 机, sitter 座っている, alltid いつも, funderar 深く考える, en laptop ラップトップ, letar efter 〜を探している, ny 新しい, en dator パソコン

問題3 次の日本語をスウェーデン語に直しなさい.

1. 彼らはある少女を探しています.

2. その事務所はその就学前学校の近くにあります.

3. その少年はイングランドのある町に住んでいます.（イングランド England）

4. その息子は保育所に通っています.

17

3 動詞（1）現在形／
主節の語順（1）平叙文

❶ 動詞（1）現在形

動詞の現在形は -r, あるいは -er で終わります.

-r: **bor** 住んでいる, **har** 持っている, **cyklar** 自転車に乗る, **är** ～である

-er:heter ～という名前である, **äter** 食べる, **åker** (乗り物で)～に行く

> **注意** ・-r でも -er でも終わらない例外として vet（知っている）がある.
>
> ・助動詞の現在形は -r や -er で終わらないものが多い. ☞ Kapitel 22・23
>
> ・辞書の見出し語は不定詞である. ☞ Kapitel 21

現代のスウェーデン語では主語の人称や数にかかわらず, 動詞の形は同じです.

Jag bor i Stockholm.	私はストックホルムに住んでいます.
Han bor i Stockholm.	彼はストックホルムに住んでいます.
De bor i Stockholm.	彼らはストックホルムに住んでいます.

現在形は, 現在の状態や習慣以外に, 現在進行している動作（☞ Kapitel 48）や近い未来（☞ Kapitel 41）を意味することがあります.

Han är lärare.	彼は教師です.
Han cyklar ofta.	彼はしばしば自転車に乗ります.
Han äter middag nu.	彼は今夕食を食べています.
Han åker till England imorgon.	彼は明日イングランドに行きます.

❷ 語順（1）平叙文

平叙文の基本語順は, ［主語＋動詞(現在形・過去形)...］となります. 動詞（および助動詞）の現在形と過去形を**定動詞**と呼びます. 平叙文では定動詞が文の 2 番目の要素に来ます.

Han cyklar {ofta/alltid}.	彼は{しばしば／いつも}自転車に乗ります.
×**Han {ofta/alltid} cyklar.**	

以下の頻度の副詞は, 主節では定動詞の直後に置かれます.

Han skriver {alltid/ofta} brev.	彼は{いつも／しばしば}手紙を書く.
Han skriver {sällan/aldrig} brev.	彼は{めったに／まったく}手紙を書かない.

> **注意** ibland（ときどき）は文末あるいは文頭に置かれることが多い. 副詞が文頭に来た場合の語順については☞ Kapitel 8

Han skriver brev ibland.	彼はときどき手紙を書く.

問題1 日本語文の意味になるように，単語を並び変えなさい.

1. 私は 6 時に目を覚ましてコーヒーを飲みます.

   Jag (dricker / kaffe / klockan sex / och / vaknar).

2. さっとシャワーを浴びて，それから朝食を食べます.

   Jag (duschar / frukost / och sedan / snabbt / äter).

3. 朝食後に新聞を読みます.

   Jag (efter / en / frukosten / läser / tidning).

4. 地下鉄に乗って職場まで行きます.

   Jag (jobbet / till / tunnelbana / åker).

5. 電車の中ではしばしば音楽を聴きます.

   Jag (lyssnar / musik / ofta / på / på / tåget).

> **語句** dricker 飲む. (ett) kaffe コーヒー. klockan sex 6時. vaknar 目を覚ます. duschar シャワーを浴びる. en frukost 朝食. sedan それから. snabbt 素早く. äter 食べる. efter 〜の後で. en tidning 新聞・雑誌. ett jobb 仕事・職場. till 〜へ（英語 to）. en tunnelbana 地下鉄. åker（乗り物に乗って）行く. lyssnar på 〜を聞く. (en) musik 音楽. ofta しばしば. ett tåg 電車・列車

問題2 下記の文章中から動詞を抜き出して，-r で終わるものと -er で終わるものに分類しなさい. また，以下の文を日本語に訳しなさい.

Jag springer varje morgon, och sedan åker bil till jobbet, men min fru åker buss. Hon säger "Jag reser med kollektivtrafik. Det är bra för miljön." Min son går eller cyklar till skolan. Vi promenerar ofta i skogen på helgen.

> **語句** springer 走る. varje morgon 毎朝. men しかし（英語 but）. en buss バス. med（手段を表して）〜で. reser 旅行する・移動する. (en) kollektivtrafik 公共交通機関. bra よい. för 〜のために. en miljö 環境. en skog 森. en helg 週末・休日

問題3

1. スヴェンは教師です.（スヴェン Sven [男性名]）

2. 彼は 7 時に目を覚まし，そのまま起床します.

   （7 sju，起床する stiger upp，直接・そのまま direkt）

3. 彼は車で学校に行きます.

4. 彼は車の中でラジオを聞きます.（ラジオ en radio）

4 名詞（2）複数形 −EN名詞を中心に

　複数形の作り方を見ていきます．単数形に未知形と既知形があったように，複数形にも未知形と既知形があります．

単数未知形	単数既知形	複数未知形	複数既知形	意味
en bil (a car)	**bilen** (the car)	**bilar** (cars)	**bilarna** (the cars)	車

まずは EN 名詞を中心とした複数形の作り方を見ていきます．

　複数形の語尾は **(1) -or, (2) -ar, (3) -er** の 3 種類あり，単数未知形の語尾や強勢の位置からある程度予測がつきます．**複数既知形は複数形の後に -na** をつけて作ります．

(1) 複数形語尾 −or（単数未知形が -a で終わる EN 名詞）

en flicka	**flickan**	**flick<u>or</u>**	**flick<u>orna</u>**	少女

　　　✧ 複数形で -a を落として -or を付加．× flickaor

注意　ただし，以下の名詞は -a で終わらないが複数語尾が -or になる．

　　en ros, rosen, rosor, rosorna（バラ），en toffel（スリッパ），en åder（血管）

(2) ① 複数形語尾 −ar（単数未知形が子音で終わる EN 名詞）

en bil	**bilen**	**bil<u>ar</u>**	**bil<u>arna</u>**	車

② 複数形語尾 −ar（単数未知形が -a 以外の母音で終わる EN 名詞 [-e で終わる名詞が多い]）

en pojke	**pojken**	**pojk<u>ar</u>**	**pojk<u>arna</u>**	少年

　　　✧-e で終わる名詞は，複数形で -e を落として -ar を付加．× pojkear

注意　ただし，例外に以下のような −a 以外の母音で終わる EN 名詞がある．

　　複数形語尾 -r: en sko, skon, sko-r, sko-rna（靴），en ko（牝牛），en tå（足の指）

　　複数形語尾 -er: en kö, kön, kö-er, kö-erna（行列）

(3) ① 複数形語尾 −er（最終音節に強勢のある EN 名詞 [en present 最終音節に強勢]）

en present	**presenten**	**present<u>er</u>**	**present<u>erna</u>**	贈り物

② 複数形語尾 −er（例外）

en katt	**katten**	**katt<u>er</u>**	**katt<u>erna</u>**	猫

　　　✧(3) ①の例外．1 音節目に強勢があるが，複数形語尾が -er になる．

問題1 次の単語の単数既知形，複数未知形，複数既知形を答えなさい．

1. **en paprika** パプリカ

2. **en korv** ソーセージ

3. **en köttbulle** ミートボール

4. **en tomat** トマト（強勢は最後の音節）

5. **en sallad** サラダ，レタス（強勢は1音節目にあるが例外．ただし，レタスの意味では不可算）

問題2 日本語文の意味になるように，カッコ内に適切な名詞の変化形を入れなさい．

A: Vad har du i kylskåpet? 冷蔵庫に何があるの？

B: Jag har två (**1.**), tio (**2.**), fem (**3.**) och ost. Jag har (**4.**) i frysen också.

パプリカが2個とソーセージが10本，トマトが5個そしてチーズがあるわ．それと冷凍庫にはミートボールもあるわ．

A: Ok, vi lagar korv stroganoff med (**5.**) och (**6.**).

分かった，ソーセージとパプリカでソーセージストロガノフを作ろう．

B: Vi gör en sallad med (**7.**) och osten också.

トマトとチーズでサラダも作るわ．

> **語句** ett kylskåp 冷蔵庫，Vad har du i kylskåpet? 疑問詞疑問文については☞ Kapitel 10，två 2，tio 10，(en) ost チーズ，en frys 冷凍庫，gör（料理などを）作る，stroganoff ストロガノフ，också ~もまた

問題3 次の単語の単数既知形，複数未知形，複数既知形を答えなさい．

1. **en soffa** ソファー

2. **en stol** 椅子

3. **en fåtölj** 安楽椅子（強勢は最後の音節）

問題4 次の日本語をスウェーデン語にしなさい．

1. 私たちはリビングにソファーを1つと安楽椅子を2つ持っています．

（リビングに i vardagsrummet）

2. 私はそれらの安楽椅子を気に入っています．（気に入っている gillar）

3. 私たちはキッチンにテーブルを1つと椅子を4つ持っています．（キッチン ett kök）

4. 私たちはそれらの椅子も気に入っています．

5 名詞（3）複数形 –ETT名詞を中心に／不定代名詞（1）

❶ 名詞（3）複数形　–ETT 名詞を中心に

ETT 名詞を中心とした複数形の作り方を見ていきます．**複数形の語尾は (4) -n, (5) - ∅**（ゼロ，つまり単複同形）の 2 種類あり，単数未知形の語尾から予測がつきます．**複数既知形の語尾は (4) -a, (5) ① -en，② -na** になります．(5) ②は EN 名詞ですが，単複同形であるという点で，(5) ①と同じ分類にしてあります．

(4) 複数形語尾 –n, 複数既知形語尾 –a（単数未知形が母音で終わる ETT 名詞）

単数未知形	単数既知形	複数未知形	複数既知形	意味
ett äpple	äpplet	äpplen	äpplena	りんご

❖ 複数形で -n を付加．EN 名詞単数既知形との混同に注意．

❖ 複数既知形で -a を付加

(5) ① 複数形語尾 –∅，複数既知形語尾 –en（単数未知形が子音で終わる ETT 名詞）

ett hus	huset	hus	husen	家・建物

❖ 複数形でゼロ語尾．単複同形

❖ 複数既知形で -en を付加．EN 名詞単数既知形との混同に注意．

② 複数形語尾 –∅，複数既知形語尾 –na

（単数未知形が -are で終わる人や道具を表す EN 名詞）

en lärare	läraren	lärare	lärarna	教師

❖ 複数形で -e を落として -na を付加． × lärarena

❷ 不定代名詞（1）många と mycket

många は可算名詞の複数形を修飾して，数が多いことを表します．一方，mycket は不可算名詞を修飾して量が多いことを表します．両方とも，名詞の未知形を修飾することに注意が必要です．

Sven dricker mycket kaffe.　　スヴェンはたくさんのコーヒーを飲みます．

（kaffe［コーヒー］は一般的に不可算名詞）

Sven dricker många koppar kaffe.　スヴェンはコーヒーを何杯も飲みます．

（en kopp［カップ］は可算名詞，「X 杯のコーヒー」という表現については☞ Kapitel 27）

☞ 解答例 175 ページへ

問題1 次の単語の単数既知形，複数未知形，複数既知形を答えなさい．

1. ett sjukhus　　　　　　病院

2. en läkare　　　　　　医師

3. en sjuksköterska　　　看護師

4. ett sjukvårdsbiträde　　介護士

5. en patient　　　　　　患者（強勢は最後の音節）

問題2 日本語文の意味になるように，カッコ内に適切な名詞の変化形を入れなさい．

Jag arbetar som läkare på（1.　　）．Många（2.　　）och（3.　　）samarbetar på（4.　　）．
（5.　　）arbetar hårt men vi har många（6.　　）så vi behöver fler（7.　　）．Det är många
（8.　　）också．De hjälper de äldre med vardagssysslor.

私はある病院で医師として働いています．その病院では多くの医師と看護師が協力しています．看護
師たちは懸命に働いていますが，患者が多く，さらに多くの看護師を必要としています．介護士もた
くさんいます．彼らは老人の日常生活を介助します．

> **語句** arbetar 働く，som ～として，samarbetar 協力する，hårt 一生懸命に，så それで，
> behöver 必要とする，fler より多くの，hjälper A med B AのBを助ける，de äldre 老人，en
> vardagssyssla 日常の活動

問題3 次の単語の単数既知形，複数未知形，複数既知形を答えなさい．ただし，不
加算名詞は単数既知形のみ答えること．

1. en mugg　　　マグカップ

2. (en) mjölk　　牛乳

3. (ett) öl　　　ビール

4. ett glas　　　グラス

問題4 次の日本語をスウェーデン語にしなさい．

1. カッレは毎日たくさん牛乳を飲みます．

2. 彼は1日にマグカップ4杯飲みます．

　（1日に om dagen ☞ Kapitel 6）

3. ヨハンナはビールが好きで，何杯も飲みます．

4. 彼女は明日仕事で，今日は1杯だけしか飲みません．

　（明日 imorgon，仕事をする jobbar，今日 idag，～だけ bara，så（それで）で文をつなぐ）

6 名詞（4）強勢のない –el, –er, –enで終わる名詞／表現（2）頻度表現

❶ 名詞（4）強勢のない -el, -er, -en で終わる名詞

強勢のない -el, -er, -en で終わる名詞では，①原則として，語末の -e-，つまり -el, -er, -en の -e- が落ちます．ただし②強勢のない -el, -er で終わる EN 名詞に単数既知形の語尾がつくと，語尾の -e- が落ちます．

(1) ETT 名詞　①語末の -e- が落ちる

	単数未知形	単数既知形	複数未知形	複数既知形	意味
-el	ett exempel	exemp*e*let	exempel	exemp*e*len	例
-er	ett fönster	fönst*e*ret	fönster	fönst*e*ren	窓
-en	ett vapen	vap*e*net	vapen	vap*e*nen	武器
	語末 -e- 脱落		語末 -e- 脱落	

注意 以下の 2 語は強勢のない -er で終わる語だが，注意が必要．

ett finger / fingret / fingrar / fingrarna 指（ETT 名詞だが，複数形の語尾が -ar）

ett nummer / numret / nummer / numren 数字（語末の -e- に加え m も 1 つ落ちる）

(2) EN 名詞

①語末の -e- が落ちる，②単数既知形で語尾の -e- が落ちる

-el	en cykel	cykel*e*n	cyk*e*lar	cyk*e*larna	自転車
-er	en syster	syster*e*n	syst*e*rar	syst*e*rarna	姉妹
		語尾 -e- 脱落	語末 -e- 脱落	語末 -e- 脱落

注意 単数既知形で語尾の -e- が落ちることに注意．

①語末の -e- が落ちる

-en	en botten	bott*e*nen	bott*e*nar	bott*e*narna	底
		語末 -e- 脱落	語末 -e- 脱落	語末 -e- 脱落

❷ 表現（2）「1 日につき～」のような頻度表現

「1 日につき～」のような頻度表現は［前置詞＋時間を表す名詞既知形］で表します．前置詞は名詞により om あるいは i が使われます．

om + {dagen/dygnet/året}　　　　［1 日／ 24 時間／ 1 年］につき

i + {sekunden/minuten/timmen/veckan/månaden}

［1 秒／ 1 分／ 1 時間／ 1 週間／ 1 カ月］につき

Han ser två filmer {om året/i månaden}.　　彼は［月に／年に］映画を 2 本見る．

注意 注意　［per ＋名詞未知形］でも同様に表現できる．

Han ser två filmer per {år/ månad}.　　彼は［月に／年に］映画を 2 本見る．

問題1 次の単語の単数既知形，複数未知形，複数既知形を答えなさい．

1. en fågel 鳥

2. en vinter 冬

3. ett tecken 印・兆候

4. ett väder 天気

5. (ett) vatten 水・水辺（水辺の意味では可算）

問題2 日本語文の意味になるように，カッコ内に適切な名詞の変化形を入れなさい．

Jag gillar (1.   ). Det är bra (2.   ) idag. Jag cyklar till en sjö i skogen. Det är tyst där och (3.   ) är klart. Många (4.   ) samlas där. (5.   ) äter fisk från sjön. Löven ändrar färg. Det är (6.   ) på hösten. Många (7.   ) flyger söderut på (8.   ).

私は鳥が好きです．今日はよい天気です．森にある湖に自転車で行きます．そこは静かで，水が澄んでいます．多くの鳥がそこに集まります．鳥たちは湖の魚を食べます．葉が色を変えます．秋の知らせの１つです．多くの鳥たちは冬に南に渡ります．

> **語句** tyst 静かな．där そこで，klart 澄んだ（klar の ETT 名詞単数形 ☞ Kapitel 32），samlas 集まる．en fisk 魚．ett löv 葉．ändrar 変える．en färg 色．en höst 秋．flyger 飛ぶ，söderut 南へ．på + 季節名の既知形（〜の季節）に ☞ Kapitel 18

問題3 次の単語の単数既知形，複数未知形，複数既知形を答えなさい．

1. en nyckel 鍵

2. en bokhandel 本屋

3. en regel 規則（複数形語尾は -er）

問題4 次の日本語をスウェーデン語にしなさい．

1. 私はポケットにカギを３つ持っています．（ポケット en ficka）

2. 私は水曜にその本屋を訪れます．（水曜に på onsdag）

3. 彼は多くの校則にうんざりしている．（〜にうんざりしている är trött på...）

4. 彼は１年に１回スウェーデンに行きます．（回 en gång）

5. 彼女は１週間に３回トレーニングをします．（トレーニングをする tränar）

7 人称代名詞（2）目的格／
表現（3）「知っている」を表す述語

❶ 人称代名詞（2）目的格

目的語として機能し，「〜を」,「〜に」に相当する人称代名詞の目的格は以下の通りです．主格と合わせて覚えましょう． ☞ Kapitel 1

	単数		複数	
	主格	目的格	主格	目的格
1 人称	jag	mig（私を）	vi	oss（私たちを）
2 人称	du	dig（あなたを）	ni	er（あなたたちを）
3 人称	han	honom（彼を）	de	dem（彼らを，それらを）
	hon	henne（彼女を）		
	den	den（それを）		
	det	det（それを）		

注意 ・mig, dig はそれぞれ /mej/, /dej/ と発音される．

・det は -t が発音されないのが一般的．

・den は EN 名詞を，det は ETT 名詞を指す場合に使われる． ☞ Kapitel 2

・den, det は主格と目的格で同形．

・dem は /dåm/（短母音）と発音される．主格（de）と目的格（dem）は綴り上は区別されるが，発音は共に /dåm/ となる．

代名詞の目的格は，他動詞の目的語，前置詞の目的語，そして 2 重目的語構文の目的語として機能します．

Anna älskar honom.　　　　アンナは彼のことを愛しています．

Emil väntar på henne.　　　エーミルは彼女を待っています．

Emil ger mig en present.　　エーミルは私にプレゼントをくれます．

❷ 表現（3）「知っている」を表す述語

日本語で「知っている」を意味する表現には，いくつかあります．

känner（人を）知っている，知り合いである．

　Jag känner honom.　　　　　私は彼と知り合いです．

känner till（存在を）知っている（till に強勢．不変化詞動詞 ☞ Kapitel 72）

　Jag känner till författaren.　その作家のことは知っています．

vet（知識・情報として）知っている

　De vet sanningen.　　　　　彼らは真実を知っている．

☞ 解答例 176 ページへ

問題1 下線部を人称代名詞に変えなさい.

1. Johan läser en artikel i tidningen i matsalen.

ヨーハンは食堂で新聞記事を読んでいます.

2. Artikeln handlar om valresultatet igår.

その記事は昨日の選挙結果について扱っています.

3. Han pratar om valet med Anna och Sven.

彼は選挙についてアンナとスヴェンと話します.

4. Sven kritiserar Centerpartiets partiledare Annie Lööf.

スヴェンは中央党の党首であるアンニ・ルーヴを非難します.

5. Anna kritiserar däremot statsminister Stefan Löfven.

一方，アンナは首相であるステーファン・ルヴェーンを非難します.

語句 Johan ヨーハン（男性名）. en artikel 記事. en matsal 食堂. handlar om ～を扱っている. ett valresultat 選挙結果. igår 昨日. pratar 話す. om ～について. ett val 選挙. kritiserar 非難する. Centerpartiets partiledare 中央党党首. Annie アンニ（女性名）. Lööf ルーヴ（姓）. däremot それに対して. en statsminister 首相. Stefan ステーファン（男性名）. Löfven ルヴェーン（姓）

問題2 日本語文の意味になるよう，カッコ内に適切な人称代名詞を入れなさい.

Det är fredag idag. Anna och Sven bjuder (1.　) på middag. Vi ger (2.　) två presenter, ett franskt vin till (3.　) och en DVD till (4.　). De serverar (5.　) kokt torsk i dillsås och min flickvän grönsakssoppa. Hon är vegetarian.

今日は金曜です. アンナとスヴェンは私たちを夕食に招待してくれます. 私たちは彼らに2つプレゼントを，彼女にはフランスワインを，彼には DVD を渡します. 彼らは私には茹でたタラのディルソース添えを，私の彼女には野菜スープを出しくれます. 彼女はヴェジタリアンです.

語句 en fredag 金曜日. bjuder 招待する. en middag 夕食. franskt フランスの（fransk の ETT 名詞単数形☞ Kapitel 32）. ett vin ワイン. serverar（食事などを）出す. kokt 茹でた. en torsk タラ. en dillsås ディルのソース. en flickvän ガールフレンド. en grönsakssoppa 野菜スープ. en vegetarian 菜食主義者

問題3 次の日本語をスウェーデン語にしなさい.

1. 彼は総理大臣と知り合いです.

2. 私はその党首のことは知っています.

3. 皆その選挙結果を知っています.（皆 alla）

8 主節の語順（2）倒置文／否定文

❶ 倒置文

　語順の重要なルールに，倒置があります．平叙文の基本語順は，［主語＋動詞 …］ですが，文頭の位置には主語以外にも，副詞（句・節）や目的語名詞句などが立ちます．その際，動詞は常に 2 番目に位置し，その結果主語は動詞の直後に来て，倒置を起こし，［X ＋動詞＋主語 …］という語順になります．ここで言う動詞とは定動詞（動詞と助動詞の現在形と過去形）を指します．

　基本語順

　Jag besöker henne <u>varje dag</u>.　　私は毎日彼女のもとを訪問します．

　倒置語順

　<u>Varje dag</u> besöker jag henne.　［副詞句＋動詞＋主語＋目的語］

　<u>Henne</u> besöker jag varje dag.　［目的語＋動詞＋主語＋副詞句］

　主語以外で文頭に来る要素には，背景となる時や場所を表す副詞(句)［上記の varje dag が文頭にある例］以外に，すでに述べられている情報（多くは代名詞）などがあります．

　Min mamma är på sjukhuset och henne besöker jag varje dag.

　私の母は入院していて，彼女のもとを私は毎日訪問します．

　（henne は min mamma を指し，すでに述べられたことを指す情報）

❷ 否定文

　平叙文における否定文は，否定の副詞 inte を定動詞の次に置くことで作られます．つまり，［主語＋定動詞＋ inte …］の語順になります．

Han kommer		**imorgon.**	彼は明日来ます．
Han kommer	**inte**	**imorgon.**	彼は明日来ません．
Hon tittar		**på TV.**	彼女はテレビを見ています．
Hon tittar	**inte**	**på TV.**	彼女はテレビを見ていません．

　inte は常に定動詞の直後にあるわけではなく，例えば，倒置文では主語と動詞が倒置するため，定動詞と inte は離れます．

　Han kommer inte imorgon. → Imorgon kommer han inte.

　注意　・目的語が代名詞の時の否定文の語順については☞ Kapitel 50

　　　　・否定疑問文の作り方については☞ Kapitel 9

問題1　下線部を文頭に置いた倒置文を作りなさい.

1. Många svenskar äter kräftor i augusti.

多くのスウェーデン人は 8 月にザリガニを食べます.

2. Man kallar festen för kräftskiva.

そのパーティーは kräftskiva と呼ばれます.

3. Det är en gammal tradition i Sverige.

それはスウェーデンの古い伝統です.

4. Man dricker stark sprit, snaps, till maten.

その食事に合わせて，強いお酒であるスナップスを飲みます.

> **語句**　en svensk スウェーデン人（男性）. en kräfta ザリガニ. augusti 8 月. man 一般的な人を表す代名詞☞ Kapitel 62. kalla 呼ぶ. en fest パーティー. en kräftskiva ザリガニパーティー. gammal 古い. en tradition 伝統. stark 強い・きつい. (en) sprit 酒類・アルコール. en snaps スナップス・アクアビット（ジャガイモの醸造酒）. en mat 食事

問題2　①〜⑥を否定文にして，日本語に訳しなさい.

① **Emil pratar ryska** men han gillar Ryssland. ② **Många tycker om Putin i Sverige,** ③ **men han är så farlig,** tror Emil. Hans kompisar dricker mest öl, ④ **men det gör han**. Han älskar vodka, ⑤ **men det dricker han idag.** Det är söndag och ⑥ **Systembolaget har öppet.**

> **語句**　pratar 話す. (en) ryska ロシア語. Ryssland ロシア. tycker om 〜が好きだ（om に強勢）. farlig 危険な・ひどい. tror 思う. en kompis 友人・仲間. mest たいてい. (en) vodka ウオッカ. en söndag 日曜日. Systembolaget 国営酒店. har öppet 開店している

問題3　次の日本語をスウェーデン語にしなさい.

1. 仕事が終わると彼は歩いて家に帰ります.（efter jobbet を文頭に置いて，家に hem）

2. 彼は食事を作りません.（lagar mat 食事を作る）

3. 代わりにいつも洗い物をします.
（istället「代わりに」を文頭に置いて，diskar 洗い物をする）

4. 夕食後彼はネットサーフィンをします.
（efter middagen を文頭に置いて，ネットサーフィンをする surfar på internet）

9 主節の語順（3）
Ja/nej 疑問文とその答え方

❶ Ja/nej 疑問文の作り方とその答え方

［主語＋定動詞...］の語順を，［定動詞＋主語...？］とすることで，疑問文を作ることができます．

Han är läkare. → **Är han läkare?**　　彼は医師ですか？

Hon har tre barn. → **Har hon tre barn?**　　彼女には3人子供がいますか？

Kalle springer varje morgon. → **Springer Kalle varje morgon?**

カッレは毎朝走っていますか？

> **注意**　疑問文の文末は英語のように上昇調ではなく，下降調．

この疑問文に対する答えは，以下のようになります．

　　　肯定の場合［Ja, det ＋定動詞＋主格代名詞］

　　　否定の場合［Nej, det ＋定動詞＋主格代名詞＋ inte］

疑問文の定動詞が，är と har の場合は，それを繰り返し，それ以外の動詞の場合は，代動詞 gör を使います．

Är Sven läkare?　　　　　　　**Ja, det är han. Nej, det är han inte.**

Har Johanna tre barn?　　　　**Ja, det har hon. Nej, det har hon inte.**

Springer Kalle varje morgon?　**Ja, det gör han. Nej, det gör han inte.**

> **注意**　定動詞が助動詞の場合は，答えでその助動詞を繰り返す．助動詞については☞ Kapitel 22・23

❷ 否定疑問文の作り方とその答え方

［主語＋定動詞＋ inte ...］の語順を，［定動詞＋主語＋ inte ...?］とすることで，否定疑問文を作ることができます．結果として，inte の位置は定動詞とは離れます．

Han är inte läkare. → **Är han inte läkare?**　　彼は医師ではないのですか？

否定疑問文に対する答えは以下のようになります．

　　　肯定の場合［Jo, det ＋定動詞＋主格代名詞］（**Ja** ではなく，**Jo** を使う）

　　　否定の場合［Nej, det ＋定動詞＋主格代名詞＋ inte］

Är han inte läkare? Jo, det är han.　　　　いいえ，彼は医師です．

Är han inte läkare? Nej, det är han inte.　　はい，医師ではありません．

問題1 次の文を疑問文にしなさい．また，それに対して肯定と否定で答えなさい．

1. **Åke spelar hockey.**　オーケはアイスホッケーをします．

2. **Han har inte bil.**　彼は車を持っていません．

3. **Vi åker skridskor.**　私たちはスケートを滑ります．

4. **Jag är inte gift.**　私は未婚です．

> **語句** Åke オーケ（男性名）．spelar hockey アイスホッケーをする．åka skridskor スケート
> を滑る．gift 結婚している

問題2 次の会話を日本語に訳しなさい．

Jens: 　Tycker du om köttbullar, Kenta?

Kenta: Ja, det gör jag, men jag gillar inte köttbullar med sylt.

Jens: 　Jo, men lingonsylt passar bra till köttbullar.

Kenta: Tycker du inte om köttbullar med brunsås?

Jens: 　Jo, det gör jag, men köttbullar med lingonsylt är godare.

> **語句** Jens イエンス（男性名）．tycker om ～が好きだ．gillar ～が好きだ．(en) sylt ジャム．
> passar till ～に合う．(en) lingonsylt コケモモのジャム．(en) brunsås ブラウンソース．
> godare よりおいしい（god の比較級☞ Kapitel 63・65）

問題3 次の日本語をスウェーデン語にしなさい．

1. 彼は楽器は弾かないんですか？
   いいえ，弾きますよ．彼はギターを弾きます．
   （楽器を弾く spelar instrument，ギターを弾く spelar gitarr）

2. あなたはスキーをしますか？
   はい，します．毎冬，オーレに行きます．
   （スキーをする åker skidor，毎冬 varje vinter，オーレ Åre [地名．スキー場で有名]，
   [乗り物で] 行く åker）

3. お姉さんはいますか？ （姉 en storasyster）
   いいえ，いません．兄が一人います．（兄 en storebror）

4. その授業に満足していないんですか？
   いいえ，満足しています．先生が上手です．
   （授業 en lektion，～に満足してる är nöjd med，上手だ duktig）

10 主節の語順（4）疑問詞疑問文／疑問代名詞（1）／表現（4）「好き」を表す述語

❶ 語順（4）疑問詞疑問文

疑問詞（疑問代名詞と疑問副詞）を用いた疑問文は，[疑問詞＋定動詞＋主語...?] という語順で作ることができます．ただし，疑問詞自体が主語の時は，[疑問詞主語＋定動詞...?] の語順になります．

Vad heter du?	何というお名前ですか？
Vem pratar kinesiska?	誰が中国語を話すのですか？
Varför läser du svenska?	なぜスウェーデン語を勉強しているのですか？

注意 ・疑問文の文末は上昇調ではなく，下降調．

　　　　・間接疑問文については☞ Kapitel 52

❷ 疑問代名詞（1）

まず覚えたい疑問代名詞には以下のようなものがあります．

vad　何が，何を

　Vad vet du om henne?　彼女について何を知っているの？

注意　vad は値段や時間を尋ねる疑問詞としても使われる．☞ Kapitel 14・15

vem　誰が，誰を

　Vem är han?　　彼は誰？

　Vem talar du med?　誰と話しているの？

注意　・複数の場合は vilka を用いる．**Vilka är de?** 彼らは誰ですか？

　　　　・所有格は vems. **Vems bok är det?** これは誰の本？

　　　　所有格については☞ Kapitel 28・29

❸ 表現（4）「好き」を表す述語

älskar　愛している，大好きである

　Han älskar apelsiner.　彼はオレンジが大好きです．

gillar　好きである

　Hon gillar äpplen.　彼女はリンゴが好きです．

tycker om　好きである（om に強勢が置かれる．不変化詞動詞☞ Kapitel 72）

　Jag tycker om druvor.　私はブドウが好きです．

☞ 解答例 177 ページへ

問題1 カッコ内に適切な疑問代名詞を入れて日本語に訳しなさい.

1. Det luktar gott. (　　　) äter du?　　　　　　　　　- Ärtsoppa.

2. Det är klockan två på natten. (　　　) talar du med?　　　- Joakim.

3. Så många flickor. (　　　) är de?　　　　　　　　　- Hans klasskompisar.

4. Är du trött? (　　　) stressar dig?　　　　　　　　- Jobbet.

5. Åker du till Grekland? (　　　) tar hand om hunden?　　- Min bror.

> **語句** luktar においがする. gott よい (god の ETT 単数形 ☞ Kapitel 32・33). (en)
> ärtsoppa エンドウ豆のスープ. på natten 夜に. Joakim ヨーアキム (男性名). en
> klasskompis クラスメイト. trött 疲れた. stressar ストレスを与える. Grekland ギリシア.
> tar hand om ～の面倒を見る

問題2 カッコ内に適切な疑問代名詞を入れて日本語に訳しなさい.

A: (1.　　　) är de?

B: Det är kungen och drottningen i Sverige. Kungen heter Carl XVI Gustaf och
　drottningen heter Silvia.

A: (2.　　　) gör de här?

B: De reser inkognito i Japan. Det gör de ofta.

A: (3.　　　) är mannen nära dem?

B: Han är livvakt, tror jag.

> **語句** en kung 王. en drottning 王妃. Carl XVI Gustaf カール 16 世グスタヴ. Silvia
> シルビア. här ここで. reser 旅行する. inkognito お忍びで. mannen 男性 (man の単数既
> 知形 ☞ Kapitel 30). en livvakt 警護

問題3 次の日本語をスウェーデン語にしなさい.

1. 私は物理と化学が好きです. (物理 fysik, 化学 kemi)

2. 彼は地理と歴史が好きです. (地理 geografi, 歴史 historia)

3. まだ算数が大好きですか？ (まだ fortfarande, 算数 matte)

4. スルイドって何？　科目の1つです. 今日はみんなで箱を作ります.

　　(スルイド [工作] (en) slöjd, 科目 ett skolämne, 箱 en låda, 作る gör)

11 疑問代名詞（2）／ 表現（5）「嫌い」を表す述語

❶ 疑問代名詞（2）

注意をすべき疑問代名詞に次のようなものがあります.

vilken/vilket/vilka　どの（どちらの），どんな種類の

複数あるうちのどれかを聞く場合と，どのような種類のものかを聞く場合があります. また，後ろに来る名詞の性と数により以下のようになります.

EN 名詞単数未知形	ETT 名詞単数未知形	複数未知形
vilken	vilket	vilka

Vilken bok gillar du?　　どの本／どんな種類の本が好きですか？

Vilket rum gillar du?　　どの部屋／どんな種類の部屋が好きですか？

Vilka kläder gillar du?　　どの服／どんな種類の服が好きですか？

vad ... för / vad för ...　どんな種類の

上記以外にどんな種類か聞く表現に以下のようなものがあります.

　Vad gillar du för bok? = Vad för bok gillar du?　　どんな種類の本が好きですか？

　Vad gillar du för rum? = Vad för rum gillar du?　　どんな種類の部屋が好きですか？

　Vad gillar du för kläder? = Vad för kläder gillar du?　どんな種類の服が好きですか？

> **注意**　・[för+ 名詞]は文末あるいは vad の直後に置かれる.
> ・[för+ 名詞]の名詞が単数形の場合，不定冠詞 en/ett がつくことがある.

vilken/vilket/vilka は「どんな種類の」を意味する場合に，**vad ... för / vad för ...** で書き換えることができます.

❷ 表現（5）「嫌い」を表す述語

hatar　大嫌いである

　Jag hatar fisk.　私は魚が大嫌いだ.

tycker inte om　好きではない（tycker om の否定 ☞ Kapitel 10，om に強勢）

　Jag tycker inte om fläsk.　私は豚肉が好きではありません.

☞ 解答例 177 ページへ

問題1 カッコ内に適切な疑問代名詞を入れて日本語に訳しなさい.

1. (　　　) godis äter du ofta?　　　　　　　-Kexchoklad!
2. (　　　) grönsaker tycker du om?　　　　　-Tomater!
3. (　　　) frukt innehåller mest C-vitamin?　-Apelsin!
4. (　　　) skaldjur är din favorit?　　　　　-Räkor!
5. (　　　) fisk köper du ofta?　　　　　　　-Torsk!
6. (　　　) mejerivaror importerar vi i Sverige?　-Ost!
7. (　　　) bröd bakar du ofta?　　　　　　　-Frallor!

> **語句** ett godis お菓子, en kexchoklad チョコウエハース, grönsaker 野菜 (通例複数形), en tomat トマト, en frukt フルーツ, innehåller 含む, C-vitamin ビタミンC, en apelsin オレンジ, ett skaldjur 甲殻類, en favorit お気に入り, en räka エビ, köper 買う, en mejerivara 乳製品, importerar 輸入する, en ost チーズ, ett bröd パン, bakar (パンなどを) 焼く, en fralla (小さな) フランスパン

問題2 次の文を vad ... för を使った文に書き換え, 日本語に訳しなさい.

1. Vilken sport tycker du om?
2. Vilket instrument spelar Johan?
3. Vilken musik gillar du?
4. Vilket TV-program hatar du?

> **語句** en sport スポーツ, ett instrument 楽器, (en) musik 音楽, en film 映画, ett TV-program テレビ番組

問題3 次の日本語をスウェーデン語にしなさい.

1. どんな本が好きですか？
2. 推理小説が大好きです. (推理小説 en deckare)
3. どの作家が好きですか？ (作家 en författare)
4. スティーグ・ラーションが好きです. (スティーグ・ラーション Stieg Larsson)
5.『ドラゴンタトゥーの女』は私のお気に入りです.
(ドラゴンタトゥーの女, 原題は"Män som hatar kvinnor"「女を憎む男たち」, som は関係代名詞 ☞ Kapitel 28)

35

12 疑問副詞／表現（6）確認のための疑問文

❶ 疑問副詞

när　いつ　**När kommer han? – Klockan åtta.**　彼はいつ来るの？　8 時です.

hur　どのように　**Hur åker du till jobbet?**　職場にはどのように行っていますか？

Hur mår familjen?　ご家族の調子はいかがですか？

hur mycket ＋不可算名詞（量を尋ねる）

Hur mycket vatten dricker du?　どのくらいの量の水を飲みますか？

注意　値段や時間を尋ねる疑問詞としても使われる. ☞ Kapitel 14・15

hur många ＋可算名詞［複数未知形］（数を尋ねる）

Hur många koppar dricker du?　何杯飲みますか？

hur dags　何時に　**Hur dags börjar filmen?**　映画は何時に始まるの？

注意　dags は /daks/ と発音.

hur gammal　何歳　**Hur gammal är han?**　彼は何歳ですか？

varför　なぜ　**Varför skrattar du? – Därför att historien var kul.**（var: är の過去形）

なんで笑っているの？　なぜならその話が面白かったから.

注意　Varför ...? に対しては，Därför att ... で答える. ☞ Kapitel 54

var どこで（静止点）　**Var bor Ida?**　　　　イーダはどこに住んでいますか？

vart どこへ（目的点）　**Vart åker du?**　　　　どこに行くのですか？

varifrån どこから（起点）　**Varifrån kommer ni?**　あなた方はどこの出身ですか？

注意　静止点・目的点・起点を表す 3 系列の副詞については☞ Kapitel 26

❷ 表現（6）確認のための疑問文

「～ですよね？」と聞き手に確認する疑問文を作る方法はいくつかあります. 1 つは, 定動詞の直後に väl を置く方法です. この väl には強勢が置かれません.

Du kommer väl från Skåne.　スコーネの出身ですよね？

また文末に，eller hur, eller, va を加えた文も聞き手への確認となります.

Du kommer från Skåne, {eller hur/eller/va}?　スコーネの出身ですよね？

ただし，eller hur/eller/va は発話内容が信じられないほど驚くべきことだという意味を持つ場合があるので注意が必要です.

Men du kommer ju från Skåne, eller hur? Varför pratar du stockholmska?

でもスコーネ出身なんだよね？　なんでストックホルム方言を話すの？

☞ 解答例 177 ページへ

問題1 カッコ内に適切な疑問代名詞を入れて日本語に訳しなさい.

1. (　　　) många biljetter har du?　　　　　　-Tre.

2. (　　　) kommer ordet "betala"?　　　　　　-Från tyska.

3. (　　　) gammal är byggnaden?　　　　　　-Åttiofem år gammal.

4. (　　　) gråter du?　　　　　　　　　　　-Därför att jag saknar henne.

5. (　　　) mycket salt innehåller gravad lax?　-4,8 gram per 100 gram.

6. (　　　) kommer hon tillbaka?　　　　　　-Klockan ett på natten.

7. (　　　) går du?　　　　　　　　　　　　-Till affären.

> **語句** en biljett チケット. ett ord 単語. betala 支払う. tyska ドイツ語. en byggnad 建物. åttiofem 85. gråter 泣いている. saknar 居なくて寂しい. (ett) salt 塩. en gravad lax サーモンマリネ. gram グラム. per ～につき. tillbaka 戻ってくる. på natten 夜に. en affär 店

問題2 カッコ内に適切な疑問副詞を入れて日本語に訳しなさい.

A: (1.　　　) dags börjar konserten ikväll?

B: Klockan sju.

A: (2.　　　) åker man till konserthuset?

B: Med spårvagn.

A: (3.　　　) stiger jag av?

B: Vid hållplats Valand.

> **語句** en konsert コンサート(-t は発音しない). ikväll 今晩. ett konserthus コンサートホール. en spårvagn トラム. stiger av 降車する（av に強勢）. vid ～で. en hållplats 停留場. Valand ヴァーランド（地名）

問題3 次の日本語をスウェーデン語にしなさい.

1. スカンセンはどこにありますか?　ユールゴーデン島にあります.
   (スカンセン Skansen, ユールゴーデン島 Djurgården, （島）に på, ～[に]ある ligger)

2. なぜ彼は肉を食べないのですか?　なぜなら彼は菜食主義者だからです.
   ((ett) kött 肉, en vegetarian 菜食主義者)

3. あなたは家で何匹のペットを飼っているのですか?
   猫1匹と犬3匹を飼っています.（家で hemma, ペット ett husdjur)

4. どのくらいの量の砂糖が必要ですか?（砂糖 (ett) socker)

5. その答えを知っているんだよね?　いや, 知らないよ.（väl を使って, 答え ett svar)

6. そのコースはそれほど高くないですよね?　いや, 高いですよ.
   (eller hur を使って, コース en kurs, [値段が]高い dyr)

37

13 数詞（1）基数詞

0 から 29 の数詞は以下の通りです.

0	noll	8	åtta	16	sexton	24	tjugofyra
1	en/ett	9	nio	17	sjutton	25	tjugofem
2	två	10	tio	18	arton	26	tjugosex
3	tre	11	elva	19	nitton	27	tjugosju
4	fyra	12	tolv	20	tjugo	28	tjugoåtta
5	fem	13	tretton	21	tjugoen/tjugoett	29	tjugonio
6	sex	14	fjorton	22	tjugotvå		
7	sju	15	femton	23	tjugotre		

注意 ・1 は EN 名詞の場合は en を，ETT 名詞の場合は ett を使う. 21 も同様.

・9, 10 は /nie/, /tie/ とも発音される.

・14, 18 はそれぞれ fjorton, arton と -rt- を含むので，そり舌音.

・21 から 29 は語中の -go- が省略され，/tjuen/, /tjutvå/ と発音されることがある.

30 以上の基数詞は以下のようになります.

30	trettio	60	sextio	90	nittio	1 000	(ett) tusen
40	fyrtio	70	sjuttio	100	(ett) hundra	10 000	tiotusen
50	femtio	80	åttio	200	två hundra	1 000 000	en miljon

注意 ・30 から 90 の語末の -tio の -o は発音されない.

・40 fyrtio の -y- は例外的に /ö/ で発音. また，-rt- を含むので，そり舌音.

・100 ett hundra と 1 000 ett tusen は ETT 名詞.

・100 万 en miljon は EN 名詞で，複数形は miljoner. 10 億 en miljard も同様.

・算用数字で表記する場合，3 桁ごとに半角のスペースを開ける.

例えば，345 は trehundrafyrtiofem になり，表記する際は続けて綴ります. 1 万以上の数字については，3 桁ごとに考えます. 例えば，125 615 は，125 × 1000+615 と考えて，etthundratjugofemtusensexhundrafemton となります.

注意 ・100 や 1 000 のように切りのよい数字は分けて綴る. ett hundra, ett tusen

・20 までは綴られることが多いが，それより大きな数字は算用数字での表記が一般的である.

☞ 解答例 178 ページへ

問題1 次の数字をスウェーデン語で表現しなさい.

1. 35

2. 57

3. 379

4. 13 712

5. 576 923

問題2 下線部の数字をスウェーデン語で表現しなさい. また, 全文を日本語に訳しなさい.

Vi delar Sverige i tre delar: Norrland, Svealand och Götaland. Av Sveriges befolkning bor ① 13 procent i Norrland, ② 39 procent i Svealand och ③ 48 procent i Götaland. Huvudstaden är Stockholm och där bor det ungefär ④ 810 000 människor.

> **語句** delar 分ける. en del 部分. Norrland ノッルランド. Svealand スヴェーアランド.
> Götaland ユータランド. av ～の中で. Sveriges スウェーデンの(所有格) ☞ Kapitel 28.
> en befolkning 人口. procent パーセント. en huvudstad 首都. ungefär 約. en människa 人

問題3 下線部の数字をスウェーデン語で表現しなさい. また, 全文を日本語に訳しなさい.

1. Björnen blir 175-265 cm och väger upp till 270 kg.

2. Varje år sker närmare 4 500 olyckor med älgar i Sverige.

3. I Sverige finns omkring 650 vargar.

4. Igelkotten har cirka 6 000 taggar på ryggen.

> **語句** en björn 熊. väger 重さがある. upp till 最高～まで. varje 毎. sker 起こる.
> närmare ほぼ. en olycka 事故. en älg ヘラジカ. finns ある・いる. en varg オオカミ.
> en igelkott ハリネズミ. en tagg トゲ. en rygg 背中

問題4 次の日本語をスウェーデン語にしなさい.

1. 日本には約 1 億 2700 万人の住人がいます. (住人 invånare)

2. 日本は 6852 の島から成ります. (島 en ö, ～から成る består av)

3. 日本の面積は約 37 万 8000㎢です.

(日本の Japans(所有格) ☞ Kapitel 28, 面積 yta, ㎢ kvadratkilometer)

14 表現(7) 年齢の表現／
表現(8) 値段の表現

❶ 表現（7）年齢の表現

年齢を尋ねるには hur gammal ...? を用います.

Hur gammal är du? あなたは何歳ですか？

答える際には，［基数詞＋år］あるいは［基数詞＋år gammal］を用いる.

Jag är åtta år (gammal). 私は 8 歳です.

注意
・år(年)は ETT 名詞なので，1 歳は ett を使う.

Min son är ett år gammal. 息子は 1 歳です.

・Hur gammal ...? は人の年齢ばかりでなく，モノの古さについても用いられる.

Hur gammal är byggnaden? その建物は築何年ですか？

・主語の性と数により，形容詞 gammal が語形変化する. ☞ Kapitel 33

Hur gammalt är huset? その家は築何年ですか？（主語 huset は ETT 名詞単数）

Hur gamla är de? 彼らは何歳ですか？（主語 de は複数）

❷ 表現（8）値段の表現

値段を尋ねるには疑問詞として，［hur mycket ...?］あるいは［vad ...?］を，また，動詞には kostar（値段である）を用います.

Hur mycket kostar appen? そのアプリはいくらしますか？

Vad kostar appen? そのアプリはいくらしますか？

スウェーデンの貨幣単位はクローナです. 単数未知形は en krona, 複数形は kronor で, しばしば kr と略語で表記されます. 答える際には以下のようになります.

Den kostar 150 kronor. それは 150 クローナです.

注意
・口語では tusen や hundra が省略されることがある. 例えば，2 400kr は två och fyra のように読まれる.

・口語では 1 100kr から 1 999kr に関して，例えば，1 300kr を trettonhundra や 1 650kr を sextonhundrafemtio のように，hundra を用いて読むことがある.

・1kr の 100 分の 1 の単位はウーレ（ett öre）で，かつては 50 ウーレ硬貨があったが，現在は廃止されている. ただし，値段の表示には使われていて，（商品の値段を合算したうえで）ウーレは切り上げられる.

問題1 カッコ内に適切な疑問詞を入れて日本語に訳しなさい.

A: Ursäkta. Jag letar efter en present till min dotter.

B: (1.　　) gammal är din dotter?

A: Hon är tre år gammal.

B: Hur är det med den här dockan?

A: Aha, Pippi Långstrump! Hon älskar Pippi. (2.　　) kostar den?

B: Den kostar 77 kronor.

A: Då tar jag den.

> **語句** ursäkta すみません. letar efter A　A を探している. min 私の. en dotter 娘. din
> あなたの. den här この☞ Kapitel 27. en docka 人形. Pippi Långstrump 長くつ下のピッピ.
> tar 取る

問題2 カッコ内に適切な疑問詞を入れて日本語に訳しなさい.

A: Yamazaki är en japansk whisky i världsklass.

B: (1.　　) mycket kostar den?

A: Den kostar 721 kronor.

B: Oj, den var dyr. (2.　　) gammal är den?

A: 12 år gammal.

B: (3.　　) kostar den tioåriga?

A: Den är lite billigare. Den kostar 629 kronor.

> **語句** japansk 日本の. en whisky ウイスキー. i världsklass 世界的レベルの. den
> var dyr. 高いですね (var は är の過去形. var が驚きを表す方法については☞ Kapitel 45).
> dyr 高価な. den tioåriga 10 年物. billigare より安い (billig の比較級☞ Kapitel 63)

問題3 次の日本語をスウェーデン語にしなさい.

1. あなた方の先生は何歳ですか？　彼は 47 歳です. (あなた方の er)

2. その教会は築何年ですか？　築 300 年です. (教会 en kyrka)

3. そのチケットはいくらしますか？　570 クローナです. (チケット en biljett)

4. そのワインはいくらしますか？　2391 クローナです. (ワイン ett vin)

15 表現（9）時計 1

❶ 時間の尋ね方と答え方

時間を尋ねるには疑問詞［hur mycket …?］あるいは［vad …?］を用います．

Hur mycket är klockan? / Vad är klockan?　　今何時ですか？

答える際には，主語に klockan（時計）やそれを受けた代名詞 den を使うほかに，3人称単数女性人称代名詞の hon を使うこともあります．

{Klockan / Den / Hon} är tre.　　　　　3時です．

❷ ちょうどの時間

2時や5時などちょうどの時間は以下のように言います．

Klockan är två på natten.　　　　　夜の2時です．

Klockan är fem på morgonen.　　　　朝の5時です．

1時は en ではなく，ett を使います．

Klockan är ett på eftermiddagen.　　午後1時です．

❸ 30分，半

7時30分や10時30分などの30分は halv を用いて，以下のように言います．

Klockan är halv åtta på kvällen.　　　晩の7時30分です．

Klockan är halv elva på förmiddagen.　午前の10時30分です．

例えば，7時30分は「8時に向かって30分進んだ」あるいは，「8時に30分足りない」と考えて，halv åtta となります．halv sju としないよう注意が必要です．

❹「午前に」などの表現

［på + 単数既知形］を用い，それぞれおおむね以下の時間帯を表します．

på morgonen 朝に　　**på förmiddagen** 午前に　　**på eftermiddagen** 午後に

på kvällen 夕方・晩に　　**på natten** 夜・未明に

注意　・morgonen は /morronen/，förmiddagen は /förmiddan/，eftermiddagen は /eftermiddan/ と発音される．

　　　・「正午に」は klockan tolv på dagen のように表現．

　　　・日本語の「午前」，「午後」と時間の範囲が異なることに注意．おおむね förmiddag は8時頃〜12時頃，eftermiddag は12時頃〜17時頃を指す．

☞ 解答例 178 ページへ

問題1 次の時刻をスウェーデン語で表現しなさい.

1. 夜の 12 時半です.

2. 午後 3 時です.

3. 午前 10 時半です.

4. 晩の 7 時です.

5. 朝の 5 時半です.

問題2 以下の図書館の開館時間の表示を見て, 本文中のカッコ内に数字あるいは時間帯の表現を入れなさい.

Öppettider

Måndag – Fredag	**10:00 – 19:30**
Lördag	**10:30 – 16:00**
Söndag	**Stängt**

På veckodagar öppnar vårt bibliotek klockan (1.   ) på (2.   ) och stänger klockan halv (3.   ) på (4.   ). Men på lördagar öppnar biblioteket klockan halv (5.   ) på (6.   ) och stänger klockan (7.   ) på (8.   ). På söndagar är det stängt.

語句 en öppettid 開館時間, måndag 月曜日, fredag 金曜日, lördag 土曜日, söndag 日曜日, stängt 閉じた, en veckodag 平日, öppnar 開く, vårt 我々の, ett bibliotek 図書館, stänger 閉じる

問題3 次の日本語をスウェーデン語にしなさい.

1. 私はスヴェンと午後 3 時 30 分にヒュートリエットで会い, 映画を見に行きます.
（ヒュートリエットで på Hötorget, 映画を見にいく går på bio）

2. 映画は 3 時 45 分に始まり, 5 時 15 分に終わります.
（映画 en film, 始まる börjar, 終わる slutar）

3. その後, 私たちはレストランに行って夕食を食べます.
（その後 sedan, レストランに行く går på restaurang）

4. 私たちは晩の 9 時に帰宅します. （帰宅する går hem）

16 表現（10）時計 2

❶ 15 分と 45 分

9 時 15 分や 8 時 45 分のような時刻は 4 分の 1 を表す kvart を使って表現します.

Klockan är kvart över nio. 　　9 時 15 分です.

Klockan är kvart i nio. 　　　　8 時 45 分です.

9 時 15 分は 9 時を 4 分の 1 過ぎたということで, 前置詞 över を, 8 時 45 分は 9 時に 4 分の 1 足りないということで, 前置詞 i を用いて表現します.

❷ 1 分から 20 分と 40 分から 59 分

15 分を除く, 1 分から 20 分までと, 45 分を除く 40 分から 59 分までの時刻は次のように表現します

Klockan är fem (minuter) över fyra. 　　4 時 5 分です.

Klockan är fem (minuter) i fyra. 　　　3 時 55 分です.

発想は kvart を使った表現と同じで, 4 時 5 分は 4 時を 5 分過ぎたと考え, 前置詞 över を用います. 一方, 3 時 55 分は 4 時に 5 分足りないと考え, 前置詞 i を用います. 分を表す minuter は 5 分, 10 分, 20 分の時には省略できます.

❸ 21 分から 29 分と 31 分から 39 分

21 分から 29 分と 31 分から 39 分の時刻は, 30 分を基準にして考えます.

Klockan är två minuter i halv åtta. 　　7 時 28 分です.

Klockan är två minuter över halv åtta. 　　7 時 32 分です.

7 時 28 分は 7 時 30 分に 2 分足りないと考えて, 前置詞 i を使います. 一方, 7 時 32 分は 7 時 30 分を 2 分超えていると考え, 前置詞 över を用います.

注意 時計を算用数字で表記する際には, 10.23 のように, ピリオド (.) を使う. sju minuter i halv elva 以外に, tio och tjugotre と読むこともある. 10.03 のような, 0 分から 9 分までは, tio noll tre のように, noll (ゼロ) を使う.

☞ 解答例 179 ページへ

問題1 次の時刻をスウェーデン語で表現しなさい.

1. 11 時 15 分です.

2. 3 時 45 分です.

3. 7 時 5 分です.

4. 9 時 57 分です.

5. 12 時 33 分です.

6. 4 時 29 分です.

問題2 以下の時刻表を見て, 本文中のカッコ内に数字を入れなさい.

Ank.	Avg.	Station	Spår
	11:29	Stockholm C	10
12:25	12:26	Katrineholm C	3
13:33	13:34	Skövde C	2
14:35		Göteborg C	3

X 2000 avgår en minut i halv (1.   ) från spår 10 och ankommer Katrineholm fem minuter i halv (2.   ). Tåget stannar i Skövde också. Ankomsttiden är tre minuter över halv (3.   ). Fem minuter över halv (4.   ) kommer tåget fram till Göteborgs Centralstation spår tre. Det tar över (5.   ) timmar från Stockholm till Göteborg.

> **語句** Ank. 到着 [(en) ankomst の略語], Avg. 出発 [(en) avgång の略語], en station 駅, spår ... ～番線, C 中央駅 [(en) central の略語], Katrineholm カトゥリーネホルム (地名), Skövde シュヴデ (地名), X 2000 スウェーデン国鉄の高速列車, avgår 出発する, ankommer 到着する, ett tåg 列車, stannar 停車する, 止まる, en ankomsttid 到着時間, kommer fram 到着する, det tar ... (時間が)かかる, över ～以上

問題3 次の日本語をスウェーデン語にしなさい. ただし, 時計の読み方を 2 通り答えなさい.

1. 今日太陽は朝 3 時 38 分に昇り, 晩 21 時 57 分に沈みます.

(太陽 en sol, (太陽が) 昇る går upp, (太陽が) 沈む går ner)

2. アーランダ(空港)行のバスは 16 時 40 分にウップサーラを出発します.

(アーランダ Arlanda, ウップサーラ Uppsala)

3. 飛行機は 18 時 48 分にランドヴェッテル(空港)に着陸します.

(飛行機 ett flygplan, ランドベッテル Landvetter, [空港]に på, 着陸する landar)

17 数詞（2）序数詞

「～番目」を表す数詞を序数詞と呼びます．1 番目から 20 番目の序数詞は以下の通りです．

1 番目	första	8 番目	åttonde	15 番目	femtonde
2 番目	andra	9 番目	nionde	16 番目	sextonde
3 番目	tredje	10 番目	tionde	17 番目	sjuttonde
4 番目	fjärde	11 番目	elfte	18 番目	artonde
5 番目	femte	12 番目	tolfte	19 番目	nittonde
6 番目	sjätte	13 番目	trettonde	20 番目	tjugonde
7 番目	sjunde	14 番目	fjortonde		

注意
- 1 番目 första の -rst-，4 番目 fjärde の -rd-，14 番目 fjortonde の -rt- はそれぞれそり舌音になる．
- 1:a（första），2:a（andra），3:e（tredje）のようにコロンを使って書かれることもある．3 番目以降は数字に :e を付す．

21 番目から 1000 番目の序数詞は以下の通りです．

21 番目	tjugoförsta	27 番目	tjugosjunde	60 番目	sextionde
22 番目	tjugoandra	28 番目	tjugoåttonde	70 番目	sjuttionde
23 番目	tjugotredje	29 番目	tjugonionde	80 番目	åttionde
24 番目	tjugofjärde	30 番目	trettionde	90 番目	nittionde
25 番目	tjugofemte	40 番目	fyrtionde	100 番目	hundrade
26 番目	tjugosjätte	50 番目	femtionde	1000 番目	tusende

注意 21 から 29 は下一桁のみ序数詞にする．31 以降も同様．

序数詞は日付（☞ Kapitel 19）や分数（☞ Kapitel 20）や頻度の表現（☞ Kapitel 76）で使われます．他にも次のような用法があります．

・国王と教皇の「～世」

Carl XVI Gustaf = Carl den sextonde Gustaf　カール 16 世グスタヴ

注意 序数詞の前に den をつける．

・10 年，1 世紀，千年紀

ett årtionde 10 年間，**ett århundrade** 1 世紀，**ett årtusende** 千年紀，ミレニアム

☞ 解答例 179 ページへ

問題1 カッコ内に適切な序数詞を入れなさい.

1. Beethovens (　　　　) symfoni ベートーベンの交響曲第 9 番

2. ett (　　　　) sinne 第六感

3. Ludvig den (　　　　) (= Ludvig XVI) ルイ 16 世

4. Han kommer alltid på (　　　　) plats. 彼はいつも 2 番だ.

5. (　　　　) hjälpen 応急手当

6. den (　　　　) volymen 第 34 巻

7. De bor på (　　　　) våningen. 彼らは 6 階に住んでいます.

8. hennes (　　　　) bok 彼女の 10 冊目の本

9. det (　　　　) kapitlet 第 14 章

10. Han går i (　　　　) klass. 彼は 3 年生です.

> **語句** Beethoven ベートーベン, en symfoni 交響曲, ett sinne 知覚・感覚, Ludvig ルイ, en plats (順位の) 番, en hjälp 助け, en volym 巻, en våning 階, hennes 彼女の, ett kapitel 章, en klass 学年・学級

問題2 次の文を日本語に訳しなさい.

I Sverige heter bottenplanet i huset ”första våningen”, och sedan ligger andra våningen en trappa upp. Men till exempel i hissar, är entréplanet märkt med 0, E (”entréplanet”), B eller BV (”bottenvåningen”). Därefter fortsätter numreringen med nummer 1 för andra våningen, nummer 2 för tredje våningen.

> **語句** ett bottenplan 地上階, ett hus 建物, sedan それから, en trappa 階段, upp 上へ, till exempel 例えば, en hiss エレベーター, ett entréplan 地上階・1 階, är märkt med A Aと記される, en bottenvåning 地上階・1 階, fortsätter 続く, en numrering ナンバリング, ett nummer 数字

問題3 次の日本語をスウェーデン語にしなさい.

1. スウェーデンの国王はカール 16 世グスタヴといいます.

2. ヴィクトリアは彼の最初の子供です.（ヴィクトリア Viktoria, 彼の hans）

3. 彼女の夫はダーニエルといい, 彼らには二人子供がいます.

　（彼女の hennes, 夫 man, ダーニエル Daniel）

4. 娘はエステルという名前で, 息子はオスカルという名前です.

　（エステル Estelle, オスカル Oscar）

5. 彼女は国王の最初の孫で, 彼は 4 番目の孫です.（国王の kungens, 孫 ett barnbarn）

18 表現（11） 曜日名／月名／季節名

❶ 曜日名

曜日名は以下の通りです．文頭以外では，小文字で始めます．

月曜日 **måndag**	火曜日 **tisdag**	水曜日 **onsdag**	木曜日 **torsdag**
金曜日 **fredag**	土曜日 **lördag**	日曜日 **söndag**	

［på + 単数未知形］で「今週の〜曜日」という意味になり，さらにその前に nu を
つけることで，「今週の〜，一番近い〜」という意味を明確にすることができます．
また，［på + 複数未知形（複数既知形）］で「毎週〜曜日に」という意味になります．

på fredag（今週）金曜日に． **nu på fredag**（一番近い）金曜日に

på fredagar(na) 毎週金曜日に

> 注意 ・-dag の -g は発音されないことが多い．
>
> ・過去を表す曜日表現については ☞ Kapitel 46

❷ 月名

曜日名は以下の通りです．文頭以外では，小文字で始めます．

1 月 **januari**	2 月 **februari**	3 月 **mars**	4 月 **april**
5 月 **maj**	6 月 **juni**	7 月 **juli**	8 月 **augusti**
9 月 **september**	10 月 **oktober**	11 月 **november**	12 月 **december**

前置詞は i を用います． **i mars**「3 月に」

> 注意 第 1 音節以外に強勢のある語が多い．
>
> janu*a*ri, febru*a*ri, ap*ri*l, aug*u*sti, sept*e*mber, okt*o*ber, nov*e*mber, dec*e*mber

❸ 季節名

季節名は以下の通りです．

春 **en vår** 夏 **en sommar** 秋 **en höst** 冬 **en vinter**

［på + 単数既知形］を用いて，på våren（春に）のように表現します．

> 注意 ・sommar の変化形に注意．en sommar, sommaren (sommarn), somrar, somrarna
>
> ・vinter は強勢のない -er で終わるので（☞ Kapitel 6），変化形に注意．
>
> en vinter, vintern, vintrar, vintrarna
>
> ・過去を表す曜日表現については ☞ Kapitel 46

問題1 次の午前中の時間割をもとに，カッコ内に曜日名を入れなさい．

	Måndag	Tisdag	Onsdag	Torsdag	Fredag
8:30-9:30	Svenska	Matte	Svenska	SO	Svenska
9:30-10:00	Rast				
10:00-11:00	Idrott	Slöjd (textilslöjd)	Matte	Slöjd (träslöjd)	NO
11:00-12:00	Lunch				

1. Det är kl 8:30 på (　　　　　). Eleverna övar multiplikation.

2. Det är kl 10:00 på (　　　　　). Eleverna spelar fotboll.

3. Det är kl 10:00 på (　　　　　). Eleverna gör en låda i trä.

4. Det är kl 8:30 på (　　　　　). Eleverna läser geografi.

> **語句** (en) matte 算数(matematik)の略語. (en) idrott 体育. en rast 休憩・休み時間.
> (en) slöjd 工作. (en) textilslöjd 裁縫. (en) träslöjd 木工. SO 社会(Samhällsorienterande
> ämnen)の略語. NO 理科(Naturorienterande ämnen)の略. en elev 生徒. övar 練習する.
> (en) multiplikation 掛け算. spelar fotboll サッカーをする. gör 作る. en låda 箱. (ett)
> trä 木材. (en) geografi 地理

問題2 次の文を日本語に訳しなさい

I Sverige startar höstterminen normalt i slutet av augusti och slutar i mitten av december. I mitten av terminen infaller höstlovet. Vårterminen börjar efter jullovet, dvs mitten av januari och slutar i mitten av juni, då slutar eleverna en årskurs.

> **語句** en hösttermin 秋学期. normalt 通常. i slutet av A Aの下旬に. i mitten av A
> Aの中旬に. infaller (日付などが〜に)あたる. ett höstlov 秋休み. en vårtermin 春学期.
> ett jullov クリスマス休暇. dvs つまり(det vill säga の略語). då その時. slutar 終了する.
> en årskurs 学年

問題3 次の日本語をスウェーデン語にしなさい.

1. スウェーデンの学校は夏に始まります.

2. スヴェンは冬にスキーに乗ります.

3. アンナは秋にキノコ狩りをします.（キノコ狩りをする　plockar svamp）

19 表現（12）年号と世紀／日付／生年月日

❶ 年号と世紀

4 桁の年号は［上二桁＋ hundra ＋下二桁］で表現します.

  1995 年　**nittonhundranittiofem**　　　2019 年　**tjugohundranitton**

ただし，1000 年と 2000 年は tusen を用います. また，år を付します.

  1000 年　**år ettusen**

3 桁の年号は，普通の数字と同じ読み方をします.

  793 年　**sjuhundranittiotre**

世紀を言う際には，-talet を使って「〜年代」のように表現します.

  20 世紀　**nittonhundra-talet**（1900 年代）

❷ 日付

日付には序数詞を使います. 序数詞の前に, den をつけることに注意しましょう.［曜日名（単数既知形）＋ den ＋日付（序数詞）＋月名＋年］の順になります.

  1995 年 1 月 17 日火曜日　**tisdagen den sjuttonde januari nittonhundranittiofem**

  2011 年 3 月 11 日金曜日　**fredagen den elfte mars tjugohundraelva**

書く際にはいくつかのバリエーションがあります. まずは，口語と同じように［日＋月＋年］の順の場合です.

  (den) 17 januari 1995，**17.1.1995**，**17/1 1995**

［年＋月＋日］という逆順で書かれる場合もあります.

  1995-01-17

曜日を書く際には，単数未知形にする場合もあります.

  tisdag 17 januari 1995

❸ 生年月日を聞く表現

född（生まれた）という形容詞や fyller år（年を満たす）を使います.

När fyller du år?	誕生日はいつですか？
Jag fyller år söndagen den tionde april.	4 月 10 日日曜日に誕生日を迎えます.
När är du född?	生年月日はいつですか？
Jag är född den femte mars nittonhundranittioåtta.	1998 年 3 月 5 日生まれです.

注意　生きている人については är född と現在形を使う.

☞ 解答例 179 ページへ

問題1 次の日付をスウェーデン語で表現しなさい.

1. スウェーデンの建国記念日は 6 月 6 日水曜日です.

    Sveriges nationaldag är _____.

2. 夏至祭は 6 月 20 日土曜日です.

    Midsommar är _____.

3. クリスマスイブは 12 月 24 日火曜日です.

    Julafton är _____.

4. ヴァルプルギスの夜は 4 月 30 日木曜日です.

    Valborgsmässoafton är _____.

> **語句** en nationaldag 建国記念日, (en) midsommar 夏至祭, en julafton クリスマスイブ, Valborgsmässoafton ヴァルプルギスの夜

問題2 次の年月日をスウェーデン語で表現しなさい.

1. ストックホルムの血浴は 1520 年 11 月 7 日ストックホルムで起こった.

    Stockholms blodbad ägde rum i Stockholm _____.

2. 戦艦ヴァーサは 1628 年 8 月 7 日に沈没した.

    Regalskeppet Vasa sjönk _____.

3. アルフレッド・ノベルは 1833 年 10 月 21 日ストックホルムで生まれた.

    Alfred Nobel var född _____ **i Stockholm.**

4. オーロフ・パルメは 1986 年 2 月 28 日ストックホルムのスヴェーアヴェーゲンで殺害された.

    Olof Palme mördades _____ **på Sveavägen i Stockholm.**

> **語句** Stockholms blodbad ストックホルムの血浴, ägde rum 起こった (äger rum の過去形, 過去形については☞Kapitel 42), regalskeppet Vasa 戦艦ヴァーサ, sjönk 沈んだ (sjunker の過去形), Alfred Nobel アルフレッド・ノベル (ノーベル), var 〜であった (är の過去形), Olof Palme オーロフ・パルメ, mördades 殺害された (mördas の過去形, 受身については☞Kapitel 58), Sveavägen スヴェーアヴェーゲン (ストックホルムの通りの名)

問題3 次の日本語をスウェーデン語にしなさい.

1. 彼女の誕生日はいつですか？　9 月 23 日です.

2. ヨーアキムの生年月日はいつですか？　1985 年 5 月 18 日です.

3. イースターは今年は 4 月 12 日日曜日にあたる.

（イースター en påsk, 今年 i år, [日付などが〜に]あたる infaller）

20 数詞（3）
加減乗除／小数点と分数／数詞の名詞化

❶ 加減乗除

加減乗除は plus（足す），minus（引く），gånger（かける），delat med（割る）を使って，以下のように表現します．

足し算：5 + 8 = 13	**fem plus åtta är tretton**
引き算：14 − 3 = 11	**fjorton minus tre är elva**
掛け算：7 × 6 = 42	**sju gånger sex är fyrtiotvå**
割り算：36 ÷ 4 = 9	**trettiosex delat med fyra är nio**

❷ 小数点と分数

小数点は日本語とは違い，コンマ（,）を使って表現します．

4,15　**fyra komma femton**　　　　　0,35　**noll komma trettiofem**

分数は［分子＋分母］の順で読みます．その際に，分子は基数詞を，分母は序数詞を使います．分母には del をつけて複合語を作ります．分子が 1 の場合には -del と単数ですが，2 以上の場合は -delar と複数形にします．

1/3　**en tredjedel**,　5/7　**fem sjundedelar**,　1 3/4　**en och tre fjärdedelar**

ただし，1/2 は en halv と読みます．また，分母が 4 の場合は fjärdedelar の代わりに，kvart が使われることがあります．

1/4 l mjölk　**en fjärdedelars liter mjölk, en kvarts liter mjölk**　1/4 リットルの牛乳

❸ 数詞の名詞化

1 から 12 の数詞に -a をつけることで，名詞として使うことができます．

1 **en etta**	2 **en tvåa**	3 **en trea**	4 **en fyra**	5 **en femma**	6 **en sexa**
7 **en sjua**	8 **en åtta**	9 **en nia**	10 **en tia**	11 **en elva**	12 **en tolva**

注意　1 は ett に -a をつける．5 は m を重ねる．9・10 は語末の -o を落として -a をつける．-a で終わる 4・8・11 は同形で名詞になる．複数形語尾は -or.

名詞としての用法には次のようなものがあります．

交通機関の路線：**Han tar femman till arbetet.**　　5 番線に乗って仕事に行く．

マンションの部屋数：**Han bor i en tvåa.**　　彼は 2DK に住んでいる．

順位：**Han är trea i VM.**　　彼は世界選手権で 3 位です．

学年など：**Han går i fyran.**　　彼は 4 年生です．

☞ 解答例 180 ページへ

問題1 次の計算をスウェーデン語で表現しなさい.

1. $27 - 8 = 19$

2. $36 ÷ 4 = 9$

3. $7 + 14 = 21$

4. $17 × 6 = 102$

問題2 次の数字をスウェーデン語で表現しなさい.

1. 8,72 2. 3/5 3. 0,47 4. 1/12 5. 3 5/6

問題3 カッコ内に名詞化した適切な数詞を入れなさい.

1. Sverige blir (　　　　　) i grupp B.　スウェーデンはグループ B で 2 位になる.

2. Ida går i (　　　　　).　イーダは 6 年生です.

3. Anna tar alltid (　　　　　) till jobbet.　アンナはいつも4番線に乗って仕事に行く.

4. Joel bor i en billig (　　　　　).　ヨーエルは安いワンルームに住んでいる.

語句 en grupp グループ. Joel ヨーエル(男性名)

問題4 下線部の読み方をスウェーデン語で答えなさい. また, 日本語に訳しなさい.

Söndagen den ① 9 september ② 2018 var det val till riksdagen. Valdeltagandet var ③ 87,18 procent, en uppgång med ④ 1,38 procentenheter från 2014. Över ⑤ 1/3 av väljarna röstar före valdagen i Sverige.

語句 var ～である(är)の過去形. ett val 選挙. en riksdag 王国議会. ett valdeltagande 投票率. en procent パーセント. en uppgång 上昇. en procentenhet （パーセント）ポイント. väljare 有権者. röstar 投票する. före ～の前に. en valdag 投票日

問題5 次の日本語をスウェーデン語にしなさい.

1. スウェーデン人の 4 分の 3 以上が毎日インターネットを利用しています.

(利用する använder)

2. 日本への輸出は 8.1％増加している.

(en export 輸出, ökar 増加する, 8.1% の前には前置詞 med を使う)

3. 彼らはストックホルム郊外に 3 DK を所有しています.

(～の郊外に utanför, 所有している äger)

21 動詞(2) 不定詞とその用法

辞書の見出し語として載っている動詞の形を不定詞(英文法の原形に相当)と呼びます. 現在形との関係から以下の 4 つのグループに分類されます.

	不定詞	現在形	作り方
A	**simma** 泳ぐ	**simmar**	現→不：-r を落とす 不→現：-r を付す
B	**åka** (乗り物で)行く	**åker**	現→不：-er を落とし, -a を付す 不→現：a を落とし, -er を付す
C	**gå** 〔一音節〕 歩いていく	**går**	現→不：-r を落とす 不→現：-r を付す
D	**köra** [長母音 +ra] 運転する	**kör**	現→不：-a を付す 不→現：-a を落とす
例外	**vara** 〜である **veta** 知っている	**är** **vet**	

> 注意　・C タイプ以外の不定詞は -a で終わる.
> ・A タイプか B タイプかは動詞ごとにひとつずつ覚える.
> ・C タイプは 1 音節の動詞. -a 以外の母音で終わるものが多い.
> ・D タイプは不定詞が[長母音 + ra]の構造をもつもの.
> ・下線部は不定詞と現在形で変わらない部分. これを語幹と呼ぶ.

不定詞は主に以下の 2 つの環境で使われます.

① 助動詞の後

助動詞 kan(〜できる)と måste(〜しなければならない)を例にとります.

Han simmar i havet.　　　　彼は海で泳いでいる.（simmar：現在形）

Han kan simma i havet.　　　彼は海で泳ぐことができる.（simma：不定詞）

Han måste simma i havet.　　彼は海で泳がなければならない.（simma：不定詞）

② 不定詞マーカー att の後

スウェーデン語の att は英語の不定詞マーカー to に相当します.

Att simma i havet är farligt.　　海で泳ぐのは危険だ.

Det är farligt att simma i havet.　　海で泳ぐのは危険だ.

> 注意　att の同音異義語に, 名詞節を導く従属接続詞(英語 that)がある.
> ☞ Kapitel 52

問題1 次の動詞の現在形を，分類を参考に，不定詞にしなさい．

1. **städar** 掃除をする〔A〕 2. **syr** 縫う〔C〕 3. **gör** 行う〔D〕 4. **köper** 買う〔B〕

問題2 カッコ内に動詞の現在形か不定詞を入れなさい．

1. Emil ( ) bil varje dag.　　　　エーミルは毎日車を運転してる．

2. Anna måste ( ) såret.　　　アンナは傷を縫わなければならない．

3. Det är kul att ( ).　　　　掃除は楽しい．

4. Han ( ) buss på fredagar.　　彼は毎週金曜日バスに乗ります．

5. Du kan ( ) det själv.　　　君は自分でできるよ．

6. Jag måste ( ) en present.　　プレゼントを買わなければなりません．

7. Stigen är svår att ( ) på.　　その小道は歩きにくい．

8. Du måste ( ) stark.　　　　強くなければなりません．

> **語句** Emil エーミル（男性名）. ett sår 傷. kul 楽しい. själv 自分で. en stig 小道.
> svår 困難な. stark 強い

問題3 次のカッコ内から適切な動詞の変化形を選びなさい．また，日本語に訳しなさい．

A: Jag måste (köpa / köper) en ny surfplatta.

B: Men du (ha / har) ju redan en surfplatta.

A: Den (vara / är) sönder och (gå / går) inte att (laga / lagar). Jag skulle (behöva /
　behöver) den imorgon.

B: Jag kan (köra / kör) dig till Elgiganten i Södertälje.

A: Nämen vad schysst! Tack.

B: Ingen fara.

> **語句** en surfplatta タブレット. ju 知っての通り. redan すでに. sönder 壊れた. gå
> att ～できる. laga 修理する. skulle 助動詞 ska の過去形. 婉曲的な意味になる☞ Kapitel
> 23. behöva ～を必要とする. Elgiganten エールギガンテン（家電店名）. Södertälje スー
> デテリエ（地名）. nämen まあ. Vad schysst! 素晴らしい. ingen fara どういたしまして

問題4 次の日本語をスウェーデン語にしなさい．

1. スキーを滑るのは楽しい．（楽しい kul）

2. あなたたちは直ちに掃除しなければなりません．（ただちに på en gång）

3. 私はワンピースを縫うことができます．（ワンピース en klänning）

22 法助動詞 (1)

不定詞と結びついて述語動詞を形成し，発話内容に対して，義務・許可・可能性・必然性・能力といった話し手の態度を表明するものを法助動詞と言います．

注意 法助動詞以外の助動詞には，受動態に使われる bli と vara ☞ Kapitel 61，現在完了・過去完了で使われる ha ☞ Kapitel 43・51 がある．

vill (〜したい) を例に法助動詞の特徴を見ていきます．

① 法助動詞は動詞の不定詞と結びつく

Hon vill simma i havet.　　　　彼女は海で泳ぎたい．

×**Hon vill simmar i havet.**　　　（simmar は現在形なので×）

② 疑問文は主語と助動詞を倒置．［主語＋助動詞...］→［助動詞＋主語...?］

Vill hon simma i havet?　　　　彼女は海で泳ぎたいの？

③ 否定文は助動詞の後に inte．［主語＋助動詞＋ inte ...］

Hon vill inte simma i havet.　　彼女は海で泳ぎたくない．

④ 助動詞の変化形は特殊

動詞と同様に不定詞・現在形・過去形（☞ Kapitel 42）・完了形（☞ Kapitel 43）がありますが，命令形（☞ Kapitel 25）はありません．また，不規則な変化（☞ Kapitel 45・46）を起こすものが多数を占めます．

vilja（不定詞）- **vill**（現在形）- **ville**（過去形）- **velat**（完了形）

⑤ 法助動詞を重ねて用いることが可能

英語の法助動詞と違い，いくつか重ねて使うことが可能です．

Hon vill kunna simma i havet.　　彼女は海で泳げるようになりたい．

以下では，個々の助動詞の用法を見ていきます．不定詞を見出し語とし，現在形・過去形・完了形の順にカッコ内に示します．

kunna (kan, kunde, kunnat)

1. 能力「〜できる」**Han kan spela piano.**　　　　彼はピアノを弾くことができる．

2. 可能「〜できる」**Kan du komma imorgon?**　　　明日来られますか？

3. 許可「〜してよい」**Du kan låna min cykel.**　　　私の自転車を借りてもいいですよ．

4. 可能性「〜かもしれない」**Hon kan vara sjuk.**　　彼女は病気かもしれない．

vilja (vill, ville, velat)

願望「〜したい」**Han vill åka till Japan.**　　　　彼は日本に行きたい．

問題1 次の文を日本語に訳しなさい．また，疑問文と否定文を作りなさい．

1. Johanna vill ha en ny väska.

2. Sven kan åka skridskor.

〔語句〕 Johanna ヨハンナ（女性名）．en väska カバン

問題2 単語を並び替えて適切な文を作りなさい．ただし，下線の単語を文頭に用いること．また，日本語に訳しなさい．

1. av / cigarett / dig / en / jag / <u>Kan</u> / få / ?

2. alkohol / dricka / igen / inte / <u>Jag</u> / vill / .

3. du / med / prata / <u>Vem</u> / vill / ?

4. gå / <u>Han</u> / i / kan / skogen / vilse / .

5. aktier / inte / köpa / ni / vill / <u>Varför</u> / ?

〔語句〕 av ～から．en cigarett タバコ（1本）．(en) alkohol アルコール．igen 再び．gå vilse 道に迷う．en aktie 株

問題3 次の会話を日本語に訳しなさい．

Sven: Vill du ha en snaps?

Ryo: Ja, gärna.

Sven: Kan du sjunga snapsvisor?

Ryo: "Helan går" kan jag sjunga utantill.

Sven: Ska vi sjunga?

Ryo: Visst!

Sven och Ryo: ♪ Helan går. Sjung hopp faderallan lallan lej... Skål!

〔語句〕 en snaps スナップス（スウェーデンの蒸留酒）．gärna 喜んで・ぜひ．en snapsvisa スナップスを飲む前に歌う歌．Helan går「1杯目に乾杯」（snapsvisa の1つ）．utantill 何も見ずに．ska vi ...? ～しませんか？（☞ Kapitel 24）．sjung 歌う（sjunga）の命令形（☞ Kapitel 25）．hopp faderallan lallan lei（かけ声）．skål 乾杯

問題4 次の日本語をスウェーデン語にしなさい．

1. 私の息子は誕生日プレゼントに子猫が欲しがっている．

（誕生日プレゼントに i födelsedagspresent, 子猫 en kattunge）

2. 私たちはこれ以上待つことはできません．（これ以上～ない inte... längre）

3. その物語は真実かもしれない．（物語 en historia 単数既知形は historien, 真実の sann）

23 法助動詞 (2)

前の課に引き続き個々の法助動詞の用法を見ていきます.

få（får, fick, fått）

1. 許可（恩恵）「〜してよい. 〜できる」, 否定文で禁止「〜してはいけない」

   Han får snart lämna sjukhuset.　　彼はまもなく退院してよい.

   Han får inte lämna sjukhuset.　　彼は退院してはいけない.

2. 義務（被害）「〜しなければならない. 〜するはめになる」

   Han fick ligga på sjukhuset.　　彼は入院するはめになった.

   注意 få は本動詞としては「もらう」の意味.

—（måste, måste, måst）

1. 義務「〜しなければならない」　　**Vi måste gå nu.**　　もう行かなくては.

2. 可能性「〜にちがいない」　　**Han måste vara sjuk.**　彼は病気にちがいない.

   注意 måste には不定詞がない. 完了形が使われることは稀.

skola (ska(ll), skulle, skolat)

1. 意志・決定「〜することにしている」**Jag ska bli läkare.**　私は医者になると決めている.

2. 命令・決定「〜しなさい」　　　　**Du ska gå nu.**　　もう行きなさい.

3. 伝聞・（外部情報による）推測「〜だそうだ. 〜であろう」

   Det ska bli regn imorgon enligt väderprognosen.　天気予報によると明日は雨だ.

4. skulle vilja で, 婉曲的な願望「〜したいのですが」

   Jag skulle gärna vilja en kopp kaffe.　　　　　　コーヒーが一杯欲しいのですが.

   注意 ・現在形は ska が一般的. 不定詞と完了形が使われるのは稀.

   ・1 と 2 の違いは, 主語が決めたこと (=1) か, 主語以外の何か (=2), 例え
   ば「話し手」,「第三者」,「規範・規則」などが決めたことかによる.

   ・skulle の仮定法における用法は☞ Kapitel 56

以下は法助動詞に準じる動詞（☞ Kapitel 49）としてよく使われます.

behöva (behöver, behövde, behövt)

必要「〜する必要がある」**Du behöver nog vila.**　　君は休む必要がある.

bruka (brukar, brukade, brukat)

習慣「よく〜する」**Jag brukar fiska på sommaren.**　　夏にはよく釣りをします.

☞ 解答例 181 ページへ

問題1 カッコ内に適切な法助動詞を入れなさい.

1. Ulf (　　　　　　　) vara trött.　　　　　　ウルフは疲れているに違いない.

2. Jag (　　　　　　　) sälja min bil.　　　　　私は自分の車を売る必要がある.

3. Vad (　　　　　　　) du skriva om?　　　　何について書くことにしていますか？

4. (　　　　　　　) jag röka här?　　　　　　ここでタバコを吸ってもいいですか？

5. Jag (　　　　　　　) ta semester i juni.　　私は 6 月に休暇を取ることができます.

6. Jag (　　　　　　　) vilja tala med dem.　彼らと話したいのですが.

7. Du (　　　　　　　) vara hemma före kl. tio.　10 時前には帰宅しなさい.

8. Han (　　　　　　　) vänta länge.　　　　彼は長いこと待つはめになる.

9. Det (　　　　　　　) vara en fälla.　　　　それは罠かもしれない.

10. Det (　　　　　　　) bli snö på måndag.　月曜日は雪になるだろう.

> **語句** Ulf ウルフ（男性名）, sälja 売る, min 私の, skriva 書く, om 〜について, röka タバコを吸う, här ここで. en semester 休暇, före 〜より前に, länge 長い間, en fälla 罠, (en) snö 雪

問題2 次の文を日本語に訳しなさい.

Svenskar får ha betald semester. Minst fem veckor! Många svenskar vill åka bort från kyla och snö på vintern. Spanien och Thailand kommer alltid etta och tvåa på listan. Ska du resa utomlands i vinter? Glöm inte att kolla passet! Till exempel behöver du ha en viss giltighetstid kvar. Det kan vara ganska lång väntetid hos polisen för att förnya passet.

> **語句** betald semester 有給休暇, minst 少なくとも, bort 離れて・別の場所に, (en) kyla 寒さ, Spanien スペイン, Thailand タイ, en lista リスト, utomlands 海外に, i vinter この冬, glömma 忘れる, kolla 確認する, ett pass パスポート, till exempel 例えば, viss ある程度の, en giltighetstid 有効期限, kvar 残った, ganska 結構な, väntetid 待ち時間, hos 〜（場所）で, (en) polis 警察, för att 〜するために, förnya 更新する

問題3 次の日本語をスウェーデン語にしなさい.

1. ここでそんなに大きな声で話してはいけません.（大きな声で högt）

2. 今日は夕食を作らなければならない.（[食事を]作る laga）

3. なんで彼女に会うことにしているの？（会う träffa）

4. 窓を閉める必要があります.（閉める stänga）

24 表現（13）依頼と勧誘／存在文

❶ 依頼表現，勧誘表現

助動詞を使うことで，様々な依頼表現を作ることができます.

まずは，助動詞 kan と vill の疑問文 Kan du...? Vill du ...? で依頼表現を作ることができます. それぞれ，inte を入れると少し丁寧になります.

Kan du (inte) stänga dörren?　　ドアを閉めてくれますか？

Vill du (inte) stänga dörren?

さらに，skola の過去形 skulle と kunna, vilja を組み合わせることで，より丁寧な依頼を表します. この場合も否定辞 inte を入れることができます.

Skulle du (inte) kunna stänga dörren?　　ドアを閉めてもらえませんか？

Skulle du (inte) vilja stänga dörren?

> 注意　依頼表現については☞ Kapitel 25 の［Var snäll och 命令形］も参照のこと.

勧誘表現は Ska vi ...? あるいは Vill du ... (med mig)？で作ることができます.

Ska vi gå på bio ikväll?　　今晩映画に行かない？

Vill du gå på bio (med mig) ikväll?　今晩(私と)映画に行かない？

❷ 存在文

存在文は以下の構文を取ります. 文頭には主語 det が，動詞には存在文専用の finns が使われます. 存在物は名詞の未知形で表され，最後に場所を表す副詞句が置かれます.

［Det ＋ finns ＋名詞未知形＋場所を表す副詞(句)］

　Det finns två sovrum i lägenheten.　そのマンションには寝室が２つある.

場所を表す副詞句が文頭に来た場合には，倒置した主語 det を省略することができます.

　I lägenheten finns (det) två sovrum.

> 注意　- 存在動詞の変化形は次の通り. finnas（不定詞）・finns（現在形）・fanns（過去形）・funnits（完了形）
> 　　　- 存在文には姿勢を表す動詞 sitta(座っている), ligga(横になっている), stå(立っている) が使われることがある.

☞ 解答例 181 ページへ

問題1 単語を並び替えて適切な文を作りなさい．ただし，下線の単語を文頭に用いること．また，日本語に訳しなさい．

1. du / hjälpa / kunna / mig / <u>Skulle</u> / ?
2. <u>Det</u> / domkyrka / en / finns / i / Uppsala /.
3. berätta / du / för / <u>Kan</u> / mig / sanningen / ?
4. en / ni / <u>Skulle</u> / stund / vilja / vänta / ?
5. björnar / finns / <u>I</u> / Sverige / över / 3 000 /.
6. gå / ikväll / på / restaurang / <u>Ska</u> / vi / ?

> **語句** hjälpa 手伝う・助ける．en domkyrka 大聖堂．Uppsala ウップサーラ．berätta 語る．berätta A för B B に A を語る．en sanning 真実．en stund 少しの時間．en restaurang レストラン

問題2 次のスウェーデン語を日本語にしなさい．

A: Det finns två världsarv i Stockholm. Drottningholm och Skogskyrkogården.

B: Skogskyrkogården känner jag till. Men vad är Drottningholm?

A: Det är ett slott och kungafamiljen bor där. Slottet och parken är öppna för besökare! På Drottningholm finns även Kina slott och slottsteatern.

B: Ska vi besöka slottet i helgen?

A: Ja, gärna!

> **語句** ett världsarv 世界遺産．Drottningholm ドロットニングホルム（宮殿）．Skogskyrkogården 森の墓地．ett slott 宮殿．en kungafamilj 王室．en park 庭園．öppen 開かれている．en besökare 訪問者．även 〜さえ．Kina 中国．en slottsteater 宮殿劇場．besöka 訪問する．i helgen この週末に

問題3 次の日本語をスウェーデン語にしなさい．

1. そのファイルを添付で私に送ってくれますか？
   （送る skicka，ファイル en fil，添付で som bilaga）
2. 彼のメールを私に転送してもらえないでしょうか？
   （転送する vidarebefordra，彼の hans，メール, ett mejl）
3. そのページの右側にリンクがあります．（ページ en sida，右側に till höger，リンク en länk）
4. 私たちのホームページを更新しませんか？
   （更新する uppdatera，私たちの vår，ホームページ hemsida）
5. その写真，インスタグラムに投稿してくれない？
   （写真 en bild，インスタグラムに på Instagram，投稿する lägga upp）

25 動詞（3）命令形

❶ 命令形の作り方

不定詞と現在形の関係（☞ Kapitel 21）を理解すると，命令形を作ることができます.

	不定詞	現在形	命令形	作り方
A	simma 泳ぐ	simmar	Simma!	現→命：-r を落とす 不→命：不定詞と同形
B	åka （乗り物で）行く	åker	Åk!	現→命：-er を落とす 不→命：-a を落とす
C	gå 〔一音節〕 歩いていく	går	Gå!	現→命：-r を落とす 不→命：不定詞と同形
D	köra 〔長母音 +ra〕 運転する	kör	Kör!	現→命：現在形と同形 不→命：-a を落とす
例外	vara	är	Var!	

> 注意 ・不定詞と現在形で共通する部分（語幹，下線部分）が命令形になる.
>
> ・命令形を作る際にも，どのタイプの現在形をとるかを覚えておくことが重要.
>
> ・B に属する -mma で終わる動詞は，命令形で -m- をひとつ落とす.
>
> komma（来る），kommer, **Kom!** glömma（忘れる），glömmer, **Glöm**!
>
> ・命令形も現在形・過去形同様に定動詞に分類される.

❷ 命令文の用法

英語の命令文と同様に，主語は必要ありません.

Åk hem!　　　　　　　　　　家に帰りなさい.

Kör försiktigt!　　　　　　　気をつけて運転しなさい.

Var tyst, Harry!　　　　　　　ハリー，静かにしなさい.

否定の命令文は，命令形の後に否定辞 inte を置きます.

Gå inte ensam på natten!　　　夜ひとりで出歩かないで.

Simma inte i närheten av båten!　ボートの近くを泳がないで.

> 注意 命令形は定動詞なので，現在形・過去形などと同様に直後に inte を置く.

命令文を使った依頼表現に［Var snäll och 命令形］という形式があります.

Var snäll och stäng dörren!　　　ドアを閉めてください.

☞ 解答例 181 ページへ

問題1 以下の文は pytt i panna というスウェーデン料理のレシピです．A～Dの動詞の分類を参考に，カッコ内の動詞を命令形に直しなさい．

1. タマネギの皮をむいて，細かく刻みなさい．

  (Skala) och (hacka) löken fint.

2. ジャガイモと肉とソーセージを小さなさいの目に切りなさい．

  (Skära) potatis, kött och korv i små tärningar.

3. フライパンで玉ねぎ，ジャガイモ，肉，ソーセージをバターで炒めなさい．

  (Steka) lök, potatis, kött och korv i smör i en stekpanna.

4. 塩と胡椒で味付けしなさい．

  (Smaka) av med salt och peppar.

5. パセリを上に振りかけて目玉焼きと赤ビートを添えて出しなさい．

  (Strö) över persilja och (servera) med stekt ägg och rödbetor.

  A: skala「皮をむく」，hacka「みじん切りにする」，smaka av「味付けする」，servera「(食べ物などを)出す」

  B: steka「(肉や野菜などを)焼く」

  C: strö「振りかける」

  D: skära「(包丁で)切る」

語句 en lök タマネギ，fint 細かく，en potatis ジャガイモ，en korv ソーセージ，små 小さな，en tärning サイコロ(状のもの)，(ett) smör バター，en stekpanna フライパン，(ett) salt 塩，(en) peppar 胡椒，(en) persilja パセリ，stekt 焼いた，en rödbeta 赤ビート

問題2 A～Dの動詞の分類を参考に次の日本語をスウェーデン語に訳しなさい．

1. 怒らないで．（怒った arg）

2. 塩をとってください．

3. 今日は傘を忘れないで．（傘 ett paraply）

4. 座って少し待っていて．

5. アンナの邪魔をしないで．彼女は寝ているの．

  A: vänta「待つ」

  B: räcka「渡す（注意：「足りる」の意味もある）」，glömma「忘れる」，sitta ner「座る」，sova「寝ている」

  C: bli「～になる」

  D: störa「邪魔をする」

26 副詞（1）場所を表す3系列の副詞

　場所を表す副詞は，以下の表にあるように，着点（〜へ）・静止点（〜で）・起点（〜から）で形が異なります.

着点　　　→・	静止点　　・	起点　　　・→
vart（どこへ）	var（どこで）	varifrån（どこから）
hit（ここへ）	här（ここで）	härifrån（ここから）
dit（そこ・あそこへ）	där（そこ・あそこで）	därifrån（そこ・あそこから）
bort（向こうへ）	borta（向こうで，不在で）	bortifrån（向こうから）
hem（家へ）	hemma（家で）	hemifrån（家から）
in（中へ）	inne（中で）	inifrån（中から）
ut（外へ）	ute（外で）	utifrån（外から）
upp（上へ）	uppe（上で）	uppifrån（上から）
ner/ned（下へ）	nere（下で）	nerifrån/nedifrån（下から）
fram（前へ）	framme（前で）	framifrån（前から）

以下の例文で使い方を確認して行きましょう.

Vart åker du?	どこへ行くの？
Var bor du?	どこに住んでいるの？
Varifrån kommer du?	どこの出身なの？
Jag vill vara hemma idag.	今日は家にいたい.
Jag kommer hem sent i kväll.	今晩は帰宅が遅くなります.
Jag måste flytta hemifrån.	自宅から引っ越さなくてはならない.

　上記の表にあるもののうち着点と静止点を表すものは副詞の用法しかありません. 名詞（句）を取る場合には，前置詞を加える必要があります.

Jag kör in i staden.	私は運転して町に入っていく.
Jag kör ut ur staden.	私は運転して町から出ていく.

　in（中へ）と i（〜の中で），ut（外へ）と ur（〜の外へ）はそれぞれ意味も形も似ていますが，前者が副詞，後者が前置詞になります.

> **注意** fram には「目標点へ向かって」，framme には「目標点に到達して」という意味もある. **Tåget kommer fram kl 10.05.** その列車は 10 時 5 分に到着する. **Nu är vi framme!** さあ，着いた.

問題1 カッコ内に適切な場所を表す 3 系列の副詞を入れなさい.

1. Barnen är (　　　　　　) och leker.　　　子供たちは外で遊んでいます.

2. Rösten kommer (　　　　　　).　　　その声は上から聞こえる.

3. Hon är (　　　　　　) på semester.　　　彼女は休暇で不在です.

4. Solen går (　　　　　　) kl 6.07 idag.　　　今日太陽は 6 時 7 分に昇ります.

5. Vi har en tvättstuga (　　　　　) i källaren.　地下に洗濯室があります.

6. Dörren går inte att öppna (　　　　　).　　　そのドアは外側からは開かない.

7. Anna vill inte åka (　　　　　) igen.　　　アンナは二度とそこに行きたくない.

8. John arbetar (　　　　　) i dag.　　　ヨーンは今日家から仕事をしている.

9. Solen bryter (　　　　　) ur molnen.　　　太陽が雲から顔を出します.

10. Jag vill inte stanna (　　　　　).　　　私はここにいたくない.

> **語句** leka 遊ぶ. en röst 声. en semester 休暇. en tvättstuga 洗濯室. en källare 地下室. inte ... igen 二度と～ない. John ヨーン（男性名）. bryta 破る. ett moln 雲

問題2 カッコ内に適切な場所を表す 3 系列の副詞を入れ, 日本語に訳しなさい.

A: Ska vi gå (1.　) i Stadshustornet?

B: Jag stannar (2.　).

A: Utsikten (3.　) är fantastisk. Man kan se hela Stockholm.

B: Jag har höjdskräck.

A: OK. Vill du gå på restaurang Stadshuskällaren? (4.　) kan man beställa Nobelmeny!

B: Jag är ledsen, men jag vill inte gå (5.　) dit. Jag har cellskräck också.

> **語句** Stadshustornet ストックホルム市庁舎塔. en utsikt 眺望. fantastisk 素晴らしい. hela 全体. (en) höjdskräck 高所恐怖症. Stadshuskällaren 市庁舎地下室（レストラン名）. Nobelmeny ノベル（ノーベル）賞授賞式のメニュー. beställa 注文する. Jag är ledsen, men すみませんが. (en) cellskräck 閉所恐怖症

問題3 次の日本語をスウェーデン語にしなさい.

1. 私はそこから飛行機でロシアに行きます.（ロシア Ryssland）

2. 8 階までエレベーターに乗ってもらえますか?（エレベーターに乗る ta hissen）

3. どこに引越するの?

4. 今晩私の家で夕食を食べませんか?（私の家で hemma hos mig）

5. 小包がついに届いた.（小包 ett paket, ついに äntligen）

27 指示代名詞（1）／ 表現（14）「1杯のコーヒー」

❶ 指示代名詞（1）

事物を指す代名詞を指示代名詞と言います．その代表となる「これ（らの）」と「あれ（らの）」に相当する表現は以下の表のようになります．

	単数	複数
EN 名詞	**den här pojken** この少年 **den där pojken** あの少年	**de här pojkarna** これらの少年 **de där pojkarna** あれらの少年
ETT 名詞	**det här barnet** この子供 **det där barnet** あの子供	**de här barnen** これらの子供 **de där barnen** あれらの子供

以下の 3 点に注意が必要です．

① 「これ」と「あれ」の違いは här と där．（例：den **här** と den **där**）

② 修飾する名詞が EN 名詞単数の時は den，ETT 名詞単数の時は det，そして複数では de を使う．（例：**den** här pojken, **det** här barnet, **de** här pojkarna）

③ 名詞が既知形になる．（例：det här barn**et**）

指示代名詞の用法には以下の 2 つがあります．

限定用法：上記の表にあるように，名詞を修飾する用法です．

    Läs den här boken. この本を読みなさい．

独立用法：単独で用いることもできます．

    Vad är det här? Det här är hans första verk. これは何？ これは彼の最初の作品です．

注意 ・形容詞を伴う場合については☞ Kapitel 35

    ・書き言葉における指示代名詞については☞ Kapitel 74

❷ 表現（14）「1 杯のコーヒー」タイプの表現

英語では「1 杯のコーヒー」は a cup of coffee のように表現しますが，スウェーデン語では en kopp kaffe のように名詞を 2 つ並べて表現します．

［数詞＋容器・度量衡の名詞未知形＋名詞未知形（可算名詞の場合は複数形）］

    en kopp kaffe 1杯のコーヒー   **en grupp soldater** 兵士の一群

数詞が 1 の場合は，容器・度量衡の名詞の性に合わせて en/ett を選びます．

    en flaska vin ワイン 1 瓶 （en flaska 瓶：EN 名詞）

    ett glas vin ワイン 1 杯 （ett glas グラス：ETT 名詞）

数詞が 2 以上の場合は，容器・度量衡の名詞を複数形にします．

    två koppar kaffe コーヒー 2 杯   **fem hinkar vatten** バケツ 5 杯の水

☞ 解答例 182 ページへ

問題1 次の単語の単数既知形，複数未知形，複数既知形を答えなさい．

1. en tandborste 歯ブラシ **2. en tandkräm** 歯磨き粉（複数形語尾 -er）

3. ett schampo シャンプー **4. en tvål** 石鹸 **5. ett badkar** 浴槽

問題2 次の日本語をスウェーデン語にしなさい．

1. 歯ブラシ 1 ダース，歯ブラシ 2 ダース（ダース ett dussin）

2. あの歯磨き粉（単数），あれらの歯磨き粉（複数）

3. シャンプー 1 本，シャンプー 5 本（flaska 瓶・ボトルを使って）

4. この石鹸（単数），これらの石鹸（複数）

5. あの浴槽（単数），あれらの浴槽（複数）

問題3 次のスウェーデン語を日本語にしなさい．

A: Hej! Kan jag hjälpa dig?

B: Jag letar efter en ny dammsugare.

A: Jaha, då ska vi se. Här har vi Electrolux Pure D9-serie. Den här dammsugaren är
   mycket populär och samlar upp 99, 97% av dammet och allergenerna.

B: Det låter bra. Vad kostar den?

A: Den kostar 4 295 kr.

B: Vad är skillnaden mellan den här modellen och den där?

A: Den där är den tidigare modellen och kostar 3 795 kr.

B: Okej då tar jag den.

> **語句** en dammsugare 掃除機．Då ska vi se それでは見てみましょう．Electrolux エレク
> トロルクス（家電メーカー名）．en serie シリーズ．populär 人気がある．samlar upp 吸引
> する．ett damm ホコリ．(en/ett) allergen アレルゲン．låta ～に聞こえる．en skillnad
> 違い．mellan A och B A と B の間の．en modell モデル．tidigare 以前の

問題4 次の日本語をスウェーデン語にしなさい．

1. 私はよくこれらの歯ブラシを買います．

2. 私はあの歯磨き粉を使いたくない．

3. 私はこのシャンプーで髪を洗っています．（髪 ett hår，洗う tvätta）

4. 石鹸を 3 個選んでください（1 個 ett stycke を使って）

5. この浴槽は 200 リットルの水の容量があります．

（リットル en liter [単複同形]，容量がある rymma）

28 関係代名詞（1）／名詞（5）所有格

❶ 関係代名詞 (1)

関係代名詞 som

som は，主格としても目的格（対格）としても使うことができます．

De har en son. Han bor i Kiruna.（Han = 主格）

→ **De har en son som bor i Kiruna.** 彼らにはキルナに住んでいる息子がいる．

De har en son. De lämnar honom på dagis.（honom = 目的格）

→ **De har en son som de lämnar på dagis.** 彼らには保育所に預けている息子がいる．

また，先行詞の性や数，ヒトかモノかなどにかかわらず，使うことができます．

De har ett hus som de vill sälja. 彼らには売りたい家がある．（先行詞 = モノ）

関係代名詞 vad

vad は先行詞を含む関係代名詞です．det som ...（〜すること）に相当します．

Berätta vad du vet. ≒ Berätta det som du vet. 知っていることを話して．

Jag kan inte förstå vad du säger. あなたが言っていることが理解できません．

注意 主格として使われる場合は，som を挿入する．詳しくは☞ Kapitel 52

Berätta vad som händer i framtiden. 将来起こることを話して．

❷ 名詞 (5) 所有格

固有名詞・普通名詞ともに，-s を付加して所有格を作ります．英語のようにアポストロフィーはつけません．普通名詞では単数未知形から複数既知形まで，どの変化形にも -s を付加できます．所有格によって修飾される名詞は未知形です．

固有名詞：**Annas betyg** アンナの成績

普通名詞：

単数未知形	単数既知形	複数未知形	複数既知形
en elevs betyg	**elevens betyg**	**elevers betyg**	**elevernas betyg**
ある生徒の成績	その生徒の成績	生徒たちの成績	その生徒たちの成績

注意 ・-s, -x, -z で終わる名詞には -s は付加しない．**Lars betyg** ラーシュの成績

・所有格はモノ名詞も修飾できる．**husets tak** その家の屋根

問題1 単語を並び替えて適切な文を作りなさい．ただし，下線の単語を文頭に用いること．また，日本語に訳しなさい．

1. en lägenhet / <u>Jag</u> / på / ska hyra / som / tredje våningen / är / .
2. ett hus / har / hyra ut / <u>Jag</u> / jag / som / vill / .
3. en bok / <u>Hur</u> / jag / jag / hitta / kan / som / vill låna / ?
4. berätta / du / och / <u>Ring oss</u> / sälja / vad / vill / .
5. i / <u>Jag</u> / kan bo / ska köpa / som / vi / en villa / .
6. det / du / <u>Finns</u> / kan / pengar / som / spara / ?

> **語句** hyra 賃借する．hyra ut 賃貸に出す．hitta 見つける．låna 借りる．ringa 電話する．en villa 一軒家．pengar お金．spara 蓄える

問題2 次の日本語をスウェーデン語にしなさい．
1. トーマスの日常（トーマス Tomas，日常 en vardag）
2. ある教師の日常　　　　　3. その教師の日常
4. 教師たちの日常　　　　　5. その教師たちの日常

問題3 次のスウェーデン語を日本語に訳しなさい．

Donald Duck är Walt Disneys figur, men han heter Kalle Anka på svenska. Han är en argsint anka som har bred näbb och sjömanskostym. Svenskarna älskar honom och varje julafton sedan 1960 sänder Sveriges Television "Kalle Anka och hans vänner" som nästan fyra miljoner svenskar tittar på.

> **語句** en figur キャラクター．argsint 怒りっぽい．en anka アヒル．bred 広い．en näbb くちばし．en sjömanskostym セーラー服．sedan 〜以来．sända 放映する．Sveriges Television スウェーデン公共放送．en vän 友人（変化形は☞ Kapitel 31）

問題4 次の日本語をスウェーデン語にしなさい．
1. 彼の言うことは信用しないで．（〜を信用する lita på）
2. フッ素を含む歯磨き粉を使いなさい．（含む innehålla，フッ素 (en/ett) fluor）
3. 長靴下のピッピはアストリッド・リンドグレーンのキャラクターの一つです．
   （長靴下のピッピ Pippi Långstrump，アストリッド・リンドグレーン Astrid Lindgren，キャラクター en figur [強勢は最後の母音]）

29 人称代名詞(3)所有格

1・2 人称の所有格は修飾する名詞の性と数によって以下のように変わります.

| 主格 | 所有格 | | | 例：en bil（車）と ett hus（家） |
	EN 単数	ETT 単数	複数	
jag	min	mitt	mina	min bil / mitt hus / mina bilar, mina hus
du	din	ditt	dina	din bil / ditt hus / dina bilar, dina hus
vi	vår	vårt	våra	vår bil / vårt hus / våra bilar, våra hus
ni	er	ert	era	er bil / ert hus / era bilar, era hus

上記の表の例の部分を詳しく見てみましょう．修飾する名詞の性と数により，代名詞所有格が変化する点に注意しましょう.

<u>min</u> bil （私の車，bil = EN 名詞単数）

<u>mitt</u> hus （私の家，hus = ETT 名詞単数）

<u>mina</u> bilar, <u>mina</u> hus（私の車，私の家，bilar, hus = 複数）

また，所有格によって修飾される名詞は未知形であることに注意が必要です.

○ min bil, × min bilen

注意・形容詞と同じ変化をすることから（☞ Kapitel 32），「所有形容詞」と呼ばれることがある．また，再帰代名詞所有格も同様の変化をする．☞ Kapitel 40

・口語では，vår/vårt の代わりに våran/vårat が，er/ert の代わりに eran/erat が使われることがある.

一方，3 人称の所有格は名詞の性と数に関わらず，形は変わりません.

主格	所有格	例：en bil（車）と ett hus（家）
han	hans	hans {bil / hus / bilar / hus}
hon	hennes	hennes {bil / hus / bilar/ hus}
den/det	dess	dess {bil / hus / bilar/ hus}
de	deras	deras {bil / hus / bilar/ hus}

注意 dess は書き言葉的．話し言葉では名詞の既知形を使う.

Biljetten är dyr. {Dess pris/Priset} är 1 000 kr.

その チケットは高い．その価格は 1000 クローナだ.

問題1　次の単語の単数既知形，複数未知形，複数既知形を答えなさい．

1. en blyertspenna　　鉛筆

2. en sax　　ハサミ

3. en linjal　　定規（強勢は最後の音節）

4. ett suddgummi　　消しゴム

5. ett block　　ノート

問題2　次の日本語をスウェーデン語にしなさい．

1. 私の鉛筆（単数），私の鉛筆（複数）

2. あなたのハサミ（単数），あなたのハサミ（複数）

3. 彼の定規（単数），彼女の定規（複数）

4. 私たちの消しゴム（単数），私たちの消しゴム（複数）

5. あなた方のノート（単数），あなた方のノート（複数）

問題3　カッコ内に 1 人称単数あるいは 2 人称単数の所有格を入れなさい．また，日本語に訳しなさい．

A: (1.　) blyertspenna och (2.　) kort är borta! Kan jag låna (3.　)?

B: Ja, absolut. Vad ska du skriva på (4.　) kort för (5.　) mamma på mors dag?

A: Jag skriver så här. "Tack för att du är (6.　) mamma. Jag älskar dig".

> **語句** ett kort　カード．absolut　もちろん．skriva　書く．mors dag　母の日．så här　このように．Tack för att ....　～ありがとう

問題4　次の日本語をスウェーデン語にしなさい．

1. これはあなたの鉛筆ですか？

2. 私たちの定規を使って線を引いていいですよ．

（en linje 線 [複数形は linjer]，～を使って med [hjälp av] ...，dra ～を引く）

3. あなたの消しゴムを借りてもいいですか？

4. 私は自分のノートにすべてを書き留めています．

（すべて allting，書き留める skriva ner）

名詞（6）ウムラウトを起こす名詞

複数形を作る際に，母音が変わるものがあります．母音が変わることをウムラウト
と呼びます．主なパターンは (1) a → ä, (2) o → ö の 2 つです．

(1) a → ä（例は練習問題も参照）

単数未知形	単数既知形	複数未知形	複数既知形	意味
en tand	**tanden**	**tänder**	**tänderna**	歯
ett land	**landet**	**länder**	**länderna**	国
en man	**mannen**	**män**	**männen**	男・夫

❖ 複数形語尾は -er．ETT 名詞は ett land のみで他は EN 名詞．

❖ en man の複数形は無語尾．単数・複数既知形で n が重なる．

(2) o → ö（例は練習問題も参照）

en bok	**boken**	**böcker**	**böckerna**	本
en fot	**foten**	**fötter**	**fötterna**	足

❖ 複数形で重子音（k → ck, t → tt）になり，短母音化する．

❖ 複数形語尾は -er

親族名称は複数形でウムラウトを起こす名詞が多くあります．

(3) 女性親族名称

en mor (moder)	modern	mödrar	mödrarna	母
en dotter	**dottern**	**döttrar**	**döttrarna**	娘

❖ 母の単数既知形は moder を元に作られる．moder, dotter はともに強勢のない
-er で終わる EN 名詞なので，消える -e- に注意 ☞ Kapitel 6

❖ 複数形語尾は -ar. 母の複数形 mödrar は使用頻度が低い．

(4) 男性親族名称

en far (fader)	**fadern**	**fäder**	**fäderna**	父
en bror (broder)	**brodern**	**bröder**	**bröderna**	兄・弟
en son	**sonen**	**söner**	**sönerna**	息子

❖ 父と兄・弟の単数既知形は fader と broder を元に作られる．ともに強勢のない
-er で終わる EN 名詞なので，消える -e- に注意 ☞ Kapitel 6

❖ 複数形語尾は -er. 父の複数形 fäder は使用頻度が低い．

☞ 解答例 183 ページへ

問題1 次の単語の単数既知形, 複数未知形, 複数既知形を答えなさい.

1. **en hand** 手　　2. **en morot** ニンジン　　3. **en natt** 夜　　4. **en stad** 都市

5. **en bokstav** 文字

問題2 カッコ内に適切な名詞の変化形を入れなさい.

1. **Borsta** (　　　　　　　). 歯を磨きなさい.

2. **Ordet består av fyra** (　　　　　　　). その単語は 4 文字から成る.

3. **Mina** (　　　　　　) **går i skolan.** 娘たちは学校に通っています.

4. **Han skriver många** (　　　　　　). 彼はたくさんの本を書いている.

5. **Vi har tre** (　　　　　　). 私たちには 3 人息子がいます.

6. **De där** (　　　　　　) **kommer från Norge.** あの男性たちはノルウェー出身です.

7. **Vilka** (　　　　　) **vill du besöka?** どの都市を訪れてみたいですか?

8. **Tvätta** (　　　　)! 手を洗いなさい.

9. **Hur mår dina** (　　　　　　)? あなたの御兄弟はお元気ですか?

10. **Jag vill boka ett rum för två** (　　　　　　). 一部屋を 2 泊予約したい.

> **語句** borsta 磨く, bestå av ～から成る, besöka 訪れる, tvätta 洗う, må(体の調子が)
> ～である, boka 予約する

問題3 次のスウェーデン語を日本語にしなさい.

Morötter är en rotfrukt som härstammar från medelhavsländerna. Morötter innehåller vitaminer och näringsämnen, särskilt A-vitamin som hjälper till att skydda huden. Det är många svenskar som äter en rå morot till mellanmål.

> **語句** en rotfrukt 根菜, härstamma från ～に由来する, ett medelhavsland 地中海の
> 国, en vitamin ビタミン, ett näringsämne 栄養成分, särskilt 特に, skydda 保護する,
> en hud 皮膚, rå 生の, ett mellanmål 間食

問題4 次の日本語をスウェーデン語にしなさい.

1. あなたは娘さんたちをどのように育てているのですか? (育てる uppfostra)

2. 彼は日本を扱った本を 2 冊出版したい. (～を扱った handla om, 出版する ge ut)

3. 彼はアフリカの 10 か国を訪れるつもりだ. (アフリカ Afrika)

4. 部屋を 3 泊予約したいのですが. (予約する boka, 3 泊＝ 3 夜と考える, 前置詞は för)

73

31 名詞(7)
そのほかの特殊な変化を起こす名詞

(1) 強勢のある短母音＋m/n で終わる名詞

①強勢のある短母音＋m/n で終わる名詞で，かつ②母音で始まる語尾（下記の例では -et, -en, -er）が付く際に，m/n を重ねます．

単数未知形	単数既知形	複数未知形	複数既知形	意味
ett rum	rummet	rum	rummen	部屋
en vän	vännen	vänner	vännerna	友人

(2) 目・耳・頭

目と耳は複数形になる際に，語末の母音が öga → ögon と変わる点と，複数既知形の語尾が -en になる点に注意が必要です．

ett öga	ögat	ögon	ögonen	目
ett öra	örat	öron	öronen	耳

下記の頭の変化形は上段が正式なもの，下段は口語の発音を反映した形です．

ett huvud (ett huve)	huvudet (huvet)	huvuden (huven)	huvudena (huvena)	頭

(3) -eum, -ium で終わる ETT 名詞

-eum, -ium で終わるラテン語由来の名詞の変化です．単数既知形と複数形で注意が必要になります．

ett museum	museet	museer	museerna	博物館
ett gymnasium	gymnasiet	gymnasier	gymnasierna	高校

(4) 強勢のある母音で終わる ETT 名詞

強勢のある母音で終わる借用語の ETT 名詞の変化形も (3) と同様に，単数既知形と複数形で注意が必要です．

ett paraply	paraplyet	paraplyer	paraplyerna	傘

(5) 複数形でアクセントが移動する名詞

-or で終わる名詞は単数形では -or の前の音節に強勢がありますが，複数形では -or に強勢が移動します．単数既知形が datorn となることにも注意が必要です．

en dator	datorn	datorer	datorerna	パソコン

例）professor（教授），lektor（講師），rektor（校長，社長），motor（エンジン）

問題1 次の単語の単数既知形，複数未知形，複数既知形を答えなさい．

1. en rektor 校長　　**2. ett tv-program** テレビ番組（-a- に強勢，短母音）

3. ett laboratorium 実験室　　**4. en stam** 幹（-a- 短母音）

5. en dam 婦人（-a- 長母音）　　**6. ett bageri** パン屋（強勢は最終音節）

問題2 カッコ内に目・耳・頭の適切な名詞の変化形を入れなさい．

1. Han sluter (　　　　　　　).　　彼は目を閉じる．

2. Spetsa (　　　　　　) och lyssna noga.　　耳をそばだててよく聞いて．

3. Dina (　　　　　　) blixtrar.　　あなたの目が光る．

4. Hon viskar i hans (　　　　　).　　彼女が彼の耳にささやく．

5. De skakar alltid på (　　　　　　).　　彼らはいつも首を横にふる．

> **語句** sluta（目などを）閉じる，spetsa 尖らせる，noga 注意して，blixtra （雷などが）光る，viska ささやく，skaka (på) 振る

問題3 次のカッコ内に ett museum の適切な変化形を入れ，日本語にしなさい．

Det finns några (1.　　) i Stockholm som du kan besöka utan att betala. Nationalmuseet är ett av (2.　　) med gratis inträde. Det är ett konstmuseum som ligger på Blasieholmen. (3.　　) äger totalt 700 000 tavlor, teckningar och skulpturer från 1500-talet till 1900-talet.

> **語句** några いくつかの ☞ Kapitel 37, utan ～なしで，utan att ... ～することなく，Nationalmuseet 国立美術館，gratis 無料の，ett inträde 入場（料），ett konstmuseum 美術館，Blasieholmen ブラーシエホルメン（地名），äga 所有する，totalt 全部で，en tavla 絵画，en teckning デッサン，en skulptur 彫刻

問題4 次の日本語をスウェーデン語にしなさい．

1. あなたの息子はどの高校に行きたいのですか？（高校に行く　gå på gymnasiet）

2. その部屋にはベッドと机と椅子が 2 つあります．（机 ett arbetsbord）

3. 私はその友人たちをパーティーに招くつもりです．

　　（A を B に招く bjuda A till B，en fest パーティー）

4. その男性は目元にしわがたくさんある．

　　（目元に＝目の周りに，～の周りに runt，しわ en rynka）

5. あれらのモーターは壊れている．（モーター en motor，壊れている vara sönder）

75

32 形容詞（1）
叙述用法と変化形／特殊な変化形 1

❶ 叙述用法と変化形

　形容詞には en dyr soffa（高価なソファー）のように名詞を修飾する「限定用法」と，Soffan är dyr.（そのソファーは高価だ）のように，補語の働きをする「叙述用法」があります．まずは，叙述用法について見ていくことにします．

　形容詞は主語の名詞の性と数によって以下のように変化します．

主語	形容詞変化形	呼称	例
EN 名詞 単数	基本形 **dyr**（高価な）	基本形	**Soffan är dyr.** そのソファーは高価だ.
ETT 名詞 単数	基本形＋ t **dyr-t**	-t 形	**Bordet är dyrt.** そのテーブルは高価だ.
複数	基本形＋ a **dyr-a**	-a 形	**{Sofforna/Borden} är dyra.** それらの{ソファー／テーブル}は高価だ.

　本書では上記の形容詞の変化形を，それぞれ「基本形」，「-t 形」，「-a 形」と呼ぶことにします．叙述用法では，主語の性（EN か ETT か）と数（単数か複数か）が関与しますが，未知形か既知形かは関与しません．

 ・限定用法では未知形か既知形かも関与する☞ Kapitel 34
　　　　・［長母音＋ t］の形容詞は -t 形で短母音化する．
　　　　　vit（白い），vitt（短母音化），vita

❷ 特殊な変化形 1

　以下では，上記の変化形から逸脱する例について見ていきます．

(1) 強勢のある短母音＋ m/n で終わる形容詞

　強勢のある短母音＋ m/n で終わる形容詞は，複数形の際に，m/n を重ねます．これは Kapitel 31 で見た名詞の際と同じ規則が働いています．

	基本形	-t 形	-a 形	意味
強勢のある短母音＋ m	**dum**	**dumt**	**dumma**	愚かな
強勢のある短母音＋ n	**allmän**	**allmänt**	**allmänna**	普遍的な・一般的な

 –nn で終わる形容詞は -t 形で，n を 1 つ落とす．
　　　　sann（真実の），sant，sanna

問題1 次の形容詞の -t 形，-a 形を答えなさい．

1. billig 安価な **2. lång** 長い・背が高い **3. tom** 空っぽの **4. tunn** 薄い

5. stor 大きな **6. tung** 重い

問題2 カッコ内に形容詞の適切な変化形を入れなさい．

1. Hennes ögon är (**).** 彼女の目は大きい．

2. Datorn är (**).** そのパソコンは安価だ．

3. Det där huset är (**).** あの家は白い．

4. Den där lektorn är (**).** あの講師は背が高い．

5. Det här blocket är (**).** このノートは薄い．

6. Bröderna är (**).** その兄弟たちは愚かだ．

7. Den här saxen är (**).** このハサミは重たい．

8. Problemen är (**) i Sverige.** それらの問題はスウェーデンでは一般的だ．

9. De där rummen är (**).** あれらの部屋は空っぽだ．

10. Det är inte (**).** それは本当ではない．

語句 ett problem 問題

問題3 カッコ内の形容詞を適切な変化形にしなさい．また，日本語に訳しなさい．

Det är (1. dyr) att äta lunch ute på en restaurang i Stockholm. Det är nog bäst att ta med en matlåda. Det finns mikro på många arbetsplatser. Det är (2. enkel) att värma upp matlådan. Eller du kan gå in på en mataffär på vägen till jobbet. Där finns det många färdiga maträtter som är (3. billig).

語句 det är nog bäst att ... ～した方がよい，ta med 持っていく，en matlåda お弁当，en mikro 電子レンジ，värma upp 温める，en mataffär 食料品店，på vägen till ... ～に行く途中で，färdig 出来合いの（限定用法については☞ Kapitel 34），en maträtt 料理

問題4 次の日本語をスウェーデン語にしなさい．

1. 彼のアパートの壁は薄い．（壁 en vägg）

2. このワインは安い．（ワイン (ett) vin）

3. 彼の兄弟たちは背が高い．

4. あれらの本は重いにちがいない．

33 形容詞（2）特殊な変化形 2

(2) 強勢のない -el, -er, -en で終わる形容詞

強勢のない -el, -er, -en で終わる形容詞は -a 形で，-e を落とします．また，-en で終わる形容詞は，-t 形で -n を落として，-t を付加します．

	基本形	-t 形	-a 形	意味
-el	**enkel**	**enkelt**	**enkla**（× enkela）	単純な
-er	**vacker**	**vackert**	**vackra**（× vackera）	美しい
-en	**öppen**	**öppet**（× öppent）	**öppna**（× öppena）	開いた

例）dubbel 二重の，mager 痩せこけた，naken 裸の，ledsen 悲しい

(3) 形容詞 gammal（古い，年老いた）

形容詞 gammal も -a 形で注意が必要です．-ma- を落として，-a を付加します．

	gammal	**gammalt**	**gamla**（× gammala）	古い

(4) 子音 + d / 子音 + t で終わる形容詞

［子音 + d］，［子音 + t］で終わる形容詞は -t 形で注意が必要です．［子音 + d］では -d を落として，-t を付加，［子音 + t］では基本形と同形になります．

子音+d	**hård**	**hårt**（× hårdt）	**hårda**	固い
子音+t	**tyst**	**tyst**（× tystt）	**tysta**	静かな

例）rund 丸い，skild 分かれた，gift 結婚した，lätt 容易な

(5) 長母音 + d / 長母音で終わる形容詞

［長母音 + d］，［長母音］で終わる形容詞は t 形で注意が必要です．［長母音 + d］，では -d を落として -tt を付加，［長母音］でも -tt を付加します．また，-t 形では母音が短母音化します．

長母音+d	**god**	**gott**（× godt）	**goda**	よい
長母音	**ny**	**nytt**（× nyt）	**nya**	新しい

> **注意** 長母音で終わる形容詞 blå（青い）と grå（灰色の）は書き言葉の -a 形で -a 語尾を付加しない場合がある．blå, blått, blåa/blå

例）död 死んだ，bred 幅の広い，rå 生の

(6) 無変化

変化を起こさない形容詞もあります．spännande（ワクワクさせる）のような現在分詞（☞ Kapitel 62），bra（よい）のような基本形が -a で終わる形容詞，gratis（無料の）のような -s で終わる形容詞などが含まれます．

☞ 解答例 184 ページへ

問題1 次の形容詞の -t 形, -a 形を答えなさい.

1. säker 確かな　　**2. röd** 赤い　　**3. flexibel** 柔軟な　　**4. stängd** 閉められた

5. kort 短い・背が低い　　**6. mogen** 熟した　　**7. fri** 自由な

問題2 カッコ内に形容詞の適切な変化形を入れなさい.

1. Arbetstiderna är (　　　　　　　　). 労働時間は柔軟（フレックスタイム制）だ.

2. Köket är alldeles (　　　　　　　). そのキッチンはまったくの新品だ.

3. Hur (　　　　　) är de? 彼らは何歳ですか？

4. Museet är (　　　　　) på måndagar. その博物館は月曜休館です.

5. Blåbären är (　　　　　　). ブルーベリーは熟しています.

6. Professorn är (　　　　　　). その教授は背が低い.

7. Deras döttrar är (　　　　　　). 彼らの娘たちは美しい.

8. Bara ena ögat är (　　　　　). 片方の目だけが赤くなっている.

語句 en arbetstid 労働時間, alldeles 完全に, ett blåbär ブルーベリー, ena 一方の

問題3 カッコ内の形容詞を適切な変化形にしなさい. また, 日本語に訳しなさい.

Knäckebröd är ett bröd som är (1. hård) och (2. tunn). Det härstammar från Sverige och traditionellt bakar man med råg. Därför är det väldigt (3. nyttig). Skivorna är ursprungligen (4. stor) och (5. rund) med ett hål i mitten. Men man kan köpa skivor som är mindre och (6. rektangulär) eller (7. trekantig) också. Svenskarna tycker mycket om knäckebröd.

語句 ett knäckebröd クリスプブレッド, ett bröd パン, härstamma från ～に由来する, traditionellt 伝統的に, baka （パンなどを）焼く, (en) råg ライ麦, nyttig 体によい, en skiva 円盤状のもの, ursprungligen 元々は, rund 丸い, ett hål 穴, mindre 小さい(liten) の比較級☞ Kapitel 65, rektangulär 長方形の, trekantig 三角の

問題4 次の日本語をスウェーデン語にしなさい.

1. あの家は築 100 年だ.

2. その部屋の中は完全に静かだ.

3. それらの家具は簡素だが美しい. （家具 en möbel 複数形語尾は -er）

4. 彼女の目は青く, 髪は赤い. （髪 (ett) hår）

34 形容詞（3） 限定用法 1

　ここまでは「叙述用法」について見てきましたが，ここからは形容詞が名詞を修飾する「限定用法」について学びます．限定用法では性と数だけでなく，未知形か既知形かにも注意が必要になります．まずは未知形です．

	EN 名詞単数	ETT 名詞単数	複数
未知形	**en stor kyrka** 大きな教会	**ett stort hus** 大きな家	**stora kyrkor/stora hus** 大きな教会／家

未知形名詞を修飾する際は，形容詞は叙述用法と同じ変化になります．

　　　EN 名詞単数　　　→　基本形（stor）
　　　ETT 名詞単数　　　→　-t 形（stort）
　　　複数未知形　　　　→　-a 形（stora）

　一方，既知形の限定用法では形容詞は常に -a 形を使います．

	EN 名詞単数	ETT 名詞単数	複数
既知形	**den stora kyrkan** その大きな教会	**det stora huset** その大きな家	**de stora kyrkorna/** **de stora husen** それらの大きな教会／家

　既知形の限定用法では次の点に注意が必要です．

① 形容詞は常に -a 形（stora）

② 限定詞（den, det, de）を付ける．EN 名詞単数 → den, ETT 名詞単数 → det, 複数 → de

③ 名詞を既知形にする

注意　・叙述用法では未知形か既知形かが関与しないことに注意☞ Kapitel 32
　　　　Kyrkan är stor. その教会は大きい．× **Kyrkan är stora.**（主語は既知形だが，叙述用法では既知形かどうかは関与しないので，-a 形にならない）

　　　　・形容詞 -a 形には，複数形としての機能と既知形としての機能がある．ただし，繰り返しになるが，既知形が関与するのは限定用法のみ．

　　　　・形容詞の限定用法の既知形で，限定詞（den, det, de）を必要とすることから，名詞単独の既知形でも，den kyrkan, det huset, de kyrkorna, de husen のようにする間違いが見られるが，この場合，den, det, de は指示代名詞として機能し，「あの教会」の意味になる．「その教会」のように前の文脈に出たものを指す場合には，kyrkan, huset, kyrkorna, husen のように何もつけずに既知形にする．

■☞ 解答例 184 ページへ

問題1 次の名詞句を単数未知形・単数既知形・複数未知形・複数既知形の順に答えなさい.

1. 美しい女性

2. よいアドバイス（よい god，アドバイス ett råd）

3. 熟したリンゴ

4. 新しい本

5. 古い国

問題2 カッコ内に形容詞の適切な変化形を入れなさい.

1. Vill du ha (**) tänder?**   白い歯が欲しいですか？

2. Han bor i det (**) huset.**   彼はその古い家に住んでいる.

3. Rösten kommer från ett (**) fönster.**   開いた窓から声が聞こえる.

4. Det här är ett av de (**) exemplen.**   これがその単純な例の１つです.

5. Hon har en (**) väska i handen.**   彼女は手に重い鞄を持っている.

6. Sven har (**) fötter.**   スヴェンは足が大きい.

7. Jag vill köpa den (**) tavlan.**   私はその美しい絵を買いたい.

> **語句** en röst 声，ett exempel 例，en väska カバン，en tavla 絵

問題3 カッコ内の形容詞を適切な変化形にしなさい. また，日本語に訳しなさい.

En (1. röd) stuga med vita knutar. Det är ett (2. typisk) trähus i Sverige. Den (3. röd) färgen tillverkar man av färgämnen från Falu koppargruva i Dalarna. Därför kallar man den (4. klassisk) färgen för Faluröd.

> **語句** en stuga（小さな）家，en knut 隅柱（外壁の隅角部），typisk 特徴的な，ett trähus 木造の家，en färg 色，tillverka 製造する，ett färgämne 顔料，Falu koppargruva ファールン大銅山，Dalarna ダーラナ（地名），klassisk 古典的な，Faluröd ファールンレッド

問題4 次の日本語をスウェーデン語にしなさい.

1. 彼は背が高く，腕と脚が長い.（腕 en arm，脚 ett ben）

2. 私は薄い財布が欲しい.（tunn 薄い，財布 en plånbok）

3. その新しい美術館は 10 万点を超える絵画を所蔵している.

4. それらの古い紙幣はもう使うことができない.

   （en sedel 紙幣，〜できる går att V，使う använda，もう〜ない inte längre）

5. 3 人の背の高い男たちがその閉まったドアの外で話している.（〜の外で utanför）

35 形容詞（4）限定用法 2／表現（15）「〜のように見える」

❶ 指示代名詞がついた限定用法

指示代名詞（☞ Kapitel 27）と形容詞が組み合わされた限定用法は，以下のようになります．

［指示代名詞＋形容詞 -a 形＋名詞既知形］

	単数		複数	
EN 名詞	den här stora kyrkan	この大きな教会	de här stora kyrkorna	これらの大きな教会
	den där stora kyrkan	あの大きな教会	de där stora kyrkorna	あれらの大きな教会
ETT 名詞	det här stora huset	この大きな家	de här stora husen	これらの大きな家
	det där stora huset	あの大きな家	de där stora husen	あれらの大きな家

形容詞が -a 形に，名詞も既知形になることに注意が必要です．

注意 書き言葉における指示代名詞と形容詞の限定用法については☞ Kapitel 74

❷ 所有格がついた限定用法

所有格の代名詞や名詞と形容詞が組み合わされた限定用法では，次のような形式になります．

［所有格（代名詞・名詞）＋形容詞 -a 形＋名詞未知形］

	単数		複数	
代名詞 所有格	min stora bil	私の大きな車	mina stora bilar	私の大きな車
	mitt stora hus	私の大きな家	mina stora hus	私の大きな家
名詞 所有格	Ulfs stora bil	ウルフの大きな車	Ulfs stora bilar	ウルフの大きな車
	Ulfs stora hus	ウルフの大きな家	Ulfs stora hus	ウルフの大きな家

所有格に修飾される名詞が未知形になることはすでに見ましたが（☞ Kapitel 28, 29），間にはさまれる形容詞が -a 形になることに注意しましょう．

❸ 表現（15）「〜のように見える」という表現

「〜のように見える」「〜そうだ」という表現は，se ut で表します．［se ＋形容詞 ＋ ut］の構文を取り，叙述用法と同じく形容詞は主語の性と数に一致させます．

Pojken ser pigg ut.	その少年は元気そうだ．	（主語：EN 名詞単数）
Laget ser piggt ut.	そのチームは元気そうだ．	（主語：ETT 名詞単数）
De ser pigga ut.	彼らは元気そうだ．	（主語：複数）

☞ 解答例 184 ページへ

問題1 次の日本語をスウェーデン語にしなさい.

1. この赤い歯ブラシ

2. これらの赤い歯ブラシ

3. 私の赤い歯ブラシ（単数）

4. 私の赤い歯ブラシ（複数）

問題2 次の色を表す形容詞の -t 形と -a 形を答えなさい.

1. svart 黒い　　**2. grön** 緑色の　　**3. gul** 黄色い　　**4. brun** 茶色の　　**5. rosa** ピンク色の

問題3 日本語の意味になるように下線部を完成させなさい.

1. 私は彼の茶色の目が好きだ.

　　Jag tycker om _____.

2. あのピンクのワンピースを買いたい.（ワンピース en klänning）

　　Hon vill köpa _____.

3. 彼女の黒い髪は肩までかかっている.

　　_____**hänger över axlarna.**

4. これらの黄色いキノコは食べられます.（キノコ en svamp, 食べられる ätlig）

　　_____**är ätliga.**

5. この緑の植物は何という名前ですか？（植物 en växt）

　　Vad heter _____ ?

問題4 次のスウェーデン語を日本語にしなさい.

A: Du ser trött ut, Ulf. Du har mörka ringar under ögonen.

B: Jag sover dåligt i min nya säng. Den är för hård för mig.

A: Det är nog bäst att lämna tillbaka den och köpa en ny säng.

語句 mörk 暗い. en ring 輪. dåligt 悪く. för ～すぎる. lämna tillbaka 返却する. det är nog bäst att ... ～した方がよい

問題5 次の日本語をスウェーデン語にしなさい.

1. なぜ彼らはそんなにうれしそうなの？（うれしい glad）

2. あの背の高い男は怒っているように見える.（怒った arg）

3. 私たちの優しい先生は今日，不機嫌そうだ.（優しい snäll, 不機嫌な sur）

4. 彼は黙っていて，不安そうだ.（不安な orolig）

83

36 形容詞（5） liten の用法と変化形

「小さい，かわいい」を表す形容詞 liten について見ていきます．この形容詞は特殊で，変化形は 4 つあります．

liten：基本形，litet：-t 形，lilla/små：-a 形

-t 形を× litent としないこと，また 2 つの -a 形の使い分けが重要になります．

まずは叙述用法です．複数では små を使います．

	主語	変化形	例
単数	EN 名詞	**liten**	**Dockan är liten.** その人形は小さい．
	ETT 名詞	**litet**	**Barnet är litet.** その子供は小さい．
複数		**små**	**{Dockorna /Barnen} är små.** それらの {人形／子供} たちは小さい．

次に限定用法を見ていきます．単数既知形で lilla が，複数形で små が使われていることに注意が必要です．

	単数未知形	単数既知形	複数未知形	複数既知形	
EN 名詞	**en liten docka**	**den lilla dockan**	**små dockor**	**de små dockorna**	小さい人形
ETT 名詞	**ett litet barn**	**det lilla barnet**	**små barn**	**de små barnen**	小さい子供

lilla と små の使い分けは，次の通りです．

① lilla：**限定用法の単数既知形**の時にのみ使われる．（限定用法のみ！）

② små：名詞の**複数形を叙述・修飾**する際に使われる．（叙述・限定ともに）

Kapitel 35 で見た，指示代名詞がついた場合を考えましょう．単数の場合は，単数既知形と同じ環境ですから lilla を使います．一方，複数の場合は små が使われます．

単数		複数	
den här lilla dockan	この小さな人形	**de här små dockorna**	これらの小さな人形
det här lilla barnet	この小さな子供	**de här små barnen**	これらの小さな子供

また，所有格がついた場合も同様で，単数では lilla が，複数では små が使われます．

単数		複数	
min lilla docka	私の小さな人形	**mina små dockor**	私の小さな人形
mitt lilla barn	私の小さな子供	**mina små barn**	私の小さな子供

☞ 解答例 184 ページへ

問題1　次の日本語をスウェーデン語にしなさい.

1. その町は小さい.

2. それらの町は小さい.

3. その部屋は小さい.

4. それらの部屋は小さい.

問題2　次の名詞句を単数未知形・単数既知形・複数未知形・複数既知形の順に答えなさい.

1. 小さな町　　　**2.** 小さな部屋

問題3　次の日本語をスウェーデン語にしなさい.

1. この小さな町　　　　**2.** これらの小さな町　　　**3.** 私の小さな部屋（単数）

4. 私の小さな部屋（複数）

問題4　次の手紙の文章を読んで，カッコ内に liten, litet, lilla, små のいずれかを入れなさい.　また日本語に訳しなさい.

Hej Anna!

Nu är vi i Vaxholm i Stockholms skärgård. Vaxholm är en (1.　　　　　　) stad men här ligger fina (2.　　　　　　) butiker, krogar och villor. Det (3.　　　　　　) hotellet som vi bor i ligger vid stranden och har fin utsikt. Vädret är vackert och maten är god.

En stor kram från mamma och pappa

> **語句**　Vaxholm　ヴァックスホルム（地名）. Stockholms skärgård　ストックホルム群島, fin　素敵な, en butik　店, en krog　レストラン, en villa　一軒家, en strand　水辺, en utsikt　眺め, ett väder　天気. En stor kram från ...　親しい間柄で使われる手紙の終わりのフレーズ, en kram は「ハグ」の意

問題5　次の日本語をスウェーデン語にしなさい.

1. 彼はその大きな馬のそばにいると小さく見える.　（馬 en häst, 〜のそばに bredvid）

2. その小さな少女がその小鳥たちの面倒を見ている.　（〜の面倒を見る ta hand om ...）

3. それらの製品（の間）には多くのちょっとした違いがあります.

（製品 en produkt, 違い en skillnad, 複数形語尾はともに -er）

37 不定代名詞(2)

不定代名詞とは特定のものを指さずに，漠然と人や物を表す代名詞です．よく使われるものに någon があり，以下のように変化します．口語ではカッコ内にあるように省略された形が使われます．

EN 名詞単数	ETT 名詞単数	複数
någon (nån)	något (nåt)	några (nåra)

①単独の用法

まずは単独で使われる用法を見ていきます．någon は不特定の人，något は不特定のモノ，そして några は不特定の複数の人を表します．

någon（誰か）　**Är det någon som vill ha kaffe?**　コーヒーが欲しい人はいますか？

något（何か）　**Vill du ha något (nånting) att dricka?**　何か飲み物はいかがですか？

> **注意**　・単独用法では någonting/nånting が något と同じ意味で使われる．
> ・något kallt(何か冷たい物)のように形容詞は後ろから修飾する．

några（何人か）**Jag känner några av dem.**　彼らの何人かを知っています．

②名詞を修飾する用法

未知形の名詞を修飾し，疑問文と否定文においてよく使われます．

・疑問文　**Har du någon bil?**　　　　　車は持っていますか？（bil: EN 単数未知形）

　　　　　Har du något hus?　　　　　家は持っていますか？（hus：ETT 単数未知形）

　　　　　Har du några syskon?　　　　兄弟姉妹はいますか？（syskon：複数未知形）

・否定文　**Jag vill inte ha någon bil.**　車は欲しくない．（bil: EN 単数未知形）

　　　　　Jag vill inte ha något hus.　家は欲しくない．（hus：ETT 単数未知形）

　　　　　Jag vill inte ha några syskon.　兄弟姉妹は欲しくない．（syskon：複数未知形）

några は平叙文においてもよく使われます．

・平叙文　**Jag har några frågor.**　　　　いくつか質問があります．

> **注意**　någon/något が平叙文で使われることもある．その際，「話し手が知らない，あるいは，特定したくない何か」を指す．一方，en/ett が使われると「話し手は知っているが，聞き手は知らないであろう何か」を指す．
>
> **Jag vill åka till något land.**　私はどこかの国に行きたい．
>
> **Jag vill åka till ett land.**　私はある国に行きたい．

☞ 解答例 185 ページへ

問題1 カッコ内に någon, något, några の中から適切なものを入れなさい.

1. Har du (　　　　　　　) laptop?　　　　　ラップトップは持っていますか？

2. Jag vill inte ha (　　　　　　　) surfplatta.　　タブレットは欲しくない.

3. Hon har (　　　　　　　) datorer hemma.　　彼女は自宅に何台かパソコンがある.

4. Är det (　　　　　　　) som kan fixa skrivaren?　プリンターを直してくれる人いない？

5. Har du (　　　　　　　) usb-minne?　　　USB メモリー持っていますか？

6. Kopiera (　　　　　　　) som du vill klistra in.　ペーストしたいものをコピーして.

> **語句** en laptop　ラップトップ, en surfplatta　タブレット, en dator　パソコン, fixa　修理する, en skrivare　プリンター, ett usb-minne　USB メモリー, kopiera　コピーする, klistra in　ペーストする

問題2 次の会話を読んで, カッコ内に någon, något, några のいずれかを入れなさい. また日本語に訳しなさい.

A: Du ser blek ut idag.

B: Jag har ont i huvudet. Finns det (1.　　　　　　　) som hjälper mot migrän?

A: Gå hem och vila.

B: Jag har massor att göra idag.

A: Är det (2.　　　　　　　) som kan göra ditt arbete istället på din avdelning?

B: Nej, det verkar inte finnas (3.　　　　　　　) som har tid att hjälpa. De är upptagna. Har du (4.　　　　　　　) huvudvärkstabletter?

A: Nej, tyvärr. Finns det (5.　　　　　　　) apotek i närheten? Jag kan gå och köpa.

B: Tack, det finns ett apotek på andra sidan gatan.

> **語句** blek　青白い, ha ont i ...　～が痛い, (en) migrän　偏頭痛, vila　休憩する・休む, massor　たくさん, en avdelning　部署, verka　～のようだ, upptagen　忙しい, en huvudvärkstablett　頭痛薬, tyvärr　残念ながら, ett apotek　薬局, i närheten　近くに, på andra sidan A　A の向こう側に（A は名詞の既知形）

問題3 次の日本語を någon, något, några を使って, スウェーデン語にしなさい.

1. 何かペットは飼っている？　はい, 猫を一匹飼っています.（ペット ett husdjur）

2. 何か食べ物はある？　お腹がすいているんだ.（お腹のすいた hungrig）

3. 家に牛乳がありません.

4. 誰か手伝ってくれる人いない？

5. 私はチケットが何枚か余っています.（余って kvar）

38 不定代名詞（3）／指示代名詞（2）

❶ 不定代名詞（3）ingen, inget, inga

「誰も〜ない」「何も〜ない」を表す否定の不定代名詞には以下があります.

EN 名詞単数	ETT 名詞単数	複数
ingen	inget	inga

①単独の用法

ingen（誰も〜ない）　**Jag känner ingen här.**　ここには知り合いはいません.

inget（何も〜ない）　**Jag har inget (ingenting) att göra.**　何もやることがない.

> **注意**　単独用法では ingenting が inget と同じ意味で使われる.

inga（誰も〜ない[複数]）**Det är inga som vill bo där.**　そこに住みたい人は誰もいない.

②名詞を修飾する用法

未知形の名詞を修飾し, [inte+någon/något/några] と同じ意味になります.

Jag har ingen tid.　＝ **Jag har inte någon tid.**　　　時間がありません.

Jag har inget val.　＝ **Jag har inte något val.**　　　選択肢がありません.

Jag har inga vänner. ＝ **Jag har inte några vänner.**　友達がいません.

> **注意**　助動詞が使われる文(☞ Kapitel 22・23)や現在(過去)完了の文(☞ Kapitel
> 43・44・51)の目的語位置では ingen/inget/inga は使われず, 代わりに [inte+
> någon/något/några] を使う. 詳しくは☞補遺 172 ページ
>
> × **Jag vill ha ingen bil.**　○ **Jag vill inte ha någon bil.**　車は欲しくない.

❷ 指示代名詞（2）sådan, sådant, sådana

「そのような」を意味し, 同種類の事物を指す指示代名詞には以下があります. 未知形名詞を修飾し, 口語ではカッコ内にある省略された形が使われます.

EN 名詞単数	ETT 名詞単数	複数
sådan (sån)	sådant (sånt)	sådana (såna)

Jag vill ha en sådan bil.　　そんな車が欲しい.

Jag vill ha ett sådant hus.　　そんな家が欲しい.

Jag vill ha sådana syskon.　　そんな兄弟姉妹が欲しい.

Jag vill ha en sån och två såna. それを1つ, それを2つください. （ケーキ屋のように同じ
商品が複数並んでいて, その中の不特定の1つを注文するような状況で使われる）

> **注意**　単数形では不定冠詞 en/ett をつけることに注意.

☞ 解答例 185 ページへ

問題1　カッコ内に ingen, inget(ingenting), inga, sådan, sådant, sådana の中から適切なものを入れなさい.

1. En (　　　　　　　　) situation är vanlig.　　　　そのような状況はよくある.

2. Han har (　　　　　　　　) moral.　　　　彼にはモラルがない.

3. Jag vet (　　　　　　　　).　　　　私は何も知りません.

4. Jag vill ha (　　　　　　　　) kläder som du har.　　あなたが持っているような服がほしい.

5. Det är (　　　　　　　　) som är perfekt.　　　　完璧な人はいない.

6. (　　　　　　　　) på jobbet är nöjd med honom.　彼に満足している人は職場にはいない.

7. Det finns (　　　　　　　　) museum i staden.　　　その町には博物館がない.

8. Han har (　　　　　　　　) pengar.　　　彼はお金がありません.

> **語句**　en situation 状況. vanlig 普通である. en moral モラル. kläder 服（複数形で使われる）. perfekt 完璧な. vara nöjd (med A) （A に）満足する. pengar お金（複数形で使われる）

問題2　次の会話を読んで, カッコ内に ingen, inget(ingenting), inga, sådan, sådant, sådana のいずれかを入れなさい. また日本語に訳しなさい.

A: Vem sprider (1.　　　　　　　) lögner?

B: Har du ett (2.　　　　　　　) förhållande med henne?

A: ...

B: Varför säger du (3.　　　　　　　)?

A: Jag har (4.　　　　　　　) förhållande med henne. Hon är en god vän.
　 (5.　　　　　　　) ska tala en (6.　　　　　　　) osanning.

B: Men som man säger, (7.　　　　　　　) rök utan eld.

> **語句**　sprida 広げる. en lögn 嘘. ett förhållande 関係. en osanning 嘘. en rök 煙. utan ～なしで. en eld 火

問題3　次の日本語を ingen, inget, inga, sådan, sådant, sådana を使って, スウェーデン語にしなさい.

1. 彼らが勝つ見込みはまったくない.（勝つ vinna, 見込み en chans）

2. 誰もあらかじめよい結果を保証することはできない.
　（あらかじめ på förhand, 結果 ett resultat, 保証する garantera）

3. 彼が持っているようなズボンを買いたい.（ズボン byxor, 複数形で使われる）

4. 私は彼女が住んでいるようなマンションを借りたい.

39 再帰代名詞目的格／再帰動詞（1）

❶ 再帰代名詞目的格

他動詞文では通常，主語の行為が他者に向かいますが，主語自身に向かう場合に再帰代名詞の目的格を使います．

Han tvättar barnet.	彼は子供の体を洗う．（通常の他動詞文）
Han tvättar sig.	彼は自分の体を洗う．（再帰目的語を含む他動詞文）

再帰代名詞目的格は 1・2 人称では，通常の人称代名詞の目的格と同じですが，3人称の場合にのみ sig という特別な形を使います．　再帰代名詞目的格は同一の単文の中で，目的語が主語と同一の人やモノである場合に使われます．

人称	主格	再帰代名詞目的格	例
1	jag	mig	**Jag tvättar mig.** 私は体を洗う．
	vi	oss	**Vi tvättar oss.** 私たちは体を洗う．
2	du	dig	**Du tvättar dig.** 君は体を洗う．
	ni	er	**Ni tvättar er.** 君たちは体を洗う．
3	han/hon/den/det	sig	**Han tvättar sig** 彼は体を洗う．
	de		**De tvättar sig.** 彼らは体を洗う．

注意　・sig は /sej/ と発音される．
　　　・主節で否定文を作る際の語順については ☞ Kapitel 50

❷ 再帰動詞（1）

再帰代名詞と頻繁に使われる動詞を再帰動詞と呼びます．出てくるごとに覚えていきましょう．以下と次の課では，再帰動詞を意味分類ごとに見ていきます．

身繕い：**klippa sig** 髪を切る，**raka sig** 髭を剃る，**kamma sig** 髪をとかす．

　Han rakar sig varje morgon. 彼は毎朝髭を剃る．

着脱：**ta på sig** 身に着ける，**ta av sig** 外す，**klä på sig** 服を着る，**klä av sig** 服を脱ぐ，**sätta på sig** 身に着ける．**Han tar på sig tröjan.** 彼はセーターを着る．

姿勢の変化：**lägga sig** 横になる・就寝する，**sätta sig** 座る，**resa sig** 立ち上がる，**ställa sig** 並ぶ・立つ（lägga sig「自分を横にする → 横になる」というパターン）

　Hon lägger sig tidigt på kvällen. 彼女は晩早くに横になる．

移動関係：**ge sig iväg** 出発する，**skynda sig** 急ぐ，**närma sig** 近づく，**ta sig fram** 進む，**ta med sig** 持って（連れて）いく，**Bussen kommer. Skynda dig!** バスが来た．急いで！

　Han tar med sig matlådan till jobbet. 彼は職場にお弁当を持って行く．

☞ 解答例 185 ページへ

問題1 カッコ内に適切な再帰代名詞目的格を入れなさい.

1. Ni måste raka (　　　　　　　) varje morgon.　　毎朝髭を剃らなくてはなりません.

2. Han tar på (　　　　　　　) samma kläder.　　彼は同じ服を着る.

3. De brukar klippa (　　　　　　　) varje månad.　　彼らはたいてい毎月髪を切ります.

4. Res (　　　　　　　) från stolen!　　椅子から立ち上がりなさい.

5. Hon ställer (　　　　　　　) vid fönstret igen.　　彼女は再び窓際に立つ.

6. Var snäll och sätt (　　　　　　　) i soffan.　　ソファーにお掛けください.

7. Jag måste ta av (　　　　　　　) jackan.　　私は上着を脱がなければならない.

8. Vi måste ge (　　　　　　　) iväg nu.　　もう出発しなくてはならない.

9. Du får ta med (　　　　　　　) din hund.　　犬を連れてきても大丈夫です.

10. Tyfonen närmar (　　　　　　　) Japan.　　台風が日本に近づいている.

語句 varje morgon 毎朝. samma 同じ. en jacka 上着. en tyfon 台風

問題2 カッコ内に適切な動詞の現在形を入れなさい. また, 日本語に訳しなさい.

Ulf (1.　　　　　　　) sig ur fåtöljen och (2.　　　　　　　) av sig pyjamasen och går in på badrummet. Han (3.　　　　　　　) sig och sköljer av tvålen från kroppen. Han torkar av sig med handduken. Han öppnar badrumsskåpet och tar fram en rakhyvel, som han (4.　　　　　　　) sig med. Sedan (5.　　　　　　　) han på sig kläderna. Han har inte mycket tid, så han (6.　　　　　　　) sig. Enligt väderprognosen ska det bli regn. Han (7.　　　　　　　) med sig paraplyet och (8.　　　　　　　) sig iväg till jobbet.

語句 en fåtölj アームチェア. en pyjamas パジャマ. ett badrum 浴室. skölja 濯ぐ. skölja av 濯いで落とす. en tvål 石鹸. en kropp 体. torka av sig 拭う. en handduk タオル. ett badrumsskåp バスルームの棚. ta fram 取り出す. en rakhyvel カミソリ. enligt ～によると. en väderprognos 天気予報. ett paraply 傘

問題3 次の日本語をスウェーデン語にしなさい.

1. あなたはいつ出発するの？

2. どのくらいの頻度で髪を切りますか？

3. 子供たちはたいてい晩の8時に横になります.

4. 彼は立ち上がって, シンクのところに立つ.（シンク en diskbänk）

5. あの椅子には座らないで.

40 再帰動詞(2)／再帰代名詞所有格

❶ 再帰動詞(2)

婚姻関係：**gifta sig** 結婚する，**skilja sig** 離婚する，**gifta om sig** 再婚する，**förlova sig** 婚約する．**Jag ska gifta mig med honom i maj.** 私は彼と5月に結婚します．

感情：**roa sig** 楽しむ，**nöja sig** 満足する，**ångra sig** 後悔する

Jag ångrar mig efter skilsmässan. 私は離婚後，後悔している．

その他：**bestämma sig** 決心する，**bete sig** 振舞う，**uppföra sig** 振舞う，**bry sig om ...** ～を気にする（通常否定文で），**känna sig ...** ～だと感じる，**lära sig** 学ぶ．**Jag känner mig lycklig.** 私は幸せを感じている．**Han lär sig tyska.** 彼はドイツ語を学んでいる．

❷ 再帰代名詞所有格

再帰代名詞には所有格もあり，同一の単文の中で，再帰代名詞を含む名詞句が主語の所有物であることを表します．

Hon älskar sin hund.
彼女は自分の犬が好きだ．

Hon älskar hennes hund.
彼女は（別の）彼女の犬が好きだ．

1・2人称では人称代名詞と同じですが，3人称では sin, sitt, sina という異なる形式を使い，修飾する名詞の性と数により変化します．所有格なので修飾する名詞は未知形です（☞ Kapitel 28・29）．

主格	再帰代名詞所有格			主格	再帰代名詞所有格		
	EN単数	ETT単数	ETT単数		EN単数	ETT単数	複数
jag	min	mitt	mina	han			
du	din	ditt	dina	hon			
vi	vår	vårt	våra	den/det	sin	sitt	sina
ni	er	ert	era	de			

Jag älskar min hund/mitt jobb/ mina hundar. 私は自分の {犬 / 仕事 / 犬たち} が好きだ．

Hon älskar sin hund/sitt jobb/ sina hundar. 彼は自分の {犬 / 仕事 / 犬たち} が好きだ．

再帰代名詞所有格は主語の中では使えません．

× **Hon och sin hund är ute.** 彼女と彼女の犬は外にいる．

上記のような場合は，通常の所有格(hennes)を使うか，主語以外で(med sin hund)表現します．○ **Hon och hennes hund är ute.** ○ **Hon är ute med sin hund.**

■☞ 解答例 186 ページへ

問題1 カッコ内に適切な再帰代名詞目的格を入れなさい.

1. Vi bryr (   ) inte om någonting.   私たちは何も気にしていない.

2. Sven ska gifta (   ) med henne.   スヴェンは彼女と結婚する.

3. Hon känner (   ) ledsen.   彼女は悲しく思っている.

4. Jag lär (   ) att simma.   私は水泳を習っています.

5. Roar ni (   ) varje dag?   あなた方は毎日楽しんでいますか?

語句 ledsen 悲しい

問題2 カッコ内に適切な再帰代名詞所有格を入れなさい.

1. Han måste lämna (   ) hemstad.   彼は自分の故郷を去らなければならない.

2. Älskar du (   ) jobb?   自分の仕事を気に入っていますか?

3. De ringer till (   ) föräldrar nu.   今彼らは自分の両親に電話をしている.

4. Jag vill skilja mig från (   ) man.   私は夫と離婚したいと思っている.

5. Ta med dig (   ) bröder till festen.   パーティーに兄弟を連れてきて.

6. Varför ska ni sälja (   ) lägenhet?   なぜマンションを売るのですか?

語句 lämna 去る. en hemstad 故郷. en förälder 親

問題3 日本語文の意味になるように, カッコ内の適切な方を選びなさい.

Muhammad är flykting från Syrien. Han bor i ett asylboende och väntar på beslut om (1. sitt/hans) uppehållstillstånd från Migrationsverket. Han oroar sig för (2. sin/hans) fru och (3. sin/hans) son som är kvar i Syrien. (4. Sina/Hans) föräldrar bor i flyktinglägret i Jordanien.

ムハンマドはシリアからの難民です. 彼は難民施設に住んでいて, 移民庁からの滞在許可の決定を待っています. 彼はシリアに残る妻と息子のことが心配です. 両親はヨルダンの難民キャンプにいます.

語句 Muhammad ムハンマド(男性名). en flykting 難民. Syrien シリア. ett asylboende 難民施設. ett beslut 決定. ett uppehållstillstånd 滞在許可. Migrationsverket 移民局. kvar 残った. ett flyktingläger 難民キャンプ. Jordanien ヨルダン

問題4 次の日本語をスウェーデン語にしなさい.

1. 私は彼らの回答に満足しません. (回答 ett svar)

2. 彼は子供のように振舞います. (〜のように som)

3. 彼女は友人たちと一緒に毎週土曜にサッカーをします. (一緒に tillsammans)

4. 今我々は自分たちの将来について決心しなければならない. (将来 en framtid)

93

41 未来を表す表現

スウェーデン語の未来を表す表現で代表的なものには以下の 3 つがあります.

❶ 現在形＋副詞類

動詞の現在形に未来を表す副詞類を添えることで，未来を表すことができます.

Jag åker till Tyskland nästa vecka. 　　私は来週ドイツに行きます.

När kommer han? Han kommer nog snart. 　彼はいつ来るの？　もうすぐ来ると思う.

> 注意 文脈から未来であることが分かれば，副詞類がなくても未来を表す.

❷ ska

Kapitel 23 で見たように, ska は純粋な未来でなく,「することにしている」という「主語の意図」,「すべきだ」という話し手や第 3 者による「命令・義務」, そして「～だそうだ, ～であろう」という「伝聞」や外部情報による「推測」を表します.

Jag ska köpa en biljett i förväg. 　　あらかじめチケットを買っておくことにしている.

Rummet ska vara rent. 　　部屋はきれいであるべきだ→掃除をしておきなさい.

Enligt SMHI ska det regna imorgon. 　気象庁によると明日は雨だろう.

❸ kommer att

kommer att はある前提の当然の帰結として予測される未来を表します. 以下の例では,「診断の結果」や「マフラーをしなければ」が前提となります.

Han kommer att bli frisk inom en vecka. 　　彼は 1 週間以内には元気になるだろう.

Ta på dig halsduken! Du kommer att bli förkyld. 　マフラーをして. 風邪引くわよ.

> 注意 口語では att が省略されることがある.

❹ 未来を表す副詞類

i+ 未知形：i morgon 明日, i övermorgon 明後日, i {vår/sommar/höst/vinter} この {春／夏／秋／冬} に, i eftermiddag この午後に, ikväll 今晩, i natt 今夜

nästa+ 未知形：nästa {vecka/månad/år} 　来週／来月／来年

nästnästa+ 未知形：nästnästa {vecka/månad/år} 　再来週／再来月／再来年

om+ 期間：om {en timme/två dagar}（話している現時点から）1 時間後／ 2 日後

Jag ska träffa henne om en vecka. （今から）1 週間後に彼女に会います.

> 注意 発話時点ではない, ある特定の時点から見た「～後」を表す時は efter を使う.
> **Jag träffade henne efter en vecka.** 私は (その)1 週間後に彼女に会った.

☞ 解答例 186 ページへ

問題1 カッコ内に ska か kommer att のどちらか適切な方を入れなさい.

1. Du behöver inte springa. Du (　　　　　) bli trött.

2. Jag (　　　　　) gå på bio ikväll.

3. Enligt Telia (　　　　　) problemet med inloggning vara löst.

4. Oj, ska du flytta till Italien? Jag (　　　　　) sakna dig.

5. Han (　　　　　) köpa en sommarstuga på västkusten.

6. Tåget (　　　　　) avgå kvart över elva.

> **語句** trött 疲れた, Telia テーリア (スウェーデンの電気通信事業者), en inloggning ログイン, löst 解決した, Italien イタリア, sakna 居なくて寂しい, avgå 出発する

問題2 次の会話を日本語にしなさい.

A: Vad ska du göra i helgen?

B: Jag ska åka till Skansen och gå på bröllop.

A: Va? Bröllop på Skansen? Skansen är väl ett friluftsmuseum?

B: På Skansen ligger en kyrka som heter Seglora kyrka och där ska min goda vän hålla bröllop. Kyrkan är en av Stockholms välkända vigsellokaler.

A: Kommer det också att vara bröllopsfest på Skansen?

B: Ja, Skansen har några traditionella festlokaler för bröllop.

> **語句** i helgen 週末に, Skansen スカンセン (ストックホルムにある野外博物館), ett bröllop 結婚式, gå på bröllop 結婚式に参加する, ett friluftsmuseum 野外博物館, Seglora kyrka セーグローラ教会 (スカンセンにある教会), välkänd よく知られた, en vigsellokal 結婚式場, en bröllopsfest 披露宴, en festlokal パーティ会場

問題3 次の日本語をスウェーデン語にしなさい.

1. それはしないで. 後悔することになります.

2. 私は(今から)1時間後に出発します.

3. 私たちは再来週に再婚します.

4. 明後日髪を切るのですか？

5. 私はこの夏友人たちとギリシアに行きます.

42 動詞（4）過去形

　この課では規則動詞の過去形の作り方について見ていきます．過去形は過去の出来事や習慣を表します．これまでは動詞を A~D に分類してきました．不定詞・現在形・命令形については，vara（～である）と veta（知っている）を除き，不規則な変化はありませんでした．しかし，B～D のグループの中に，過去形で不規則な変化をする動詞があり，それらと区別するために，規則動詞をグループ 1～3，不規則動詞をグループ 4（☞ Kapitel 45・46）と呼ぶことにします．グループ 1～3 と A～D の対応関係は表の右端にあります．

	不定詞	現在形	命令形	過去形	注意点	対応
1	**öppna** 開く	**öppnar**	**Öppna!**	**öppna-de**	過去形語尾 -de	A
2a	**stänga** 閉じる	**stänger**	**Stäng!**	**stäng-de**	過去形語尾 -de	B
	köra [長母音＋ra] 運転する	**kör**	**Kör!**	**kör-de**		D
2b	**läsa** 読む	**läser**	**Läs!**	**läs-te**	過去形語尾 -te 語幹がp, k, s, t, x終わり	B
3	**bo** [一音節] 住んでいる	**bor**	**Bo!**	**bo-dde**	過去形語尾は -dde 語幹母音が短母音化	C

　上記の表からも分かる通り，過去形の作り方の原則は語幹(＝**命令形**)に -de をつけるというものですが，ただし，**グループ 2b** で **-te**，**グループ 3** で **-dde** になることに注意が必要です．

グループ 1：語幹が -a で終わる動詞．語幹に -de をつける．

　例）svara 答える，fråga 尋ねる，tala 話す，skicka 送る，berätta 語る

グループ 2：語幹が子音で終わる動詞．

　2a: 語幹が有声子音(2b の子音以外)で終わる動詞．語幹に -de をつける．

　例）ställa 立てる，höja 上げる，bygga 建てる，höra 聞こえる，hyra 賃借する

　2b: 語幹が無声子音（**p, k, s, t, x**）で終わる動詞．**語幹に -te** をつける．

　例）hjälpa 助ける，åka (乗り物で)行く，resa 旅行する，byta 取り替える

グループ 3：1 音節の動詞．**語幹に -dde** をつける．語幹の母音は短母音化する．

　例）tro 信じる，sy 縫う，må (体調・気分が)～である，klä 着せる

　注意　規則動詞を弱変化動詞と呼ぶ文法書もある．

☞ 解答例 186 ページへ

問題1　グループ 1-3 の次の動詞の現在形・過去形・命令形を順に答えなさい．カッコ内は動詞グループの番号を示している．

1. svara　答える（1）　　**2. tro**　信じる（3）　　**3. hyra**　賃借する（2）

4. hjälpa　助ける（2）　　**5. fråga**　尋ねる（1）　　**6. åka**　（乗り物で）行く（2）

7. höra　聞こえる（2）　　**8. ställa**　立てる（2）　　**9. sy**　縫う（3）

10. bygga　建てる（2）

問題2　カッコ内に適切な動詞の過去形を入れなさい．

1. Jag (　　　　　　　) ett skrik inifrån skogen.　　森の中から叫び声が聞こえた．

2. Hon (　　　　　　　) mig med matlagningen.　　彼女は料理を手伝ってくれた．

3. Min far (　　　　　　　) en klänning till mig.　　父がワンピースを縫ってくれた．

4. Hon (　　　　　　) böckerna på en hylla.　　彼女が棚にそれらの本を並べた．

5. Sven (　　　　　　) utan att tänka.　　スヴェンは考えずに答えた．

> **語句** inifrån ～の中から，ett skrik 叫び声，(en) matlagning 調理，en klänning ワンピース，en hylla 棚，utan att ... ～せずに

問題3　カッコ内の動詞を過去形にしなさい．また，日本語に訳しなさい．動詞の後のカッコ内の数字は動詞グループの番号を示している．

"Vad gjorde du igår kväll?" (1. fråga [1]) Einar.

"Jag var ute med mina vänner och (2. hamna [1]) på en bar." sa Karin.

"Varför (3. ringa [2]) du inte till mig?" (4. klaga [1]) han.

"Jag (5. försöka [2]) ringa men du (6. svara [1]) inte." sa hon.

> **語句** gjorde göra（グループ4）の過去形（☞ Kapitel 46），igår kväll 昨晩，Einar エイナル（男性名），ute 外で，hamna たどり着く，en bar バー，sa säga（グループ4）の過去形（☞ Kapitel 46），klaga 不満を言う，försöka ～しようとする

問題4　動詞の過去形を使って次の日本語をスウェーデン語にしなさい．

1. 私はサンタクロースの存在を信じていました．
（サンタクロース en jultomte，～の存在を信じる tro på）

2. 彼は又貸しでルンド郊外の小さな2LDKを借りた．（又貸しで i andra hand）

3. 私たちはデンマークまではるばるバスに乗って行った．（はるばる hela vägen）

4. スウェーデンとデンマークはウーレスンド海峡に橋を作った．
（ウーレスンド海峡 Öresund，橋 en bro）

5. 彼は移民局からのメールを開いた．（移民局 Migrationsverket，メール ett mejl）

43 動詞（5） 完了形と現在完了

❶ 規則動詞の完了形

現在完了や過去完了に用いる動詞の変化形を完了形と呼びます．規則動詞の完了形は語幹に -t をつけて作ります．ただし，**グループ 3** では **-tt** になります．

	不定詞		現在形	命令形	過去形	完了形	注意点
1	öppna	開く	öppnar	Öppna!	öppnade	öppna-t	
2a	stänga	閉じる	stänger	Stäng!	stängde	stäng-t	完了形語尾 -t
	köra	運転する	kör	Kör!	körde	kör-t	
2b	läsa	読む	läser	Läs!	läste	läs-t	
3	bo	住んでいる	bor	Bo!	bodde	bo-tt	完了形語尾 -tt

> **注意** 完了形はスウェーデン語文法では supinum と呼ばれる．完了分詞という訳を与えている文法書もある．スウェーデン語では現在完了を作る完了形と受動文を作る過去分詞（☞ Kapitel 60・61）は違う変化形であることに注意．

❷ 現在完了の用法

現在完了は［har+ 完了形］という形を取り，過去に起こった出来事が，現時点に何らかの関係があることを表す際に使われます．

Hon har bott i Lund i tio år.（継続）

彼女はルンドに 10 年間住んでいる．→ 現在も住んでいる

Hon har öppnat fönstret.（完了・結果） 彼女が窓を開いた．→ 現在も開いたままである

Hon har läst boken tidigare.（経験）

彼女は以前その本を読んだことがある．→ 現在もその内容を覚えている

否定文は助動詞 har の後に否定辞 inte を，疑問文は主語と助動詞 har を倒置して作ります．

Hon har inte öppnat fönstret.　　　彼女は窓を開けていません．（否定文）

Har hon öppnat fönstret?　　　彼女は窓を開けましたか？（疑問文）

現在完了は特定の過去の時点を表す副詞類とは共起しません．

× **Hon har läst boken {igår/2005}.** 私はその本を {昨日／ 2005 年に} 読んだ．

> **注意** 過去完了については ☞ Kapitel 51

☞ 解答例 186 ページへ

問題1 次の再帰動詞の現在形・過去形・完了形を順に答えなさい.

1. ångra sig 後悔する (1)   **2. resa sig** 立ち上がる (2)   **3. lära sig** 学ぶ (2)

4. nöja sig 満足する (2)   **5. klä sig** 服を着る (3)   **6. bete sig** 振舞う (3)

7. klippa sig 髪を切る (2)   **8. bry sig om** 気にする (3)   **9. roa sig** 楽しむ (1)

問題2 カッコ内に適切な動詞の完了形を入れなさい.

1. Han har (**) sig. Håret är kort.**   彼は髪を切った. 髪が短い.

2. Jag har inte (**) mig om det förut.**   私はこれまでそれを気にしたことがない.

3. Hon har redan (**) sig.**   彼女はすでに後悔しています.

4. Jag har aldrig (**) med hans svar.**   私は一度も彼の答に満足したことがない.

5. Han har (**) sig engelska i ett år nu.**   彼は英語を1年学んだところです.

語句 förut 以前, redan すでに, engelska 英語

問題3 カッコ内の動詞を完了形にしなさい. また, 日本語に訳しなさい. 動詞の後のカッコ内の数字は動詞グループの番号を示している.

Dominik har (1.flytta[1]) till Sverige från Polen. Han har (2. lära[2]) sig svenska i två år och nu behöver han arbeta. I måndags åkte han till Arbetsförmedlingen för att söka jobb. Kvinnan på Arbetsförmedlingen föreslog till honom ett tillfälligt jobb som servitör på en enkel restaurang. Han har (3. jobba[1]) på en restaurang men bara under sommaren. I Polen har han (4. arbeta[1]) som elektriker i många år, så han vill få ett sådant jobb. Han ska ringa till en polack som har (5.bo[3]) i Sverige mer än tio år och be om råd.

語句 Dominik ドミニク (男性名), Polen ポーランド, i måndags この前の月曜日に, Arbetsförmedlingen 職業安定所, för att ... ～するために, söka 探す, föreslog föreslå 提案する(グループ4)の過去形 (☞ Kapitel 45), tillfällig 一時的な, en servitör ウエイター, en elektriker 電気技師, en polack ポーランド人, be om råd アドバイスをお願いする

問題4 動詞の完了形を使って次の日本語をスウェーデン語にしなさい.

1. 彼女は長年車を運転している.

2. ちょうどコンピューターを切ったところです. ([機器などの電源を]切る stänga av)

3. ドミニクは新しい店を開いた.

4. 彼は子供のように振舞ってきた.

動詞（6）現在完了と副詞類／要注意の過去形と完了形

❶ 現在完了と副詞類

副詞類から現在完了の意味を特定できる場合があります.

完了・結果：redan すでに，inte ... än まだ～ない，just ちょうど

Jag har redan köpt en julklapp. すでにクリスマスプレゼントは買いました.

継続：sedan ... ～以来，i ... ～の間（期間）☞ Kapitel 47

Antalet rökare har minskat sedan 90-talet. 喫煙者数は 90 年代以来減っている.

経験：aldrig 一度も～ない，någonsin（否定文・疑問文で）これまでに，länge 長い間，förut 以前，tidigare 以前

Han har aldrig träffat sin pappa. 彼は一度も父親に会ったことがありません.

注意　前置詞 i と på については ☞ Kapitel 47

❷ 注意を要するグループ 2 の過去形と完了形

グループ 2 の動詞で過去形・完了形を作る際に注意を要する動詞があります.

① -mma, -nna で終わるグループ 2a の動詞

	不定詞	現在形	命令形	過去形	完了形
2a -mma	**glömma** 忘れる	**glömmer**	**Glöm!** -m- を落とす	**glöm-de** -m- を落とす	**glöm-t** -m- を落とす
2a -nna	**känna** 感じる	**känner**	**Känn!**	**kän-de** -n- を落とす	**kän-t** -n- を落とす

② - 子音 + -da, 子音 + -ta で終わるグループ 2a,b の動詞

	不定詞	現在形	命令形	過去形	完了形
2a -C+-da	**vända** 方向を変える	**vänder**	**Vänd!**	**vänd-e** × **vändde** –e のみ付す	**vän-t** × **vändt** -d を落として-t
2b -C+-ta	**lyfta** 持ち上げる	**lyfter**	**Lyft!**	**lyft-e** × **lyftte** –e のみ付す	**lyf-t** × **lyftt** -t を重ねない

③ - 母音 + -da, - 母音 + -ta で終わるグループ 2a,b の動詞

	不定詞	現在形	命令形	過去形	完了形
2a -V+-da	**föda** 産む	**föder**	**Föd!**	**föd-de** 短母音化	**fött** × **födt** 短母音化
2b -V+-ta	**byta** 取り替える	**byter**	**Byt!**	**byt-te** 短母音化	**byt-t** 短母音化

問題1 グループ２の次の動詞の現在形・過去形・完了形・命令形を順に答えなさい.

1. drömma 夢見る   2. påminna 思い出させる   3. gömma 隠す

4. gifta sig 結婚する   5. betyda 意味する   6. använda 使う

7. möta 会う   8. sända 送る   9. leda 導く

問題2 次の現在完了の文を副詞に注意して日本語に訳しなさい.

1. Jag har inte använt appen än.

2. Han har aldrig glömt sin första kärlek.

3. Hon har just gift sig och ska snart åka på bröllopsresa.

4. Har du någonsin drömt om att besöka Japan? Nu har du chansen.

5. Han har gömt sig i mer än tio år.

語句 en kärlek 恋. en bröllopsresa 新婚旅行. en chans チャンス・機会

問題3 カッコ内の動詞を完了形にしなさい. また, 日本語に訳しなさい. 動詞の後のカッコ内の数字は動詞グループの番号を示している.

A: Har du redan (1. läsa[2]) tidningen eller (2. titta[1]) på nyheterna på tv?

B: Nej, har det (3. hända[2]) något?

A: Ja, äntligen har polisen (4. hitta[1]) pojken som försvann i fredags! Men gärningsmannen har (5. fly[3]) från sitt gömställe. Han har inte (6. lämna[1]) något spår och är fortfarande på fri fot.

語句 en nyhet ニュース. hända 起こる. äntligen ついに. försvann försvinna 消える(グループ４)の過去形 (☞ Kapitel 45). i fredags この前の金曜日. en gärningsman 容疑者. fly 逃げる. ett gömställe 隠れ家. lämna 残す. ett spår 跡. fortfarande いまだ. på fri fot 逃亡中の

問題4 動詞の過去形を使って次の日本語をスウェーデン語にしなさい.

1. 彼女は悲しくそして孤独であると感じた.

2. 私は先週の金曜日にキッチンの蛍光灯を交換した. (取り替える byta, 蛍光灯 ett lysrör)

3. 私は彼に彼の責任について思い出させた.
   (責任 ett ansvar, A に B を思い出させる påminna A om B)

4. エーリックは顔を上げて彼女を見た. (顔 ett ansikte)

5. 彼は車の向きを変えて, 町へと(運転して)戻って行った.

101

45 動詞（7） 不規則動詞（グループ4）1

　ここからは不規則動詞（グループ4）の変化形を見ていきます．この課で見ていく不規則動詞は①語幹の母音が変化し，②過去形語尾はつかず，③完了形の語尾が -it になるものです．代表的な母音の交替のパターンごとに見ていきます．下記のパターンに当てはまらないものもありますが，その他の不規則動詞については，巻末資料を参照してください．

注意　上記の不規則動詞を強変化動詞と呼ぶ文法書もある．

(1) i~i~e~i

不定詞	現在形	過去形	完了形	意味
skriva	skriver	skrev	skrivit	書く

例）bli 〜になる，bita 噛む，riva 破る，vika 折る，gripa つかむ

(2) i~i~a~u

sitta	sitter	satt	suttit	座っている

例）dricka 飲む，brinna 燃える，springa 走る，binda しばる，finna 発見する

(3) u~u~ö~u

sjunga	sjunger	sjöng	sjungit	歌う

例）skjuta 撃つ，bjuda 招待する，hugga 切り倒す，sjunka 沈む

(4) y~y~ö~u

flyga	flyger	flög	flugit	飛行する

例）frysa 凍える，bryta 折る，knyta 結ぶ，stryka なでる

(5) ä~ä~a~u

bära	bär	bar	burit	運ぶ

例）skära 切る，stjäla 盗む

(6) a~a~o~a

fara	far	for	farit	（乗り物）で行く

例）dra 引っ張る，ta 取る

　また，母音の交替とは言えませんが，vara（〜である）の変化形は重要です．

vara	är	var	varit	〜である

　vara の過去形 var には過去の意味以外に，［Det + var + 形容詞 -t 形］で発話時点での評価や感情を表す場合に用いられることがあります．

Det var gott! 美味しい！　**Det var roligt!** 面白い！

Det var tråkigt att du tyckte så. 君がそう思っていたとは残念だ．

☞ 解答例 187 ページへ

問題1 グループ4の次の動詞の現在形・過去形・完了形・命令形を順に答えなさい.

1. **dricka** 飲む   2. **gripa** つかむ   3. **skjuta** 撃つ   4. **frysa** 凍える

5. **skära** 切る   6. **ta** 取る   7. **springa** 走る   8. **stjäla** 盗む

9. **finna** 見つける   10. **sjunka** 沈む   11. **bryta** 折る   12. **dra** 引っ張る

問題2 次の現在完了の文を日本語に訳しなさい.

1. **Jag har inte skrivit något mejl än.**

2. **Hon har inte tagit kontakt med någon.**

3. **Vi har varit i Turkiet två gånger.**

4. **Han har suttit i fängelse i 18 månader.**

語句 ta kontakt med ～と連絡を取る，Turkiet トルコ，sitta i fängelse 刑務所に入る

問題3 次の戦艦ヴァーサ号に関する文を読んで，カッコ内のグループ4の動詞を過去形にしなさい. また，日本語に訳しなさい.

1. **År 1625 gav Gustav II Adolf order om att bygga regalskeppet Vasa. Det (ta) två år och 1628 var Vasa färdig.**

2. **Den 10 augusti seglade Vasa ut på sin jungfrufärd men den (bli) inte lång.**

3. **Några minuter efter färden (slå) en kraftig vind mot Vasa och skeppet krängde till.**

4. **Vattnet forsade in i de öppna kanonportarna och Vasa (sjunka).**

5. **1956 (finna) amatörforskaren Anders Franzén det sjunkna skeppet i Saltsjön.**

語句 Gustav II Adolf グスタヴ2世アードルフ，ge order 命令を出す，ett regalskepp 戦艦，det tar A att B BするのにA(の期間)かかる，segla 航海する，en jungfrufärd 処女航海，en färd 航海，kraftig 強い，en vind 風，ett skepp 船，kränga till 急に傾く，forsa 勢いよく流れる，en kanonport 砲門，en amatörforskare アマチュア研究者，Anders Franzén アンデシュ・フランセーン，sjunken 沈んだ，Saltsjön サルトシューン湾（地名）

問題4 カッコ内の指示に従って次の日本語をスウェーデン語にしなさい.

1. 誰かが私の車を盗んだ. （現在完了で）

2. 昨日，警察が容疑者を捕まえた. （過去形で）

3. 私はまだコーヒーを飲んでいません. （現在完了で）

4. 私たちは友人たちを夕食に招待した. （過去形で，bjuda A på B AをBに招待する）

動詞(8) 不規則動詞(グループ4)2／過去を表す副詞類

❶ 不規則動詞（グループ4）2

この課では完了形が -it で終わらない不規則動詞を見ていきます.

まず，①語幹の母音が変化（ä~ä~a~a）し，②過去形の語尾がつき，③完了形が -t になる一群の不規則動詞があります.

不定詞	現在形	過去形	完了形	意味
välja	**väljer**	**valde**	**valt**	選ぶ

例）svälja 飲み込む，sätta 置く・据える，lägga 横たえる，säga 言う

また，一音節の動詞で過去形のみ不規則で，完了形を含めその他は規則動詞のグループ3と同じ変化をする動詞もあります.

gå	**går**	**gick**	**gått**	歩いていく

例）be-bad お願いする，ge-gav 与える，få-fick もらう，dö-dog 死ぬ，le-log 微笑む，se-såg 見える，stå-stod 立っている（不定詞と過去形を提示）

完了形の語尾が -at になる動詞および助動詞があり，このタイプには現在形も -r, -er で終わらないものがあり注意が必要です.

ligga	**ligger**	**låg**	**legat**	横たわっている

例）heta-heter-hette-hetat ～という名前である，kunna-kan-kunde-kunnat できる，skola-ska-skulle-skolat ～することにしている，veta-vet-visste-vetat 知っている，vilja-vill-ville-velat ～したい（意味上の問題から ligga を除き命令形はない）

最後に **ha**(持っている)と **göra**(する)の変化形は重要です.

ha	**har**	**hade**	**haft**	持っている
göra	**gör**	**gjorde**	**gjort**	する

❷ 過去を表す副詞類

過去を表す副詞類で重要なものを覚えましょう.

förra+ 既知形：förra {veckan/månaden/året} 先週／先月／昨年

i を伴う表現：igår 昨日，i förrgår 一昨日，i fjol 去年，i morse 今朝

i + ［曜日名未知形 +s］：i måndags この前の月曜日，i fredags この前の金曜日

i + ［四季名未知形 +as］：i våras この前の春，i somras この前の夏（× i sommaras），i höstas この前の秋，i vintras この前の冬（× i vinteras）

för X sedan：för två dagar sedan 2日前に，för tre år sedan 3年前に

問題1 グループ４の次の動詞の現在形・過去形・完了形・命令形を順に答えなさい.

1. **säga** 言う　　2. **ge** 与える　　3. **skola** 〜することにしている　　4. **lägga** 横たえる

5. **kunna** できる　　6. **få** もらう　　7. **veta** 知っている　　　　8. **se** 見える

問題2 過去を表す副詞類に注意して次の文を日本語に訳しなさい.

1. Han ville flytta utomlands i fjol, men blev ändå kvar i IFK.

2. I höstas gav hon ut en bok om skandalerna i Svenska Akademien.

3. Förra månaden sålde Volvo drygt 9 000 bilar på den amerikanska marknaden.

4. Hon fick sjukdomen ALS för 20 år sedan.

> **語句** utomlands 海外に. ändå それでも. IFK ヨーテボリのサッカーチーム名. ge ut
> 出版する. en skandal スキャンダル. Svenska Akademien スウェーデン・アカデミー.
> drygt 〜余り. amerikansk アメリカの. en marknad 市場. en sjukdom 病気. ALS 筋
> 萎縮性側索硬化症

問題3 カッコ内の動詞を過去形にしなさい. また, 日本語に訳しなさい.

Alfred Nobel är berömd som stiftare av Nobelpriset. Han (1.uppfinna) dynamiten
för att bygga vägar, gruvor, järnvägar och hamnar. Men dynamiten (2.kunna)
användas till att tillverka bomber och andra vapen. Det var hemskt tråkigt, tyckte
han. Det var därför han (3. ge) bort sina tillgångar till Nobelpriset.

> **語句** berömd 有名な. en stiftare 創始者. Nobelpriset ノーベル賞（ノーベル賞）.
> uppfinna 発明する. en dynamit ダイナマイト. en väg 道・道路. en gruva 鉱山. en
> järnväg 鉄道. en hamn 港. användas 使用する(använda)の受動形（☞ Kapitel 58）. en
> bomb 爆弾. ett vapen 武器. hemskt ひどく. tråkig 残念な. det är därför ... そういう
> わけで〜. ge bort 寄付する. tillgångar 資産

問題4 過去形を使って, 次の日本語をスウェーデン語にしなさい.

1. 彼の弟はこの前の火曜日に亡くなった. （弟 en lillebror）

2. 先週彼女はインフルエンザにかかって, 寝込んでいました.

   （インフルエンザ (en) influensa, 寝込む ligga till sängs）

3. 「スヴェンは昨日高熱だった」と彼女は言った. （高熱 hög feber）

4. 私は喉が痛くて, 飲み込むことができませんでした. （喉 en hals, 〜が痛い ha ont i ...）

5. 彼は頭痛薬を１錠飲んで, 水を１杯飲んだ. （頭痛薬 en huvudvärkstablett）

105

47 前置詞（1） iとpå

❶ 場所の用法

よく使われる場所の前置詞に i と på があります．基本の意味は以下の通りです．

i（～の中に）：**Brevet ligger i lådan.**　　　その手紙は引き出しの中にある．

på（～の上に）：**Brevet ligger på bordet.**　その手紙はテーブルの上にある．

ただし，上記の用法が当てはまらない場合もあり，特に以下の用法は重要です．

i + 町／都市／地域／国など

　　Han bor i {Lund/Sverige}.　　　彼は|ルンド／スウェーデン| に住んでいる．

på + 通り (gata)／広場 (torg)／島 (ö)

　　Skolan ligger på {Nygatan / Gotland}. その学校は|ニーガータン／ゴットランド島|にある．

på + 特定の活動を行う場所

　　Vi ska gå på {bio/restaurang}.　　|映画／レストラン| に行きます．

　　De bodde på hotellet i helgen.　　彼らは週末そのホテルに泊まりました．

> **注意**　ただし，skola（学校）と kyrka（教会）は特定の活動を行う場所だが，前置詞 i を用いる．**De går i {skolan/kyrkan}.**　彼らは|学校／教会| に通っている．

❷ 時間（期間）の用法

前置詞 i と på は期間を表す時の前置詞としても使われます．

① 時間（期間）の長さ　「～の間」

・肯定文では i が使われる（i は省略可）

　Jag har sovit (i) åtta timmar.　　私は 8 時間寝ました．

・否定文では på が使われる（på は省略不可）

　Jag har inte sovit på två nätter. 私は 2 晩寝ていません．

> **注意**　否定文でなくても出来事が起こっていない期間を表す場合には på が使われる．
> **Igår kunde jag sova för första gången på en vecka.**
> 昨日 1 週間ぶりに寝ることができた．（→この 1 週間寝ていなかった．）

② 必要な時間（期間）　「～の間で」

動作の完了に必要な時間は på が使われる（på は省略不可）

　Han skrev uppsatsen på två dagar.　彼は 2 日間でそのレポートを書いた．

> **注意**　前置詞を i に変えると，完成したかどうかは分からずたんに期間を表す．
> **Han skrev uppsatsen (i) två dagar.**　彼は 2 日間そのレポートを書いていた．

☞ 解答例 188 ページへ

問題1 カッコ内に i または på を入れなさい.

1. Han pluggar (　　) biblioteket.　　　彼は図書館で勉強している.

2. Jag hängde tavlan (　　) väggen.　　私はその絵を壁に掛けた.

3. Tåget stod (　　) stationen.　　　その列車は駅に停車していた.

4. Reykjavik ligger (　　) Island.　　レイキャヴィークはアイスランドにある.

5. Växjö ligger (　　) Småland.　　ヴェクシューはスモーランドにある.

6. Böckerna står (　　) bokhyllan.　　それらの本は本棚にある.

7. Butiken ligger (　　) Stortorget.　　その店はストールトリエットにある.

8. Vi har blommor (　　) fönstret.　　窓際に花を置いてある.

9. Hon köpte väskan (　　) NK.　　彼女は NK デパートでカバンを買った.

10. Vi lånade pengar (　　) banken.　　私たちは銀行でお金を借りた.

語句 plugga 勉強する, hänga 掛ける, en vägg 壁. Reykjavik レイキャビーク（地名）, Island アイスランド（地名）, Växjö ヴェクシュー（地名）, Småland スモーランド, en bokhylla 本棚, Stortorget ストールトリエット（通りの名）, NK NK デパート, en bank 銀行

問題2 カッコ内に i または på を入れなさい.

1. Hon har bott här (　　) fem år.　　彼女はここに5年住んでいる

2. Han har inte rökt (　　) två månader.　　彼は2ケ月煙草を吸っていない.

3. Jag ska sjunga för första gången (　　) fem år.　　私は5年ぶりに歌います.

4. Jag sprang 100 meter (　　) 11 sekunder.　　私は100メートルを11秒で走った.

5. Flickan lärde sig simma (　　) två veckor.　　少女は2週間で泳げるようになった.

6. Jag träffade Jan för första gången (　　) länge.　　私は久しぶりにヤーンに会った.

語句 röka 煙草を吸う, länge 長い間

問題3 次の日本語をスウェーデン語にしなさい.

1. 私は7年運転していません.（現在完了で）

2. アンナは長年美容師として働いてきました.（現在完了で, 美容師 en frisör）

3. ルービックキューブを10秒で揃えるようになりたいですか？
（ルービックキューブ Rubiks kub, 揃える（解く）lösa, 〜できるようになる lära sig ...）

4. 昨日久しぶりに太陽が照った.（照る skina［グループ4の動詞］）

5. 私は20年ぶりにスケートを滑りました.（スケートを滑る åka skridskor）

48 進行中を表す表現

英語の進行形に相当する表現として以下のようなものがあります.

❶ 現在形（あるいは過去形）

現在形（あるいは過去形）が現在（あるいは過去）に進行中の出来事を表すのに用いられる場合があります.

Vi {pratar/pratade} i flera timmar.　　私たちは何時間も話して{いる／いた}.

Hon {röker/rökte} utanför butiken.　　彼女は店の外で煙草を吸って{いる／いた}.

❷ sitta/ligga/stå + och + 動詞

［姿勢を表す動詞（sitta/ligga/stå）＋ och ＋動詞］は進行中の動作を表します.

De sitter och spelar kortspel.　　　　彼らはカードゲームをしている.

①否定文を作る際には sitta/ligga/stå の後にのみ inte を置く

　De sitter inte och spelar kortspel.　　彼らはカードゲームをしていない.

②疑問文を作る際には sitta/ligga/stå と主語を倒置する

　Sitter de och spelar kortspel?　　　彼らはカードゲームをしていますか?

③場所を表す副詞（句）は sitta/ligga/stå の後に置かれることが多い

　De sitter hemma och spelar kortspel.　彼らは家でカードゲームをしている.

④過去の進行を表す場合は och の後の動詞も過去形にする

　De satt och spelade kortspel.　　　彼らはカードゲームをしていた.

⑤動作に伴う姿勢を表す動詞が選ばれる. sitta/ligga/stå には強勢が置かれない.

　Han står ute och väntar på henne.　　彼は外で彼女を待っている.

　Han ligger i sängen och läser en bok.　彼はベッドで本を読んでいる.

❸ hålla på och + 動詞

［hålla på och ＋動詞］で進行中の動作を表します. på には強勢が置かれます.

Han håller på och skrattar hela tiden.　　彼はずっと笑っている.

Han höll på och skrattade hela tiden.　　彼はずっと笑っていた.

似た表現に［hålla på att ＋不定詞］があります. こちらも på に強勢が置かれます.
att の後の動詞は常に不定詞です.

De {håller/höll} på att gråta hela tiden.　　彼らはずっと泣いて{いる／いた}.

注意　［hålla på att ＋不定詞］には「～しそうだ」という出来事が起こる直前であることを表す用法がある. **Han höll på att dö.**　彼は死にそうだった.

☞ 解答例 188 ページへ

問題1 以下の文を指示に従って書き換えなさい.

De står och sjunger psalmer.　彼らは讃美歌を歌っている.

1. 否定文に　　**2.** 疑問文に　　**3. i kyrkan** を加えて　　**4.** 過去形の文に

> **語句** en psalm 讃美歌（p- は発音しない）

問題2　次の文を日本語に訳しなさい.

1. Vad håller du på och läser förresten?

2. De höll på att bygga en simbassäng i trädgården.

3. Han höll på att förlora medvetandet.

4. Då höll hon på och skrev en roman i sitt rum.

> **語句** förresten ところで，en simbassäng プール，förlora 失う，ett medvetande 意識，
> en roman 小説

問題3　下線①と②を意味が通るように並べ替えなさい. また，会話を日本語に訳しなさい.

A: ① Vad (du / gör / och / på natten / sitter / sent)?

B: Jag sitter och lyssnar på musik. Stör jag dig?

A: Ja, det gör du. Kan du stänga av stereon eller skruva ner volymen?　② Dina (i / ligger ju / och / sover / syskon / sängen).

> **語句** störa 邪魔をする，en stereo ステレオ，skruva ner （音量などを）下げる，(en) volym ボリューム，ju わかっているように

問題4　次の日本語をスウェーデン語にしなさい.

1. ヨーハンはソファーでテレビを見ています.（sitta を使って）

2. 彼らは芝生で日光浴をしていました.
　　（ligga を使って，芝生で i gräset，日光浴をする sola sig）

3. 彼はキッチンで夕食を作っています.（stå を使って）

4. 私たちはその殺人事件を捜査しています.
　　（hålla を使って，捜査する utreda，殺人 ett mord）

5. 私は彼のクリスマスプレゼントを忘れかけていた.
　　（hålla を使って，クリスマスプレゼント en julklapp，忘れる glömma bort）

Kapitell

49 法助動詞(3)

これまでに出てきてない法助動詞には以下のようなものがあります.

böra (bör/borde/bort)

1. 義務「〜すべきだ」 **Du bör åka dit imorgon.**   明日そこに行くべきだ.

2. 助言「〜した方がよい」（通常，過去形 borde で）

    Du borde åka hem och vila.   家に帰って休んだ方がいい.

3. 可能性「〜のはずだ」 **Han borde vara hungrig.**   彼女は空腹のはずだ.

注意   不定詞（böra）と完了形（bort）は滅多に使われない.

lär（現在形のみ）伝聞推測「〜らしい，〜だそうだ」

    Han lär vara rik.   彼は金持ちらしい.

スウェーデン語には法助動詞に準じる動詞が多くあります. つまり，動詞を従える際に，不定詞マーカー att なしで動詞の不定詞を取る動詞です. 以下に代表的なものを挙げます. カッコ内の数字は動詞のグループを示しています.

tänka (2b)「〜するつもりだ」

    Hon tänker flytta till Tokyo.   彼女は東京に引っ越すつもりだ.

våga (1)「あえて〜する，〜する勇気がある」

    Han vågar inte gå ensam på natten.   彼は夜ひとりで行く勇気がない.

orka (1)「(体力的・精神的に)〜できる」

    Jag är förkyld och orkar inte laga mat.   風邪で料理を作れません.

råka (1)「たまたま〜する」

    Han råkade trampa henne på foten.   彼はたまたま彼女の足を踏んだ.

以下の動詞は不定詞マーカー att を伴う場合もあります.

börja (1) / sluta (1)「〜し始める／〜し終える」

    Hon slutade röka och började motionera.   彼女は煙草をやめて運動し始めた.

hinna (4)「〜する時間がある」

    Jag har inte hunnit äta frukost.   朝食を食べる時間がなかった.

försöka (2b)「〜しようとする」

    De försökte släcka branden.   彼らはその火災を消火しようとした.

☞ 解答例 188 ページへ

問題1 カッコ内に適切な法助動詞あるいはそれに準じる動詞を入れなさい.

1. De (　　　　　) läsa ryska för ett år sedan.　　彼らは1年前にロシア語を学び始めた.

2. Ingen (　　　　　) reagera.　　誰も反応する時間がなかった.

3. Han (　　　　　) öppna en restaurang.　　彼はレストランを開くつもりです.

4. Jan har (　　　　　) hitta en billig biljett.　　ヤーンは偶然安いチケットを見つけた.

5. Du (　　　　　) undvika alkohol.　　アルコールは避けるべきです.

6. Filmen (　　　　　) vara bra.　　その映画はよいそうだ.

7. Jag var trött och (　　　　　) inte jobba.　　疲れていて働けませんでした.

8. Jag (　　　　) dölja ilskan.　　私は怒りを隠そうとした.

9. Jag (　　　　) inte visa mina känslor.　　私は自分の感情をさらす勇気がない.

10. Du (　　　　) (　　　　) åka dit.　　そこに通うのはやめた方がいい.

> **語句** reagera 反応する. undvika 避ける. dölja 隠す. (en) ilska 怒り. visa 見せる.
> känsla 感情

問題2 意味が通る文章になるように, カッコ内に入る適切な助動詞あるいはそれに準じる動詞を下線部から選びなさい. また, 日本語に訳しなさい.

De flesta svenskar har (1.　　　　　) använda kontanter och har (2.　　　　　) betala med appen som heter Swish. Man kan också skicka pengar med appen. Men ibland kan saker gå fel. En man (3.　　　　　) skriva fel telefonnummer när han swishade och skickade följaktligen pengar till fel person. Mannen (4.　　　　　) få tag på henne som hade fått pengar men hon svarade inte och behöll dem. Man (5.　　　　　) vara försiktig när man swishar.

bör, börjat, försökte, råkade, slutat

> **語句** de flesta 大多数の. en kontant 現金. Swish スウィッシュ. en sak 物・事. gå fel
> うまく行かない. swisha スウィッシュで支払う・送金する. när ～する時 ☞ Kapitel 53.
> följaktligen 結果として. fel 間違った. ett telefonnummer 電話番号. få tag på ～と連絡
> を取る. behålla 保持する. försiktig 用心する, 注意する

問題3 次の日本語をスウェーデン語にしなさい.

1. 子供たちはクリスマスツリーを飾り付け始めました.

　　(現在完了で, クリスマスツリー en julgran, 飾る pynta)

2. 私はクリスマスカードを書く時間がありませんでした.

　　(現在完了で, クリスマスカード ett julkort)

3. 今年はクリスマスのハムを買うつもりだ. (クリスマスのハム (en) julskinka)

50 主節の語順（5）否定辞と目的語／法助動詞（4）

❶ 主節の語順（5）否定辞と目的語

　Kapitel 8 で否定辞 inte が定動詞の後に置かれ，［定動詞＋inte］という語順になることを学びました．さて，他動詞文で目的語が名詞(句)である場合は，この規則で問題ありませんが，目的語が強勢のない代名詞の場合には，代名詞が否定辞に先行して［定動詞＋代名詞目的語＋inte］という語順になります．

> **Han träffade inte Anna.**［inte ＋名詞(句)目的語］　　　彼はアンナに会わなかった．
>
> **Han träffade henne inte.**［代名詞目的語＋inte］　　　彼は彼女に会わなかった．
>
> ×　**Han träffade inte henne.**（ただし，henne に強勢がある場合は OK）

また，sig も再帰代名詞なので，sig が否定辞に先行した語順になります．

> **Han rakade sig inte.**　彼は髭を剃らなかった．
>
> ×　**Han rakade inte sig.**

ただし，定動詞ではない動詞(助動詞の後につづく不定詞や完了形など)の目的語には，上記のような語順の規則は適用されず，助動詞の後に inte を置きます．

> **Han vill inte raka sig.**　　　　［助動詞＋inte ＋不定詞］　彼は髭を剃りたくない．
>
> **Han har inte träffat henne.**　［har ＋inte ＋完了形］　彼は彼女に会っていない．

❷ 法助動詞（4）

［助動詞＋ha ＋完了形］の形式で後悔や過去の出来事の推測を表します．

skulle/borde ＋ ha ＋完了形「～すべきだった」

> **Han skulle ha sagt nej.**　　　　　彼はノーと言うべきだった．
>
> **Jag borde ha ringt till polisen.**　　警察に電話しておくべきだった．

> 注意　上記 2 つには認識を表す「～だったそうだ」，「～だったにちがいない」の
> 　　　用法もある．
>
> 　　　**Detta skulle ha hänt för tio år sedan.**　それは 10 年前に起こったそうだ．
>
> 　　　**Detta borde ha hänt för tio år sedan.**　それは 10 年前に起こったにちがいない．

måste ＋ ha ＋完了形「～だったにちがいない」

> **Han måste ha varit sjuk.**　　　　　彼は病気だったにちがいない．

問題1 単語を並び替えて適切な文を作りなさい．ただし，下線の単語を文頭に用いること．

1. dem / glömmer / inte / Vi /.　　　　　彼らのことを忘れません．

2. glömmer / inte / Vi / våra / vänner /.　友人たちのことを忘れません．

3. dem / glömma / inte / ska / Vi /.　　　彼らのことを忘れたりしません．

4. dem / glömt / har / inte / Vi /.　　　　彼らのことを忘れたことはありません．

5. honom / inte / Jag / oroa / vill /.　　　彼を不安にさせたくはありません．

6. hon / inte / sig / skiljer / Varför / ?　　なぜ彼女は離婚しないの？

7. gav / Han / henne / inte / några / pengar /.　彼は彼女に金を渡していません．

> **語句** oroa　不安にする．på länge　長い間（否定文などで）

問題2 次の文を日本語に訳しなさい．

1. Pelle skulle inte ha begått brottet.

2. Han måste ha bott i Italien i minst fem år.

3. Jag borde ha berättat för Sven om hennes plan.

> **語句** Pelle　ペッレ（男性名）．begå　（犯罪などを）犯す．ett brott　犯罪．blöt　濡れた．Italien　イタリア．minst　少なくとも．en plan　計画

問題3 下線①と②を意味が通るように並べ替えなさい．また，会話を日本語に訳しなさい．

A: Förlåt, ① Jag (borde / det / ha / inte / sagt) på det viset.

B: ② Jag (bryr / du sade / inte / mig / om / vad).

A: Det var inte meningen att såra dig.

> **語句** på det viset　そんなふうに．bry sig om ...　～を気にする（否定文で使われることが多い ☞ Kapitel 40）．en mening　意図．såra　傷つける

問題4 次の日本語をスウェーデン語にしなさい．

1. スヴェンは寂しいとは感じていません．（寂しい ensam，感じる känna sig）

2. 彼女は彼に気づきませんでした．（気づく märka）

3. 彼はどこかにその指輪を落としたにちがいない．（指輪 en ring，落とす tappa）

4. 彼は彼女と結婚すべきだった．

51 接続詞（1）等位接続詞／動詞（9）過去完了

❶ 接続詞（1）等位接続詞

・並列　och「そして，〜と」

3つ以上の語句をつなぐ時には，最後の2つの間に och を置きます.

Sverige, Norge och Danmark är monarkier.

スウェーデン，ノルウェー，そしてデンマークは君主制だ.

・選択　eller「もしくは，または」

Jag tänker åka till Spanien eller Portugal i början av maj.

5月の上旬にスペインかポルトガルに行くつもりです.

注意　「すなわち」の意味もある. **corona eller covid-19**　コロナすなわち covid-19

・逆接　men「しかし，でも」，(inte ...) utan「A でなく B」

Jag vill åka till Frankrike men jag har inte råd.

フランスに行きたいけど，金銭的余裕がありません.

注意　前の文に追加的に逆接の意味を加える等位接続詞に fast がある.

前半部が否定（文）の場合は men ではなく, utan が使われ, inte A utan B の形式をとって,「A でなく B」の意味になります.

Hon kommer inte från Tyskland utan från Polen.

彼女はドイツではなくポーランド出身だ.

・理由　för「というのは」

理由を表す等位接続詞 för は前の文の理由を付加的に示します.

Han kan bra tyska för han har bott i Schweiz i många år.

彼はドイツ語がよくできる. というのは彼は長年スイスに住んでいるので.

❷ 過去完了

過去完了は［hade ＋完了形］の形を取り，過去よりも古い過去を表します.

Han var väldigt trött, förstår jag, för han hade sprungit ett maraton.

彼がとても疲れていたのは理解できる，というのもマラソンを走ったのだから.

------------ 過去完了 -------------------------- 過去 -------------------- 現在 ------------>

han hade sprungit ett maraton　　　han var trött　　　förstår jag

注意　過去完了のその他の用法については☞ Kapitel 53・56

☞ 解答例 189 ページへ

問題1　カッコ内に適切な等位接続詞を入れなさい.

1. Hon är inte arg (　　　　　　 **) ser nöjd ut.**

彼女は怒っておらず満足しているようだ.

2. Nu vill han ha ett extrajobb, (　　　　　　 **) han behöver pengar.**

今, 彼は副業をしたい. というのはお金が必要だから.

3. Slå upp ordet i ordboken (　　　　　　 **) fråga din lärare.**

辞書でその単語を引くか先生に尋ねなさい.

4. Sven gick och lade sig i sängen (　　　　　　 **) kunde inte sova.**

スヴェンはベッドに横になったが寝られなかった.

> **語句**　ett extrajobb　副業・アルバイト, slå upp　(辞書などで)調べる, en ordbok　辞書.
> sova　寝ている・寝る

問題2　次の文を日本語に訳しなさい.

1. Det var blött på vägen för det hade regnat mycket.

2. Varje kväll ringer Anna till Jan eller tvärtom.

3. Jag kunde inte fortsätta jobba, utan var tvungen att åka hem.

> **語句**　blöt　濡れている, tvärtom　逆に, fortsätta　～し続ける, vara tvungen att　～せざ
> るを得ない

問題3　意味が通る文章になるように, カッコ内に入る適切な等位接続詞を入れなさ
い. また, 日本語に訳しなさい.

Sverige är ett land som tillverkar vapen (1. 　　　　　　 **) säljer dem i världen.**
Vapenexporten skapar vinst (2. 　　　　　　 **) nya jobb (3.** 　　　　　　 **) det är**
många som är emot den (4. 　　　　　　 **) Sverige har exporterat dem till länder**
som kränker mänskliga rättigheter och/(5. 　　　　　　 **) är diktatur.**

> **語句**　en vapenexport　武器輸出, skapa　作り出す・産み出す, en vinst　利益, vara emot ...
> ～に反対する, exportera　輸出する, kränka mänskliga rättigheter　人権を侵害する, en
> diktatur　独裁

問題4　次の日本語をスウェーデン語にしなさい.

1. 彼は倹約家なのではなくケチなのだ.（倹約の sparsam, ケチな snål）

2. 彼女は嬉しかった, というのもある男の子と会って恋に落ちたから.

（恋に落ちる bli kär）

❶ 接続詞（2）従属接続詞 1 － 名詞節 －

att「〜であること」

名詞節を導く接続詞 att は英語の that に相当します．

Jag tror att hon har flyttat. 　　彼女は引っ越したんだと思います．

De sade att de hade varit i Oslo. 　彼らはオスロに行ったことがあると言った．

注意 att は hoppas（望む），tro（信じる），tycka（思う）の後で，しばしば省略される．

om「〜かどうか」

接続詞 om は英語の if, whether に相当します．

Jag frågade om han hade läxor. 　　私は彼に宿題があるかどうか尋ねた．

Hon vill bara veta om han lever. 　彼女は彼が生きているのか知りたいだけだ．

注意 om には前置詞「〜について」や副詞「再び」などの用法もある．

❷ 従属節の語順（1）－従属節に疑問詞を含む場合—

従属節の語順について，主節と異なる場合を見ていきます．

①疑問詞が主語以外である場合 → ... 疑問詞＋主語名詞句＋定動詞

Han undrar var hon bor. 　　　彼は彼女がどこに住んでいるのだろうと思う．

Jag vet inte vad jag ska säga. 　私は何を言うべきか分からない．

注意 従属節で主語と動詞は倒置しない．× **Han undrar var bor hon.**

②疑問詞が主語である場合 → ... 疑問詞＋ som ＋定動詞

疑問詞が主語の場合，疑問詞と述語動詞の間に som が入れられます．

Han undrar vem <u>som</u> bor där. 　彼は誰がそこに住んでいるのかと思う．

Jag vet inte vem <u>som</u> ska säga det. 私は誰がそれを言うべきか分からない．

次の 2 文を比べてみましょう．1 文目の vem は likna（似ている）の目的語です．一方，
2 文目の vem は likna の主語であるため som が挿入されています．

Vet du vem hon liknar? 　　　彼女が誰に似ているか知ってる？

Vet du vem som liknar henne? 　誰が彼女に似ているか知ってる？

注意 疑問詞が主部の一部である場合も som が入れられる．

Jag frågade vems bil som stod där. 　　誰の車がそこに停めてあるのか尋ねた．

Jag vet inte vilken svamp som är ätbar. 　どのキノコが食べられるか分からない．

vems bil, vilken svamp が主部であり，その一部に疑問詞が含まれている．

☞ 解答例 189 ページへ

問題1 日本語文の意味になるように，単語を並び変えなさい．

1. 警察は私がそのデモに参加したと主張した．

   Polisen (att/ deltagit / demonstrationen / hade / i / jag / påstod).

2. 何よりも彼が有罪かどうか知りたい．

   Framför (allt / han / jag / om / skyldig / veta / vill / är).

3. 裁判所が誰が有罪で誰が無罪か決定する．

   Domstolen (avgör / och / oskyldig / skyldig / som / som / vem / vem / är / är).

4. その男は自分が誰を殺したのか語らなかった．

   Mannen (berättade / dödat / hade / han / inte / vem).

5. あなたにはどの弁護士があなたを弁護するか選ぶ権利があります．

   Du (advokat / att välja / försvara dig / har / rätt / ska / som / vilken).

> **語句** deltagit 参加する (deltaga) の過去形，en demonstration デモ，påstod 主張する (påstå) の過去形，framför allt 何よりも，skyldig 有罪の，en domstol 裁判所，avgöra 決定する，oskyldig 無罪の，döda 殺す，välja 選ぶ，försvara 守る，en rätt 権利

問題2 次の下線①と②を並び替えなさい，また全体を日本語に訳しなさい．

Riksbanken är Sveriges centralbank. Och världens äldsta centralbank! De ① (bestämmer / eller / hur / hög / låg / räntan / är) och ② (att / behåller / pengarna / ser till / sitt / värde). De ger också ut Sveriges sedlar och mynt.

> **語句** Riksbanken リクスバンケン（スウェーデン中央銀行），en centralbank 中央銀行，äldsta 古い (gammal) の最上級既知形☞ Kapitel 65，bestämma 決定する，hög 高い，låg 低い，en ränta 金利，se till ～するように取り計らう，behålla 維持する，ett värde 価値，ge ut 発行する，en sedel 紙幣，ett mynt 硬貨

問題3 次の日本語をスウェーデン語にしなさい．

1. 彼は自分の新しい辞書を気に入っていると言っています．（辞書 en ordbok）
2. 私は彼が私の言っていることを理解しているか分かりません．（理解する förstå）
3. 彼女はその建物の外で何を見たか語った．（語る berätta）
4. 誰がご飯を作ったか当てて．（当てる・推測する gissa）
5. 彼はその後何が起こったのか尋ねた．（その後 sedan）

53 従属節の語順（2）／ 接続詞（3）従属接続詞 2

❶ 従属節の語順（2）－従属節に否定辞を含む場合－

主節と従属節の語順の違いのひとつに否定辞 inte の位置があります．主節では inte は定動詞の後ろでしたが，従属節では定動詞の前に現れます．

主節：［主語＋定動詞＋ inte ...］ **Han kommer inte.**　彼は来ません．

従属節：［... 主語＋ inte ＋定動詞 ...］

　　　　　　　　　　Hon säger att han inte kommer.　彼女は彼は来ないと言っている．

inte 以外の否定辞には以下のようなものがあります．

　　　　aldrig 全く～ない，knappt/knappast ほとんど～ない，sällan めったに～ない

> **注意**　堅い文体や看板の表示などで使われる否定辞に icke, ej がある．

❷ 接続詞（3）従属接続詞 2 －時を表す副詞節－

när　「～する時に」

　Vad ville du bli när du var liten?　　　　　小さい時，何になりたかった？

när ＋現在完了・過去完了「～した後で」

　när の節内で現在（過去）完了が使われると「～した後で」の意味になります．

　Jag ringer dig när jag har ätit färdigt.　　食べ終わったら電話します．

> **注意**　efter は前置詞であり，接続詞としては使われない．efter (det) att ... が「～した後で」の意味で使われるが，書き言葉的．

medan「～する間」

　Lyssnar du på musik medan du studerar?　勉強中に音楽を聴きますか？

> **注意**　medan には「一方で」の意味もある．

innan「～する前に」

　Anna duschar innan hon äter frukost.　　アンナは朝食の前にシャワーを浴びる．

inte förrän「～して初めて～する」

　Jag kunde inte cykla förrän jag var sju.　7 歳でやっと自転車に乗ることができた．

> **注意**　主節には必ず否定辞が現れる．

sedan「～して以来」

　Tre år har gått sedan hon dog.　　　　　彼女が亡くなってから 3 年経った．

tills「～するまで」

　Stanna hemma tills du är feberfri.　　　　熱が下がるまで家にいてください．

問題1 カッコ内に適切な従属接続詞を入れなさい.

1. Vi väntade utanför (　　) hon kom. 　　我々は彼女が来るまで外で待った.

2. De gäspade (　　) jag pratade. 　　私が話している間彼らは欠伸をしていた.

3. Jag har haft astma (　　) jag var liten. 　　私は小さいころから喘息持ちです.

4. Jag kommer (　　) jag har tid. 　　時間のある時に来ます.

5. Tänk efter (　　) du svarar! 　　答える前によく考えなさい.

6. Tvätta händerna (　　) du har varit ute! 　　外から戻ったら手を洗いなさい.

7. Jag vaknade inte (　　) du väckte mig. 　　君が起こしてくれてやっと目を覚ました.

語句 gäspa 欠伸をする. (en) astma 喘息. tänka efter よく考える. väcka 起こす

問題2 日本語文の意味になるように，単語を並び変えなさい.

1. 彼女はめったに映画館に行かないと言います.

   Hon (att / bio / går / hon / på / säger / sällan).

2. すべてが終わってやっと寝ることができた.

   Jag (allt / förrän / inte / klart / kunde / sova / var).

3. 私はこの日のことを決して忘れることはないと言えるでしょう.

   Jag (aldrig / att / att / dagen / den här / glömma / jag / kan / kommer / säga).

4. 私は本を読み終わった後で床についた.

   När (boken / hade / jag / jag / lade / läst / mig / gick / och).

問題3 次の会話を日本語に訳しなさい.

A: Vad ska vi göra när vi har städat klart?

B: Ska vi inte gå på bio? Det var länge sedan vi gjorde det sist. Att titta på film på en stor skärm är roligt!

B: Kommer du ihåg när du gick på bio för första gången när du var liten?

A: Det gjorde jag inte förrän jag var omkring tio år gammal.

語句 en skärm スクリーン. sist 最後に

問題4 次の日本語をスウェーデン語にしなさい.

1. ユーランは眠りにつくまでベッドで本を読んでいた. (ユーラン Göran)

2. 彼女はルンドに引っ越してからはエンジニアとして働いている.

   (主節は現在完了を使って，ルンド Lund，エンジニア en ingenjör)

3. 私はシャワーを浴びた後で，急いで服を着た. (シャワーを浴びる duscha)

4. 彼は料理をする時間がなかったと言いました.

54 主節の語順（6）／従属節の語順（3）／接続詞（4）従属接続詞3

❶ 主節の語順（6）－従属節が文頭に来る場合－

主節で文頭に副詞（句）が来ると主語と定動詞が倒置することはすでに学びましたが，従属節が文頭に来た場合も，主節の主語と定動詞は倒置します．

Jag ringer dig om en timme. → **Om en timme ringer jag dig.**
1時間後に電話します．（波線は副詞句，二重下線が主語，下線が述語）

Jag ringer dig när jag har ätit färdigt. → **När jag har ätit färdigt, ringer jag dig.**
食べ終わったら電話します．（波線は副詞節，二重下線が主語，下線が述語）

❷ 従属節の語順（3）－従属節に文修飾副詞などを含む場合－

前課で否定辞 inte が従属節では定動詞の前に置かれることを学習しましたが，他にも同様のふるまいを示す副詞があります．以下は代表例です．

頻度副詞：alltid いつも，ofta しばしば，oftast たいてい／**心態詞**：ju おわかりのように，väl 〜ですよね／**文修飾副詞**：egentligen 本来は，faktiskt 実を言うと，gärna 喜んで，kanske ひょっとすると，möjligen おそらく，säkert きっと，verkligen 実際に

Han säger att han alltid litar på dig. 彼はいつも君を信頼していると言います．
Jag tror att han egentligen känner sig ensam. 彼は本当は寂しいのだと思う．

❸ 接続詞（4）従属接続詞3－原因・理由を表す副詞節－

eftersom 「〜なので」
聞き手が原因・理由についてすでに知っていると話し手が思う時に使われます．
Jag är glad eftersom jag vann loppet. レースに勝ったのでうれしい．
eftersom で始まる節を文頭に置くことも可能です．
Eftersom jag vann loppet är jag glad.

därför att / för att 「〜だから」
聞き手が原因・理由について知らないであろうと話し手が思う時に使われます．
Jag är ledsen därför att jag förlorade loppet レースに負けたので悲しい．
därför att の節が主節の前に出てくることはありません．
× **Därför att jag förlorade loppet, är jag ledsen.**

注意 varför（なぜ）に対する答えとしては文頭に現れる．**Varför är du ledsen?**
Därför att jag förlorade loppet. なぜ悲しそうなの？ レースに負けたからです．

問題1　日本語文の意味になるように，単語を並び変えなさい.

1. お金がないので新しい服を買えない.

　　Eftersom (har / inte / inte / jag / jag / kan / kläder / köpa / nya / pengar).

2. なんで彼は泣いているの？　テストに受からなかったから.

　　Varför gråter han? Därför (att / tentan / inte / klarade / han).

3. 20 年前に結婚して以来マルメに住んでいます.

　　Sedan (bott / för / gifte / har / i Malmö / oss / sedan / tjugo / vi / vi / år).

4. あなたはおそらく花粉に過敏なんだと思います.

　　Jag (att / du / mot / känslig / möjligen / pollen / tror / är).

5. 彼はたいてい第 1 章を最後に書くと言います.

　　Han (att / det / första / han / kapitlet / oftast / sist / skriver / säger).

6. SFI を始める前に適切なコースを見つけるためにレベルテストを受けます.

　　Innan (börjar / du / du / för att / gör / hitta / ett nivåtest / på Sfi / rätt kurs).

> **語句**　gråta 泣く. klara 切り抜ける. en tenta 試験. möjligen もしかすると. känslig 敏感な. (ett) pollen 花粉. oftast たいてい. ett nivåtest レベルテスト. rätt 正しい. en kurs コース

問題2　次の文を日本語に訳しなさい.

Vet du vad allemansrätten är? Tack vare den kan vi röra oss fritt i naturen. Men du måste visa hänsyn mot markägare och ta ansvar för natur och djurliv. Du får till exempel göra upp eld men inte direkt på klippor eftersom de kan spricka. Du får ta med dig hunden i naturen, men du bör inte ha den utan koppel under tiden 1 mars till 20 augusti därför att de flesta djur då får ungar och hundar kan råka jaga bort dem.

> **語句**　allemansrätten 自然享受権. tack vare ... ～のおかげで. röra sig 動く. fritt 自由に. en natur 自然. en hänsyn 配慮. en markägare 土地所有者. (ett) ansvar 責任. ett djurliv 野生生物. göra upp eld 焚火をする. direkt 直接. en klippa 岩. spricka 割れる. ta med sig ... ～を連れていく・持っていく. en koppel リード. de flesta 大多数の. ett djur 動物. en unge 動物の子供. jaga 追い立てる

問題3　次の日本語をスウェーデン語にしなさい.

1. 気分がよくないから帰ります.（därför att を使って）

2. 背中が痛かったのでトレーニングできなかった.（eftersom を使って）

3. 彼はしばしば 1 日 10 時間働くと言っています.

4. 私は自分が将来本当は何をしたいのか分かりません.（egentligen を使って）

❶ 意図・目的

så att / för att 「〜するように」

両者とも従属節内に助動詞(skola, kunna)を含むことがあります.

Videon har svenska undertexter så att alla kan lära sig svenska.

そのビデオには皆がスウェーデン語を学べるように字幕がついています.

Förr i tiden saltade man maten för att den skulle hålla längre.

以前は長持ちするように食料を塩漬けにしていました.

> 注意 話し言葉では両者とも att が省略されることがある. また, för att には原因理由 (☞ Kapitel 54), så att には結果の用法(次節参照)もある. för att 節が文頭に出ることはない.

❷ 結果

så att 「その結果〜」

Han hade fallit och slagit bakhuvudet så att han förlorade medvetandet.

彼は倒れて後頭部を打ち, その結果意識を失った.

> 注意 話し言葉では att が省略されることがある.

så + 形容詞／副詞 + att 「とても〜なので〜」

Han var så nervös att han spydde innan matchen.

彼はとても緊張していてその試合の前に吐いた.

> 注意 名詞を修飾する場合は sådan … att で表現する. **Jag hade en sådan tur att hon kunde hjälpa mig.** 運がよかったので彼女が助けてくれた.

❸ 譲歩

fast 「〜にもかかわらず」

Nu sitter vi inne fast det är fint väder. 天気がよいにもかかわらず室内にいます.

> 注意 口語的なものに fastän がある. また, fast には等位接続詞の用法もある.

trots att 「〜にもかかわらず」

Det var varmt ute trots att det regnade. 雨にもかかわらず外は暖かかった.

> 注意 trots att と fast (fastän) はほぼ同じ意味で用いられる.

även om 「〜だとしても」

Jag kör även om det snöar. 雪が降ったとしても私は運転します.

☞ 解答例 190 ページへ

問題1 カッコ内に適切な従属接続詞を入れなさい.

1. 彼女はこごえて体全体が震え,歯をガタガタ言わせていた.

   Hon frös (　　　　) hela kroppen skakade och tänderna skallrade.

2. スヴェンはそれほど年でもないのに忘れっぽい.

   Sven är glömsk (　　　　) han inte är så gammal .

3. アンナは空いてる席があるにもかかわらず座らず立ったままだった.

   Anna satte sig inte, (　　　　) det fanns lediga platser, utan stod kvar.

4. 時間通りに到着するように急がなきゃ.

   Jag måste skynda mig (　　　　) jag hinner fram i tid.

5. 教会はたとえめったに行かなくてもスウェーデン人にとって重要だ.

   Kyrkan är viktig för oss svenskar, (　　　　) vi sällan går i kyrkan.

> **語句** frysa こごえる. en kropp 体. skaka 震える. skallra ガタガタ鳴る. glömsk 忘れっ
> ぽい. ledig 空いた. en plats 場所. hinna 間に合う. i tid 時間通りに

問題2 次の文を日本語に訳しなさい.

Vet du vem som uppfann Coca-cola-flaskan? Det var Alexander Samuelsson, en svensk-amerikansk glasingenjör, och det var han som formgav den. Han var född 1864 utanför Göteborg. 1883 emigrerade han till Amerika och arbetade inom glasindustrin. Flaskan var så unik att alla kunde känna igen den och var lätt att greppa trots att den var är kurvig. Dessutom gick den sällan sönder även om man tappade den.

> **語句** uppfinna 発明する. en Coca-cola-flaska コカ・コーラのボトル. Alexander
> Samuelsson アレクサンデル・サームエルソン（人名）. svensk-amerikansk スウェーデン系
> アメリカ人の. en glasingenjör ガラス技師. formge デザインする. emigrera （自国から）
> 移住する. en glasindustri ガラス産業. en flaska 瓶. unik ユニークな. känna igen 認識
> する. greppa 握る. kurvig 曲線の. dessutom 加えて. gå sönder 壊れる. tappa 落とす

問題3 次の日本語をスウェーデン語にしなさい.

1. 私は嬉しくなかったが笑った.

2. 彼は疲れていたとしても不満を言いません. （不満を言う klaga）

3. ピッピはとても強いので自分の馬を持ち上げることができます.

   （持ち上げる lyfta, 馬 en häst）

4. 彼はみんなに聞こえるように大声で叫んだ. （大声で högt, 叫ぶ ropa）

5. 彼は薬を飲んで元気になった. （薬を飲む ta medicin）

Kapitel 56

接続詞（6）従属接続詞 5／関係副詞

❶ 接続詞（6）従属接続詞 5 －条件・仮定の副詞節—

条件は接続詞 om が使われます.

    Strejken börjar om de inte kommer överens.　　合意しなければストが始まる.

om 節が主節の前に来た場合，主節の前に så が置かれることがあります.

    Om de inte kommer överens [så] börjar strejken.

さらに，接続詞 om が省略されると，主語と定動詞が倒置します.

    Kommer de inte överens [så] börjar strejken.

> **注意**　om 以外に口語的な ifall という接続詞もある.

いわゆる仮定法（接続法）でも，接続詞 om が使われます.

・仮定法過去（現在のことを仮定）

om 節：過去形，主節：skulle+ 不定詞（あるいは過去形）

    Om jag var (vore) statsminister skulle jag inte vara nöjd med resultatet.

    私が首相ならその結果に満足はしていないでしょう.

> **注意**　仮定法過去で var の代わりに vore が使われることがある.

・仮定法過去完了（過去のことを仮定）

om 節：hade ＋完了形，主節：skulle ha 完了形（あるいは hade ＋完了形）

    Om jag hade varit statsminister skulle jag inte ha varit nöjd med resultatet.

    私が首相だったらその結果には満足はしていなかったでしょう.

❷ 関係副詞

・場所の関係副詞 där, dit

場所を表す関係副詞は先行詞が静止点である場合には där, 目的点である場合には dit が使われます. 同じ内容を［som...＋前置詞］で表現できます.

    Staden, där han bodde, var liten.　　　彼の住んでいた町は小さかった.

        = **Staden, som han bodde i, var liten.**

    Staden, dit han åkt, var liten.　　　　彼の行った町は小さかった.

        = **Staden, som han åkt till, var liten.**

・時の関係副詞　när/då

    Jag kommer ihåg dagen när han dog.　　彼が死んだ日のことを覚えている.

☞ 解答例 190 ページへ

問題1 日本語文の意味になるように，単語を並び変えなさい．

1. もし私があなたなら彼にチャンスを与えるだろう．

Om (du / en chans / ge / honom / jag / jag / skulle / var).

2. スペインとポルトガルがある半島は何と言いますか？

Vad (där / halvön / heter / ligger / Spanien och Portugal) ?

3. 毎朝起きると私は新聞を取りに行きます．

Varje morgon (går / hämtar / jag / jag / när / och / tidningen / vaknar).

4. 彼が今日生きていたら今年 100 歳になっていただろう．

Hade (100 år / fyllt / ha / han / han / idag / levt / skulle) i år.

5. ゴットランドは夏に多くの観光客の訪れる美しい島です．

Gotland är (dit / en / många / på / sommaren / vacker / åker / ö / turister).

語句 en chans チャンス．en halvö 半島．Portugal ポルトガル．leva 生きる．Gotland ゴットランド島．en turist 観光客

問題2 次の文を読んでカッコ内に下の下線部から適切な語を選んで入れなさい．また，日本語に訳しなさい．

I Sverige är alkohol lagligt att dricka på restauranger och barer (1.   ) du fyller 18 år. Men på spritbutiken får du inte handla (2.   ) du fyller 20 år. Spritbutiken i Sverige heter Systembolaget och det är det enda statliga monopolet (3.   ) man kan köpa alkohol. Det finns över 440 Systembolagsbutiker över hela Sverige, plus cirka 480 ombud (4.   ) det går att beställa drycker. Besök butiken på vardagar (5.   ) du vill handla (6.   ) de flesta butiker har stängt på helgerna.

dit, där, därför att, förrän, när, om

語句 laglig 合法な．en bar バー．handla 買い物をする．en spritbutik 酒屋．statlig 国の・国営の．ett monopol 専売会社．Systembolagsbutik システームボラーゲットの店舗．plus 加えて．beställa 注文する．ett ombud 販売代理店．en dryck 飲料

問題3 次の日本語をスウェーデン語にしなさい．

1. 今週の日曜に雨が降らなければ芝生を刈ります．（芝刈りをする klippa gräsmattan）

2. 何かが起こっていたら彼は私に電話をしてきていただろう．

3. 彼女は彼が働いている店には一度も行ったことがないと言っている．

4. ストックホルムは私が引越したい町です．

Kapitel **57** 従属節の語順(4)／現在(過去)完了の従属節中における助動詞 har/hadeの省略／接続詞(7)相関等位接続詞

❶ 従属節の語順（4）－まとめ－

従属節ではその種類（名詞節・副詞節・形容詞節）に関わらず，否定辞および文修飾副詞は定動詞の前に置かれます.

名詞節： Jag sade att han inte var hemma.　　　彼は家にいないと私は言った.

副詞節： Jag var orolig när han inte var hemma.　私は彼が家にいない時不安だった.

形容詞節：Det hände på den dagen då han inte var hemma.

それは彼が家にいない日に起こった.

❷ 現在完了・過去完了の従属節中における助動詞 har/hade の省略

従属節で現在完了・過去完了が使われた場合，しばしば助動詞 har/hade が省略されます.

Jag läser en bok som jag (har) lånat på biblioteket.

私は図書館で借りた本を読んでいる.

Hon tog på sig en röd klänning som hon (hade) köpt.

彼女は買った赤いワンピースを着た.

注意　［助動詞＋ ha ＋完了形］（☞ Kapitel 50）でも ha がしばしば省略される.

Jag borde (ha) stannat hemma.　　　私は家にいるべきだった.

❸ 接続詞（7）相関等位接続詞

både A och B「A も B も両方」

Han kan både sjunga och dansa.　　　彼は歌もダンスもできる.

antingen A eller B「A か B かどちらか」

Vi ska antingen köpa eller hyra lägenhet.　私たちはマンションを買うか借りるかします.

varken A eller B「A も B も～ない」

Jag vill varken äta eller dricka.　　　私は食べも飲みもしたくない.

注意　表現の中に否定の意味が含まれているので，inte を加えないよう注意.

× **Jag vill inte varken äta eller dricka**

問題1 日本語文の意味になるように，単語を並び変えなさい．

1. 君はいつでも信頼できる友人だ．

　Du (alltid / en vän / jag / kan / lita / på / som / är).

2. 彼の弁護士は彼が頭に重傷を負ったと言っている．

　Hans advokat (att / fått / han / huvudet / i / skador / svåra / säger).

3. 彼は寒さで死んでいたか意識を失っていた．

　Han (antingen / av / död / eller / medvetslös / var) köld.

4. 昨日私の夫は過ちを犯したことを認めた．

　Igår (att / erkände / fel / gjort / han / man / min).

5. ここには素晴らしい眺望を楽しむために観光客も地元民もやってくる．

　Hit (både / för att / kommer / lokalbor / njuta av / och / turister) den fina
　utsikten.

> **語句** en advokat　弁護士．svår　深刻な．en skada　傷．medvetslös　意識のない．(en)
> köld　寒さ．erkänna　認める．göra fel　誤りを犯す．en turist　旅行者．en lokalbo　地元民．
> njuta av ...　～を楽しむ．en utsikt　眺望

問題2 次の文を読んで日本語に訳しなさい．

Det är SL som sköter kollektivtrafiken inom Stockholm och Stockholms län. Allt du
behöver veta om din resa hittar du både på deras hemsida och i deras app. Det finns
många olika sorters kort och biljetter, populärt för turister är antingen 1- och
3-dygnskort eller 7-dagarskort. Om du tror att du tappat något på bussen,
pendeltåget eller i tunnelbanan, kontakta SL.

> **語句** Det är ... som ...　～するのは～だ(強調構文☞Kapitel 78)．SL　ストックホルム交通局
> (Storstockholms Lokaltrafik)の略．sköta　運営する．Stockholms län　ストックホルムレーン(行
> 政単位，県に相当)．en sort　種類．populärt　人気なのは．1-och 3-dygnskort　1日券と3
> 日券．7-dagarskort　7日券．tappat　なくす．ett pendeltåg　近郊電車．kontakta　連絡を
> 取る

問題1 次の日本語をスウェーデン語にしなさい．

1. 私は仕事も住むところもない．(住むところ en bostad)

2. ここで働く人はドイツ語かフランス語のいずれかを話します．(フランス語 franska)

3. 彼は肉も魚も食べません，なぜなら菜食主義者だからです．

4. 何か買ったときには領収書をとっておいてください．(領収書 ett kvitto，取っておく spara)

58 動詞（10）s-動詞 1

　スウェーデン語には s- 動詞あるいは動詞の s- 形と呼ばれるものがあり，受動や相互の意味を表します．この課ではその作り方と用法について学びます．

❶ s- 動詞の作り方

　それぞれの変化形の語尾に -s をつけます．ただし，現在形のみ現在形の語尾（-r, -er）を落として，-s をつけます．

	不定詞	現在形（注意！）	過去形	完了形
1	öppna-s 開かれる	öppnar-s 語尾 -r を取って -s	öppnade-s	öppnat-s
2a	stänga-s 閉じられる	stänger-s 語尾 -er を取って -s	stängde-s	stängt-s
	köra-s 運転される	kör-s -r は語幹なので残す	körde-s	kört-s
2b	hjälpa 助ける	hjälper-s 語尾 -er を取って -s	hjälpte-s	hjälpt-s
3	sy-s 縫われる	syr-s 語尾 -r を取って -s	sydde-s	sytt-s
4	bita-s 噛まれる	biter-s 語尾 -er を取って -s	bet-s	bitit-s

> **注意**　・2a で不定詞が［長母音 + ra］で終わる動詞の現在形（例えば kör）の -r は現在形語尾ではなく語幹の一部なので，残して -s をつける．kör → körs, × kös
> ・2b で語幹が -s で終わる動詞の現在形（例えば läser）は -r のみを落として -s をつける．läser → läses, × läss

❷ s- 動詞の用法（1）受動

　s- 動詞の用法の 1 つに受動があります．能動文の目的語が受動文の主語になり，能動文の動作主は，受動文で av ... で表現されます．

　能動文：Polisen grep mannen igår.　　　警察は昨日その男を逮捕した．

　受動文：Mannen greps av polisen igår.　　　その男は昨日警察に逮捕された．

受動文ではしばしば動作主が表されないことがあります．

Mycket vin dricks i Italien.（動作主が一般的な人々である場合）

イタリアでは多くのワインが飲まれている．

Lunds universitet grundades år 1666.（動作主が関心の対象でない場合）

ルンド大学は 1666 年に創立された．

> **注意**　s- 動詞の受動に命令形はない．過去分詞を使った受動文は ☞ Kapitel 61

問題1 次の動詞の s- 形を不定詞・現在形・過去形・完了形を順に答えなさい. カッコ内は動詞グループの番号を示している.

1. drabba（災害などが）襲う（1）　　**2. använda** 使う（2）　　**3. införa** 導入する（2）

4. nå（電話などで）連絡を取る（3）　　**5. lösa** 解決する（2）　　**6. välja** 選ぶ（4）

問題2 カッコ内に適切な動詞の s- 形を入れなさい.

1. Japan (　　　) av en kraftig jordbävning.　　日本は強い地震に襲われた.

2. Ordet har (　　　) sedan 90-talet.　　その単語は 90 年代から使われている.

3. Den 1 april (　　　) nya regler.　　4 月 1 日に新規則が導入されます.

4. Hon kan (　　　) på telefon.　　彼女は電話で連絡がつきます.

5. Problemet (　　　) genom lagstiftning.　　その問題は立法により解決される.

6. Han (　　　) till kung år 1523.　　彼は 1523 年に国王に選ばれた.

┌─ **語句** kraftig 強い. en jordbävning 地震. en lagstiftning 立法 ─┐

問題3 次の文を読んで日本語に訳しなさい

Har du smakat inlagd sill eller surströmming? Fisken som används i de båda har olika namn men är en och samma art. Den som fiskas i Östersjön, norr om Kalmar, kallas strömming medan den som fångas på västkusten eller i Skåne kallas sill. Strömming är relativt liten jämfört med sill, främst beroende på salthalten. Östersjön där strömming lever har förhållandevis låg salthalt, vilket påverkar storleken på fisken.

┌─ **語句** smaka 味わう. inlagd 酢漬けの. en sill ニシン. en surströmming シュールストルミング（発酵した塩漬けのニシンの缶詰）. ett namn 名前. en och samma 同一の. en art 種. Östersjön バルト海. norr om ... ～の北で. Kalmar カルマル（地名）. en strömming ニシン. fånga 捕まえる. en västkust 西海岸. Skåne スコーネ（地名）. relativt 比較的. jämfört med ... ～と比較して. främst 主に. beroende på ... ～のために. (en) salthalt 塩分含有量. förhållandevis 比較的. vilket 関係代名詞☞ Kapitel 76. påverka 影響する. en storlek 大きさ ─┘

問題4 次の日本語を s- 動詞を使ってスウェーデン語にしなさい.

1. そのマンションは彼の息子によって売却された.

2. 彼女の本は 600 万人以上の人々に読まれてきた.

3. その男性は蛇にかみ殺された（蛇 en orm, till döds 死に至って）

4. その火災は夜 1 時に守衛によって発見された.

（火災 en brand, 発見する upptäcka, 守衛 en vakt）

59 動詞（11）s-動詞 2

❶ s-動詞の用法（2）相互

s-動詞には「お互いに〜する」という「相互」の意味もあります．ただし，以下のような動詞に限られます．（カッコ内は動詞の分類）

出会う：ses（4），träffas（1），mötas（2b），**キスをする**：kyssas（2b），pussas（1），

ハグをする：kramas（1），**殴り合う**：slåss（4），**押し合う**：knuffas（1），trängas（2a），

副詞を伴うもの：följas åt 同行する（2a），hjälpas åt 助け合う（2b），skiljas åt 分かれる（2a）

相互の動作を表すので，主語は複数であるものが使われます．また，代名詞varandra（お互いに）を使って言い換えることもできます．

De kramades. = De kramade varandra.　　彼らはハグをした．

❷ s-動詞の用法（3）自発（自動詞化）

öppna「開ける（他動詞）」に対する öppnas「開く（自動詞）」のように一種の「自発」あるいは「自動詞化」としての用法も存在します．

kännas 感じられる（2a），tyckas 思われる（2b），behövas 必要である（2a），födas 生まれる（2a），förbättras 改善する（1），glädjas 喜ぶ（4），förändras 変化する（1），utvecklas 発展する（1），fördubblas 倍増する（1）

Det känns lite obehagligt i magen.　　お腹が少し不快に感じる．

Tekniken utvecklades ytterligare.　　その技術はさらに発展した．

❸ s-動詞の用法（4）デポーネンス

対応する他動詞がない，あるいはあったとしても意味的に関連がない s-動詞を「デポーネンス」と呼びます．

他動詞：× anda 　　　— 　s-動詞：andas 呼吸する（対応する他動詞なし）

他動詞：hoppa 跳ねる 　— 　s-動詞：hoppas 希望する（意味に関連なし）

デポーネンスの例としては以下のようなものがあります．

finnas 存在する（4），lyckas 成功する（1），låtsas ふりをする（1），umgås 付き合いがある（4），minnas 記憶している（2a），avundas 羨む（1），trivas 楽しく過ごす（2a），svettas 汗をかく（1），kräkas 吐く（2b）

Jag lyckades övertala mamma.　　母を説得することに成功した．

Jag trivs med mina kollegor.　　私は同僚と楽しく過ごしています（気が合います）．

問題1 次の s-動詞の現在形・過去形・完了形を順に答えなさい．カッコ内は動詞グループの番号を示している．

1. **slåss** 殴り合う（4）   2. **behövas** 必要である（2）   3. **låtsas** ふりをする（1）

4. **kyssas** キスをする（2）   5. **fördubblas** 倍増する（1）   6. **svettas** 汗をかく（1）

問題2 カッコ内に適切な動詞の s- 形を入れなさい．

1. Har ni (　　　)?   君たちは殴り合ったのか？

2. Det (　　　) en ny bostadspolitik.   新たな住宅政策が必要である．

3. Jag (　　　) som om jag inte hörde.   私は聞いていないふりをした．

4. De (　　　) igen.   彼らは再びキスをした．

5. Exporten till Kina (　　　).   中国への輸出が倍増した．

6. Han (　　　) i nacken.   彼はうなじに汗をかいていた．

> **語句** (en) bostadspolitik 住宅政策．som om ... ～であるかのように．en nacke うなじ

問題3 次の文を読んでカッコ内に下線部から適切な s-動詞を選んで入れなさい．また，日本語に訳しなさい．

Länge hade Sverige varit i union med Danmark. Unionen (1.　　　) Kalmarunionen och de (2.　　　) åt mot fiender. Men när den danska drottningen Margareta, som höll ihop unionen, hade dött började situationen (3.　　　) och Danmark och Sverige började kriga mot varandra. Danmark vann kriget 1520 och den danske kungen Kristian blev kung över Sverige. Han ville (4.　　　) på de svenskar som hade kämpat mot honom i kriget. Över 80 svenskar (5.　　　) på Stortorget i Gamla stan. Marken var våt av blod, därför (6.　　　) händelsen för Stockholms blodbad.

förändras, halshöggs, hjälptes, hämnas, kallas, kallas

> **語句** en union 同盟．Kalmarunionen カルマル同盟．en fiende 敵．dansk デンマークの．hålla ihop 束ねる．kriga 戦争をする．kämpa 戦う．ett krig 戦争．danske 男性を表す接尾辞 -e ☞ Kapitel 77．en mark 地面．våt 濡れた．(ett) blod 血．en händelse 出来事．förändras 変化する．halshugga 首を切る．hämnas 復讐する

問題4 動詞の s-動詞を使って次の日本語をスウェーデン語にしなさい．

1. アンナはそれらのチケットを手に入れることに成功した自分の同僚を羨んだ．

　（羨む avundas，～を手に入れる få tag på）

2. 彼女は我々が会ったことがあるのを覚えていなかった．（覚えている minnas）

3. 彼は一晩中汗をかき，吐いていた．（一晩中 under hela natten）

4. 深くゆっくりと呼吸をしてください．（呼吸する andas，深く djupt，ゆっくりと långsamt）

Kapitel 60

動詞（12）過去分詞 1

受動文を作る手段としては s- 動詞（☞ Kapitel 58）以外に過去分詞があります.

❶ 規則動詞の過去分詞の作り方

形容詞が基本形（stor），-t 形（stort），-a 形（stora）と変化したように，過去分詞も変化します. 次のように作ります.

基本形：過去形から語尾の -e を取った形（波線）

-t 形： 完了形と同じ形（二重線）

-a 形： 基本形に -a をつける. ただし，グループ 1 のみ -e をつける.（語尾における a...a という母音の連続を避けるため）

	不定詞	現在形	過去形	完了形	基本形	-t 形	-a 形
1	öppna 開く	öppnar	öppnade	öppnat	öppnad	öppnat	öppnad-e × öppnad-a
2a	stänga 閉じる	stänger	stängde	stängt	stängd	stängt	stängd-a
	köra 運転する	kör	körde	kört	körd	kört	körd-a
2b	hjälpa 助ける	hjälper	hjälpte	hjälpt	hjälpt	hjälpt	hjälpt-a
3	sy 縫う	syr	sydde	sytt	sydd	sytt	sydd-a

❷ 完了形が -it で終わる不規則動詞の過去分詞の作り方

完了形が -it で終わる不規則動詞の過去分詞は完了形を基にして，-t 形から作っていきます. 形容詞 öppen-öppet-öppna と同じ変化になります.

基本形：-t 形の語尾 -et を -en に変える. bitet → biten

-t 形： 完了形の語尾 -it を -et に変える. bitit → bitet（まずここから作る）

-a 形： 基本形の語尾 -en の -e- を取って語末に -a を加える. biten → bitna

	不定詞	現在形	過去形	完了形	基本形	-t 形	-a 形
4	bita 噛む	biter	bet	bitit	biten	bitet	bitn-a

注意 ge（与える），ger, gav, gett, **given**, **givet**, **givna**（古い完了形 givit をもとに）

❸ 過去分詞の限定用法

過去分詞には名詞を修飾する限定用法があり，形容詞と同様に変化します.

	単数未知形	単数既知形	複数未知形	複数既知形	
EN 名詞	en sydd kjol	den sydda kjolen	sydda kjolar	de sydda kjolarna	縫ったスカート
ETT 名詞	ett sytt sår	det sydda såret	sydda sår	de sydda såren	縫った傷

問題1 次の動詞の過去分詞を基本形・-t 形・-a 形の順に答えなさい.

1. grilla（直火で）焼く（1）　**2. beställa** 注文する（2a）　**3. hyra** 賃借する（2a）

4. låsa 鍵をかける（2b）　**5. klä** 着せる・飾る（3）　**6. stjäla** 盗む（4）

問題2 次の名詞句を過去分詞を使って，単数未知形・単数既知形・複数未知形・複数既知形の順に答えなさい.

1. 盗まれた自転車

2. 注文した小包（小包 ett paket）

問題3 過去分詞を使って，次の日本語をスウェーデン語にしなさい.

1. その焼いた肉

2. 賃貸した 2 つの部屋

3. それらのカギの掛かったドア

4. あの飾りつけされたクリスマスツリー（クリスマスツリー en julgran）

問題4 次のカッコ内の動詞を適切な過去分詞の形にしなさい. また日本語に訳しなさい.

A: Har du hittat lägenhet eller söker du fortfarande?

B: Jag har hittat en ny-(1. bygga) lägenhet men den är dyr

A: Jag har en vän som vill hyra ut sin nyin-(2. köpa) lägenhet på Storgatan. 70 kvadratmeter, två (3. möblera) rum och ett ny-(4. renovera) kök.

B: Vad kostar den?

A: 5 000 kronor i månaden.

B: Det låter ganska billigt.

> **語句** en kvadratmeter 平方メートル. fortfarande まだ. möblera 家具を備え付ける. renovera リノベーションする. ny ＋過去分詞で「～したばかりの」の意

問題5 過去分詞を使って次の日本語をスウェーデン語にしなさい.

1. 彼はその閉じられた窓から出ようと試みた.（出る ta sig ut,［窓］から genom）

2. そのいじめられた子は転校した.（いじめる mobba, 転校する byta skola）

3. 私はゆで卵を毎日朝食に食べます.（ゆでる koka）

4. 彼は 2 通の（書かれた）証明書が必要です.（証明書 ett intyg）

❶ 完了形が -it 以外で終わる不規則動詞の過去分詞の作り方

　完了形が -it 以外で終わる不規則動詞の過去分詞は以下のように作ります．結果として，規則動詞の 2A と同じ変化パターン（stängd-stängt-stängda）になります．

　基本形：-t 形の語尾 -t を -d に変える．

　-t 形：　完了形と同じ形（二重線），**-a 形**：基本形に -a をつける．

	不定詞	現在形	過去形	完了形	基本形	-t 形	-a 形
4	göra 行う	gör	gjorde	gjort	gjord	gjort	gjord-a

> **注意**　2b パターンの過去分詞：sätta（置く）, sätter, satte, satt, **satt, satt, satta**

　不規則動詞で**不定詞が単音節の長母音で終わる動詞**の過去分詞は以下の通り．結果として，規則動詞の 3 と同じ変化パターンになります（sydd-sytt-sydda）．

　基本形：-t 形の語尾 -tt を -dd に変える．

　-t 形：完了形と同じ形（二重線），**-a 形**：基本形に -a をつける．

	不定詞	現在形	過去形	完了形	基本形	-t 形	-a 形
4	se 見える	ser	såg	sett	sedd	sett	sedd-a

❷ 過去分詞の叙述用法 −受動文と形容詞文−

　過去分詞は，vara あるいは bli を助動詞とし，主語の性と数により変化します．

Dörren är stängd.　　　　　　　　そのドアは閉まっている．（基本形）

Fönstret är stängt.　　　　　　　その窓は閉まっている．（-t 形）

Dörrarna/Fönstren är stängda.　　それらの｛ドア／窓｝は閉まっている．（-a 形）

　[bli+ 過去分詞] の受動文は変化に焦点を，[vara+ 過去分詞] の受動文は変化結果の状態に焦点を置いた描写になります．動作主は av ... で表されます．

Bilen blev parkerad av honom igår kväll.　その車は昨晩彼によって駐車された．

Bilen har varit parkerad i två timmar.　その車は 2 時間駐車されている．

> **注意**　過去分詞の受動文は変化や状態に焦点があるのに対し，s- 受動は出来事全体に焦点が当たる．例えば繰り返し起こることなどは s- 受動で表す．
>
> 　　**Bilen får parkeras högst 24 timmar.**　車は最大 24 時間駐車してよい．

　過去分詞の中には，受動というよりは形容詞化してしまったものもあります．

Hon är intresserad av grammatik.　　　　彼女は文法に興味があります．

問題1 次の不規則動詞の過去分詞を基本形・-t 形・-a 形の順に答えなさい.

1. välja 選ぶ　　**2. förstå** 理解する　　**3. sälja** 売る　　**4. översätta** 翻訳する

問題2 次の名詞句を過去分詞を使って, 単数未知形・単数既知形・複数未知形・複数既知形の順に答えなさい.

1. 売られた家　　　　　　　**2.** 翻訳された小説（小説 en roman, 複数形語尾 -er）

問題3 次の文を［bli + 過去分詞］を使ってスウェーデン語にしなさい.

1. 彼女は国会議員に選ばれた.（国会議員 en riksdagsman）

2. 彼らは国会議員に選ばれた.

問題4 次のカッコ内の動詞を適切な過去分詞の形にしなさい. また日本語に訳しなさい.

Allt började med Stockholms blodbad där Gustav Vasas far blev (1. avrätta) och hans mor och systrar blev (2. kasta) i fängelse. Han själv blev (3. jaga) av danska soldater och flydde norrut till Mora i Dalarna. Han bad dalkarlarna om hjälp. Men de tvivlade på hans berättelse. Därför flydde Vasa igen i djup snö mot Norge. Kort därefter fick bönderna nyheter om Stockholms blodbad och ångrade sig. Två snabba skidåkare blev (4. skicka) för att hämta Gustav Vasa. De hann ikapp honom i Sälen som ligger nära den norska gränsen och sedan åkte alla tillbaka till Mora. Tillsammans med bönderna befriade Gustav Vasa Sverige från danskarna och därefter blev (5. välja) till kung 6 juni 1523.

語句 avrätta 処刑する. kasta i fängelse 投獄する. jaga 追う. en soldat 兵士. fly 逃走する. norrut 北へ. Mora モーラ（地名）. Dalarna ダーラナ（地名）. en dalkarl ダーラナの男性. tvivla på ... 〜を疑わしく思う. en berättelse 話. därefter その後に. bönder 農民（en bonde）の複数形. ångra sig 後悔する. snabb 素早い. en skidåkare スキーヤー. hinna ikapp 追いつく. Sälen セーレン（地名）. en gräns 境界. befria 解放する. en dansk デンマーク人

問題5 過去分詞を使って次の日本語をスウェーデン語にしなさい.

1. 店で買い物をしてる時に, 自転車が盗まれた.

2. ドアは夜鍵がかかっていて(その結果)彼は中に入れなかった.（中に入る ta sig in）

3. それらのチケットはすでに注文されていて(お金も)支払われています.

4. 太陽は厚い雲の後ろに隠れていた.（隠す dölja, 後ろに bakom, 雲 ett moln）

動詞（14）現在分詞／不定代名詞（4）

❶ 動詞（14）現在分詞

現在分詞は -ande, -ende をつけて作ります.

不定詞が -a で終わる動詞（グループ 1・2・4）：springa 走る → springande

不定詞が -a 以外で終わる動詞（グループ 3・4）：gå 歩く → gående

現在分詞は主語や修飾する名詞の性や数，未知・既知によって変化はしません.

・形容詞的用法（限定用法）

ledande politiker 指導的な政治家たち，**ett döende barn** 瀕死の子供

・副詞的用法（**komma + 現在分詞**　～しながらやってくる）

Han kom ridande på sin vita häst. 彼は自分の白い馬に乗ってやってきた.

・名詞的用法

人を表す場合（**EN 名詞**）：en resande 旅行者，en boende 住人

複数形語尾 – ∅，複数既知形語尾 –na（-are で終わる EN 名詞と同じパターン）

単数未知形	単数既知形	複数未知形	複数既知形	意味
en resande	**resanden**	**resande**	**resandena**	旅行者

モノを表す場合（**ETT 名詞**）：ett påstående 主張，ett meddelande メッセージ

複数形語尾 –n, 複数既知形語尾 –a（母音で終わる ETT 名詞と同じパターン）

ett påstående	**påståendet**	**påståenden**	**påståendena**	主張

注意　前置詞として語彙化した現在分詞もある：angående, beträffande ～に関して

❷ 不定代名詞（4）

「不特定の一般的な人」を指す不定代名詞に man があり，以下のように変化します.

主格	目的格	所有格	再帰代名詞目的格	再帰代名詞所有格
man	**en**	**ens**	**sig**	**sin/sitt/sina**

man は特定の出来事ではなく，一般的な出来事を描くのに使われます. 日本語では訳出しない方がよい場合が多くなります.

Får man cykla på trottoaren?　　　　　歩道で自転車に乗っても大丈夫ですか？

Våren gör en glad.　　　　　春は人を楽しくさせる.

Det är också en del av ens liv.　　　　それもまた人の人生の一部だ.

Man behöver inte bry sig om sin framtid.　人は自分の将来を気にする必要はない.

注意　名詞 en man（男・夫）と混同しないよう注意が必要（☞ Kapitel 30）.

☞ 解答例 193 ページへ

問題1 次の動詞の現在分詞を答えなさい.

1. **avgöra** 決定する　　2. **smyga** こそこそ歩く　　3. **pågå** 進行する　　4. **komma** 来る

問題2 次の名詞的用法の現在分詞の変化形を, 単数未知形・単数既知形・複数未知形・複数既知形の順に答えなさい.

1. **söka** 探す・求める → 志願者　　2. **le** 微笑む → 微笑み

問題3 日本語の意味になるようにカッコ内に適切な現在分詞を入れなさい.

1. DNA spelar en (　　　) roll.　　　　　　　DNA が決定的な役割を果たしている.

2. Det är en investering för (　　　) generationer.　　それは次世代に対する投資だ.

3. Han kom (　　　) som en tjuv.　　　　　　彼は泥棒のようにコソコソやってきた.

4. Jag berättade om mitt (　　　) projekt.　　　私は自分の進行中の事業について話した.

5. Alla (　　　) intervjuas.　　　　　　　　すべての志願者は面接を受けます.

6. Det lyckliga (　　　) försvann från hans ansikte.　彼の顔から幸せな笑みが消えた.

> **語句** spela en roll 役割を果たす. en investering 投資. en generation 世代. en tjuv 泥棒.
> ett projekt プロジェクト. intervjua インタビューする. lycklig 幸せな. ett ansikte 顔

問題4 次のカッコの内に不定代名詞 man の変化形を入れなさい.

1. (　　　) vet inte hur (　　　) liv kommer att se ut.

人には自分の人生がどうなるか分からない.

2. (　　　) lär (　　　) krypa innan (　　　) kan gå.　人は歩く前にハイハイを覚える.

> **語句** krypa 這う

問題5 次のカッコ内の動詞を現在分詞にしなさい. また日本語に訳しなさい.

Anna kom (1. vissla) till receptionen och frågade med (2. lysa) blick. "Har han lämnat något (3. meddela)? " "Nej, inga (4. meddela), tyvärr." svarade receptionisten i (5. ursäkta) ton. Anna gick (6. tiga) tillbaka till sitt rum.

> **語句** vissla 口笛を吹く. en reception 受付. lysa 輝く. en blick まなざし. lämna 預
> ける. meddela 知らせる. tyvärr 残念ながら. en receptionist 受付係. ursäkta sig 弁解
> する. tiga 黙る

問題6 次の日本語をスウェーデン語にしなさい.

1. 彼が走りながら私たちの方にやってきた. （〜の方に mot）

2. 人は法律と規則に従わなければならない. （従う följa, 法律 en lag）

3. 命を救うことは人の義務である. （命を救う rädda liv, 義務 en plikt）

63 形容詞（6） 比較級・最上級1

この課では形容詞の比較級・最上級について学んでいきます.

❶ 比較級・最上級の作り方1 － -are/-ast が付く場合 －

①大多数の形容詞で比較級は［基本形 + are］，最上級は［基本形 + ast］

原級（基本形）	比較級	最上級
dyr 高価な	dyr-are	dyr-ast
billig 安価な	billig-are	billig-ast

②強勢のない -el, -en, -er で終わる形容詞：語末の -e- を落として，-are, -ast 付加.

enkel 単純な	enkel-are	enkel-ast
mogen 熟れた	mogen-are	mogen-ast
vacker 美しい	vacker-are	vacker-ast

③強勢のある短母音 + m で終わる形容詞は，-m を重ねます.

dum 愚かな	dum<u>m</u>-are	dum<u>m</u>-ast

❷ 比較級の用法

比較の対象は än ....（～より）で表します. 比較級は主語や修飾する名詞の性や数, 未知・既知により変化することはなく, 同じ形が使われます.

・叙述用法（主語は EN 単数・ETT 単数・複数の順）

Den här mattan är dyrare än den där (mattan).　この絨毯はあれより高価だ.

Det här bordet är dyrare än det där (bordet).　このテーブルはあれより高価だ.

De här {mattorna/borden} är dyrare än de där (mattorna/borden).

これらの{絨毯／テーブル}はあれより高価だ.

・限定用法　（「より高価な絨毯」と「より高価なテーブル」の例）

	単数未知形	単数既知形	複数未知形	複数既知形
EN名詞	en dyrare matta	den dyrare mattan	dyrare mattor	de dyrare mattorna
ETT名詞	ett dyrare bord	det dyrare bordet	dyrare bord	de dyrare borden

比較級を修飾する語：allt（だんだん），ännu（さらに），mycket（はるかに）など.

Grönsaker blir {allt/ännu} dyrare.　野菜が{だんだん／さらに}高くなってきている.

注意　比較級を使った構文：ju 比較級 (SV ...), desto 比較級 (VS) ... ～すればするほど～だ.（前半が SV, 後半が VS となることに注意）

Ju dyrare bilen är desto dyrare blir försäkringen.　高い車ほど保険も高くなる.

問題1 次の形容詞の比較級と最上級を答えなさい.

1. lätt 簡単な・軽い　　**2. svår** 難しい　　**3. flexibel** 柔軟な　　**4. stel** 固い

5. mager 痩せこけた　　**6. fet** 太った　　**7. långsam** ゆっくりした　　**8. snabb** 速い

問題2 次の日本語を比較級を使ってスウェーデン語にしなさい.

1. ロシア語はスウェーデン語より難しい.

2. Chrome は Firefox よりも速い.

3. 彼は以前よりもさらに痩せこけている.（以前 tidigare）

4. 彼女の微笑みがだんだんとかたくなった.

問題3 次の日本語を比較級を使ってスウェーデン語にしなさい.

1. より簡単な言語（単数未知形で）

2. より柔軟な労働時間（複数未知形で，労働時間 en arbetstid）

3. そのより脂ののった魚（単数既知形で，脂ののった fet）

4. それらのより遅い列車

問題4 カッコ内の語を意味が通るように並べ替えなさい. また, 日本語に訳しなさい.

A: Vad tycker du om den här bilen?

B: Kostar den 499 000 kr? Den var ju dyr! Hur är det med andra, billigare modeller?

A: Men ① (andra / den här / miljövänligare / modellen / nyare / än / är)! Jag vill köpa en bensinsnålare bil.

B: Jag vet att du alltid säger att du vill bli klimatsmartare. Men ② (att köpa en bil / att åka kollektivt / det / inte / mot miljön / snällare / än / är)?

> **語句** en modell　モデル. miljövänlig　環境に優しい. bensinsnål　燃費のよい.
> klimatsmart　気候変動に賢い選択をする. åka kollektivt　公共交通機関を使う. snäll　優しい

問題5 次の日本語をスウェーデン語にしなさい.

1. 気候は変化し, 世界はだんだん暑くなってきている.

（気候 ett klimat, 変化する förändras, 世界 en värld）

2. 電車に乗るのは飛行機に乗るのより環境に優しい.

3. 商品は環境に優しいほど高くなる.（商品 en produkt）

64 形容詞（7）比較級・最上級 2

❶ 比較級・最上級の作り方 2 － -re/-st が付く場合 －

以下の形容詞は，①比較級は［基本形 + re］，最上級は［基本形 + st］のように作ります．さらに，②語幹の母音が変わります．

① o/ö → ö　（hög は語幹母音は変化しない）

原級		比較級	最上級
stor	大きな	**stör-re**（短母音化）	**stör-st**（短母音化）
hög	（高さが）高い	**hög-re**	**hög-st**（短母音化, -g- は [k] で発音）

② u → y

ung	若い	**yng-re**	**yng-st**
tung	重い	**tyng-re**	**tyng-st**

③ å → ä

låg	低い	**läg-re**	**läg-st**〔-g- は [k] で発音〕
lång	長い，背が高い	**läng-re**	**läng-st**

注意 他に trång（狭い）－ trängre － trängst／få（少ない）－ färre － ×

❷ 最上級の用法 1 －限定用法－

最上級の限定用法は既知形の名詞と用いられるのが一般的です．最上級には**既知形（-a 形）**があり，-a を付加しますが，語尾が -are/-ast の場合，-e を付加します．これは語尾における a...a という母音の連続を避けるためです．

	語尾 -are/-ast: -e を付加		語尾 -re/-st: -a を付加	
	単数既知形	複数既知形	単数既知形	複数既知形
EN名詞	**den finast-e ön**	**de finast-e öarna**	**den störst-a ön**	**de störst-a öarna**
ETT名詞	**det finast-e havet**	**de finast-e haven**	**det störst-a havet**	**de störst-a haven**

（「最も素敵な｜島／海｜」と「最も大きな｜島／海｜」の例）

所有格で修飾する際には，［所有格 + 最上級既知形 + 名詞未知形］となります．また，前置詞句を使って書き換えることもできます．

Sveriges längsta bro = den längsta bron i Sverige　　スウェーデンで一番長い橋

världens högsta berg = det högsta berget i världen　　世界で一番高い山

注意 2 番目は［näst + 最上級］，3 番目以降は［序数詞 + 最上級］で表現

　　Sveriges näst längsta bro　　　　　　　　スウェーデンで 2 番目に長い橋

　　det tredje högsta berget i världen　　　世界で 3 番目に高い山

☞ 解答例 193 ページへ

問題1 次の日本語を最上級を使ってスウェーデン語にしなさい.

1. 最も重い責任（責任 ett ansvar）

2. 最も深い雪（雪〔en〕snö）

3. 最も高いレベル（レベル en nivå）

4. 最も重要な決定（決定 ett beslut）

5. 最も低い価格（価格 ett pris）

6. 私たちの一番下の娘

7. 私の最大の関心（関心 ett intresse）

8. 彼の最も短い回答

問題2 次の日本語を最上級を使って 2 通りのスウェーデン語にしなさい.

1. スウェーデン最大の企業（企業 ett företag）

2. ノルウェーで最も人気の旅行先（旅行先 ett resmål）

3. 日本で一番長い川（川 en flod）

4. そのチームで最も若いプレーヤー（チーム ett lag, プレーヤー en spelare）

5. スウェーデンで 2 番目に深い湖（湖 en sjö）

6. 世界で 6 番目に高い建物（建物 en byggnad）

問題3 次の文を日本語に訳しなさい.

Vänern är Sveriges största insjö och den tredje största i Europa. Den ligger i västra Sverige och omges av landskapen Dalsland, Värmland och Västergötland. Norrifrån till Värnen flyter Klarälven, som räknas som Sveriges längsta flod tillsammans med Göta älv som flyter från Vänern söderut till havet.

> **語句** Vänern ヴェーネン湖, en insjö 湖, Europa ヨーロッパ（地名）, västra 西の, omge 囲んでいる, Dalsland ダールスランド, Värmland ヴァルムランド, Västergötland ヴェステルユートランド, norrifrån 北から, flyta 流れる, Klarälven クラール川, räkna 数える, Göta älv ユータ川, söderut 南へ

問題4 次の日本語をスウェーデン語にしなさい.

1. マルメはスウェーデンで 3 番目の都市です.（マルメ Malmö）

2. スウェーデン史上最も背の高い男性は Gustaf Edman という名前で, 242 cm でした.（史上 genom tiderna）

3. ケブネカイセはスウェーデンで最も高い山で, 最高点は海抜 2111 メートルです.（ケブネカイセ Kebnekaise, 海抜 över havet, 最高点は hög と en topp を使って）

❶ 比較級・最上級の作り方 3 −補充形−

英語の good, better, best のように原級と比較級・最上級でまったく違う語が使われる場合，その語形を補充形と呼びます．以下の形容詞では補充形が使われます．

原級		比較級	最上級	注意
god, bra よい		**bättre**	**bäst**	god が「美味しい」の意の時は godare-godast
dålig	悪い	**värre**	**värst**	悪いものが悪化する場合
		sämre	**sämst**	よいものが悪化する場合
gammal	古い/年をとった	**äldre**	**äldst**	最上級 -d- 発音しない
liten	小さい	**mindre**	**minst**	最上級では -d- はない．×mindst
mycket	多量の	**mer/mera**	**mest**	品詞としては代名詞
många	多数の	**fler/flera**	**flest**	品詞としては代名詞

> **注意** 最上級既知形は -a を付加：bästa, värsta, sämsta, äldsta, minsta, mesta, flesta

❷ 最上級の用法 2 −叙述用法−

叙述用法は ［**X är 最上級 ...**］の形式です．主語の性や数により変化はしません．

{Kyrkan/Huset/Kyrkorna/Husen} är äldst av alla.

{その教会／その家／それらの教会／それらの家} はすべての中で最も古い．

比較の対象：**av ...**（［同種の対象物］の中で），**i ...**（［ある範囲］の中で）

Han är längst av alla eleverna. 　　　彼はすべての生徒の中で最も背が高い．

Han är längst i klassen. 　　　　　　彼はクラスで一番背が高い．

　一見すると叙述的用法に見える ［X är {den/det/de} 最上級既知形 ...］という形式がありますが，以下からも分かるように補語部分の名詞が省略された限定用法の一種です．

　　Han är den längsta i klassen. ← **Han är den längsta (eleven) i klassen.**

最上級を修飾する語：allra　　すべての中で

　　den allra yngsta gruppen　　　　すべての中で最も若いグループ

❸ 同等比較

［**lika ... som ...**］「〜と同じくらいの〜」

Vinet är lika gammalt som jag.　　　　そのワインは私が生まれた年に作られた．

［**inte så ... som ...**］「〜ほど〜ではない」

Han är inte så gammal som han ser ut.　　　彼は見かけほど年ではない．

☞ 解答例 194 ページへ

問題1 次の文を 2 通りのスウェーデン語にしなさい.

1. 彼女は 4 人兄弟姉妹の中で一番上だ.

2. お父さんとお母さんは世界で一番だ.

3. 1 月と 2 月が最も寒い.

4. 彼らの中で最も危険なのは誰？（危険な farlig）

問題2 表を参考にカッコ内に適切な形容詞の最上級あるいは比較級を入れなさい. また, 日本語にしなさい.

1. Uppsala universitet grundades 1477 av ärkebiskop Jakob Ulfsson och är det allra
(　　) lärosätet i Norden.

2. Lunds universitet är Sveriges näst (　　) universitet. Antalet studenter är de
(　　) av tre men intäkterna uppgår till cirka 8,9 miljarder kronor, vilket är
nästan 1,6 miljarder kronor (　　) än intäkterna på Uppsala universitet.

3. Stockholms universitet grundades som Stockholms högskola 1878. SU är
Sveriges (　　) universitet i antalet studenter.

	創立年	登録学生数 (19 年秋学期)	総収入 (19 年度, 単位は千クローナ)
Uppsala universitet	1477	32 051	7 300 079
Lunds universitet	1666	29 829	8 894 645
Stockholms universitet	1878	34 171	5 330 015

上記の表の学生数と総収入は Universitetskanslersämbetet (UKÄ) のサイトをもとに作成.

語句 Uppsala universitet ウップサーラ大学. grunda 創立する. en ärkebiskop 大司教.
ett lärosäte 高等教育機関. Lunds universitet ルンド大学. ett antal 数. antalet ... 〜の数.
en intäkt 総収入. uppgå 達する. en miljard 10 億. vilket 関係代名詞 ☞ Kapitel 76.
Stockholms universitet ストックホルム大学. en högskola 単科大学. SU ストックホルム
大学の略

問題3 次の日本語をスウェーデン語にしなさい.

1. Öland はスウェーデンで 2 番目に大きな島で, 最も小さなランドスカープだ.

2. ヨーテボリの住宅不足はスウェーデンの中で最悪だ.（住宅不足（en）bostadsbrist）

3. その患者の健康状態は悪くなった.（患者 en patient, 健康状態 [ett] hälsotillstånd）

4. バルト海のニシン（strömming）はニシン（sill）より小さい.

5. その女性は私とほぼ同年齢だ.

6. 僕は君が思うほど愚かではない.

Kapitel 66

形容詞（9）比較級・最上級 4

　-(i)sk で終わる形容詞，過去分詞，現在分詞を比較変化させる際には，比較級は［mer（mera）基本形］，最上級は「mest 基本形」で作ります．形容詞部分は通常の形容詞と同様に，性・数・未知既知により変化します．

原級（-t 形，-a 形）	比較級（-t 形，-a 形）	最上級（-t 形，-a 形）
kritisk (kritiskt, kritiska) 批判的な	mer/mera kritisk (kritiskt, kritiska)	mest kritisk (kritiskt, kritiska)
såld (sålt, sålda) 売れた	mer/mera såld (sålt, sålda)	mest såld (sålt, sålda)
levande (—, —) 生き生きした	mer/mera levande (—, —)	mest levande (—, —)

注意　現在分詞はもともと無変化なので，比較級・最上級でも無変化

　それぞれ，比較級・最上級の叙述用法と限定用法を変化形に注意してみていこう．

・叙述用法・比較級（主語は EN 単数・ETT 単数・複数の順）

Mannen är mer (mera) kritisk än hon.	その男性は彼女より批判的だ．
Vittnet är mer (mera) kritiskt än hon.	その目撃者は彼女より批判的だ．
De är mer (mera) kritiska än hon.	彼らは彼女より批判的だ．

・叙述用法・最上級（主語は EN 単数・ETT 単数・複数の順）

Boken var mest såld av alla.	その本はすべての中で最も売れた．
Vapnet var mest sålt av alla.	その武器はすべての中で最も売れた．
De var mest sålda av alla.	それらはすべての中で最も売れた．

・限定用法・比較級　（「より売れた本」と「より売れた武器」の例）

	単数未知形	単数既知形	複数未知形	複数既知形
EN 名詞	en mer såld bok	den mer sålda boken	mer sålda böcker	de mer sålda böckerna
ETT 名詞	ett mer sålt vapen	det mer sålda vapnet	mer sålda vapen	de mer sålda vapnen

・限定用法・最上級　（「最も売れた本」と「最も売れた武器」の例）

EN 名詞：単数既知形	複数既知形	ETT 名詞：単数既知形	複数既知形
den mest sålda boken	de mest sålda böckerna	det mest sålda vapnet	de mest sålda vapnen

問題1 各文の最初にある形容詞を適切な比較級・最上級の変化形にして，カッコの中に入れなさい．また日本語に訳しなさい．

1. spännande / Berlin är den ( ) staden i Europa.

2. optimistisk / Vi är ( ) än Greta Thunberg.

3. jämställd / Jag tror att Sverige är världens ( ) land.

4. älskad / Astrid Lindgren är en av Sveriges ( ) författare.

5. beroende / Hon blev allt ( ) av sin dotter.

6. dramatisk / Den tredje akten var ( ) av alla.

7. intresserad / Vilka nyheter är du ( ) av?

> **語句** Berlin ベルリン（地名），spännande ワクワクする，optimistisk 楽観的な，Greta Thunberg グレータ・トゥーンバリ（人名），jämställd 平等な，en författare 作家，beroende 依存する，dramatisk 劇的な・ドラマチックな，en akt 幕

問題2 次のカッコ内の形容詞を適切な比較級あるいは最上級にしなさい．また日本語に訳しなさい．

Vasaloppet är världens (1. gammal) och (2. stor) långlopp på skidor. Tävlingen äger rum den första söndagen i mars och sträckan är 90 kilometer från Sälen till Mora, vilket gör tävlingen till världens (3. lång) skidlopp. Den startade 1922, men är mycket (4. gammal) än så. Bakgrunden till tävlingen kommer från en historia om Gustav Eriksson, (5. känd) under namnet Gustav Vasa. Vasaloppet går längs den sträcka där han flydde från danske kungens soldater. Idag arrangeras flera olika typer av längdskidåkning, vilket gör Vasaloppet (6. lockande) än tidigare!

> **語句** Vasaloppet ヴァーサロッペト，ett långlopp 長距離レース，en tävling 競技会，äga rum 行われる，en sträcka 距離，vilket 関係代名詞☞ Kapitel 76，ett skidlopp スキーレース，en bakgrund 背景，känd 知られた（känna の過去分詞），längs 〜に沿って，arrangera 用意する・準備する，ett längdskidlopp クロスカントリーレース，lockande 魅力的な（locka の現在分詞）

問題3 次の日本語をスウェーデン語にしなさい．

1. Volvo V70 はスウェーデンで最も売れた車です．

2. そのリストは私たちが期待していたよりも包括的だ．
   （期待する förvänta sig，包括的な omfattande）

3. 彼らはその国をもっと民主的にしたかった．（民主的な demokratisk）

4. 私はプレゼントにもっと実用的なものを彼女にあげるつもりだ．
   （プレゼントに i present，実用的な praktisk）

副詞（2）比較級・最上級 5

❶ 比較級・最上級の作り方

副詞も形容詞と同様に前課で見た，①〜④の比較変化のタイプがあります．

① -are/-ast タイプ

原級（基本形）	比較級	最上級
långsamt ゆっくりと	långsamm-are	långsamm-ast

注意 原級の副詞を作る -t は比較級・最上級では消える．

Jag springer långsammare än jag skulle vilja.　私は自分が求めているよりも走るのが遅い．

② -re/-st タイプ（långt「（空間）遠くへ」，länge「（時間）長い間」）

långt/länge	läng-re	läng-st

I Sverige lever vi längre än i andra länder.　スウェーデンは他国より長寿だ．

Han kan inte simma längre än 50 meter.　彼は 50 メートル以上泳げない．

③補充形

bra, väl	よく	bättre		bäst	
illa	悪く	värre/ sämre		värst/sämst	
gärna	喜んで	hellre	むしろ〜したい	helst	できれば
mycket	多く	mer/mera		mest	

Jag blir hellre sist än sjua!　7 番になるくらいならむしろビリになる．

Jag ville helst flytta hemifrån.　私はできれば家から引っ越したかった．

④ mer/mest タイプ

intresserat 興味深く	mer intresserat	mest intresserat

Hon lyssnar mer intresserat än tidigare.　彼女は以前よりも興味を持って聞く．

❷ 比較級・最上級のまとめ

最後に，比較級・最上級についてまとめます．

① 下の②〜④以外の形容詞：比較級［基本形＋ are］，最上級［基本形＋ ast］

② 語幹母音の変化する形容詞：比較級［基本形＋ re］，最上級［基本形＋ st］

③ 補充形を取る形容詞：語尾は比較級は -re，最上級は -st

④ -(i)sk で終わる形容詞，過去分詞，現在分詞：

比較級［mer/mera 基本形］，最上級［mest 基本形］

問題1　日本語の意味になるようにカッコ内に適切な副詞の比較級あるいは最上級を入れなさい.

1. Jag vill (　　　　) inte gå hem.　　　　私はできれば家に帰りたくない.

2. Smittan sprids (　　　　) i Skåne.　　　感染のスピードはスコーネでより遅かった.

3. Vilket djur hoppar (　　　　)?　　　　最も遠くに飛べる動物は何ですか?

4. Jag vill veta (　　　　) om honom.　　　私は彼についてもっと知りたい.

5. Äldre personer drabbas (　　　　).　　　高齢者が最悪の被害を受けます.

6. Du behöver äta (　　　　).　　　　　あなたは食べる量を減らす必要がある.

7. Vi spelade (　　　　) än tidigare.　　　以前より集中してプレーした.

> **語句** (en) smitta　感染. sprida　拡げる. hoppa　跳ぶ. drabbas　被害を受ける.
> koncentrerat　集中して

問題2　次のスウェーデン語を日本語に訳しなさい.

Midsommar är en helgdag i juni, nära sommarsolståndet, när solen skiner längst under året. Midsommar firas oftast tillsammans med familj och vänner, helst utomhus och helst på landet. Den festligaste dagen är midsommarafton som alltid är fredag. Då reser man upp en majstång, som är klädd med löv och blommor, och bildar ringar och dansar kring stången, medan man sjunger visor som "Små grodorna".

> **語句** en helgdag　祝日. (ett) sommarsolstånd　夏至. utomhus　野外で. på landet　田
> 舎で. festlig　祭日でにぎやかな. en midsommarafton　夏至祭前日. resa　立てる. en
> majstång　メイポール. bilda　形作る. en ring　円. en stång　ポール. en visa　歌. Små
> grodorna　小さなカエル（夏至祭に歌われる歌）

問題3　次の日本語をスウェーデン語にしなさい.

1. 私は新しいのを買うよりむしろ自分の携帯を修理したい.

2. 私は週末は(いつもより)長く寝ていたい.（週末は　på helgen）

3. 私はダーラナホースについてもっと知りたい.

　（ダーラナホース　en dalahäst［本書カバーイラストを参照]）

68 前置詞（2）

❶ 前置詞とは

前置詞は名詞句を目的語として取り，それと他との関係を示す品詞です．例えば böcker i hyllan では，前置詞 i は目的語である hyllan「棚」と böcker「本」の関係を規定しています．前置詞は通常強勢が置かれません．前置詞には，単純語（i「〜の中に」）・複合語（utanför「〜の外に」）・群前置詞（tack vare「〜のおかげで」）があります．

前置詞は名詞句，不定詞句，従属節を目的語として取ることができます．

Jag är säker på seger.	私は勝利を確信しています．
Jag är säker på att vinna tävlingen.	私は競技に勝つことを確信しています．
Jag är säker på att jag kommer att vinna.	私は自分が勝つことを確信しています．

前置詞は代名詞・名詞の目的格を取ります．

Jag ringde till {henne/Anna} igår.	昨日｛彼女／アンナ｝に電話しました．

注意 前置詞 till にはイディオムとして，所有格を取るものがある．

sitta till bords 食卓につく，**gå till fots** 徒歩で行く，**gå till sängs** 寝る，など

❷ 場所を表す前置詞 1

まず覚えたい場所を表す前置詞です．i と på については ☞ Kapitel 47 を参照．

till（〜へ）：**De ska åka till Gotland.**　彼らはゴットランド島に行きます．

från（〜から）：**Jag ska flytta från Lund.**　私はルンドから引っ越します．

ur（〜の中から）：**Han gick ut ur rummet.**　彼は部屋から出てきた．

över（〜の上に）：**Tavlan hängde över hyllan.**　棚の上に絵が掛かっていた．

under（〜の下に）：**Katten sitter under bordet.**　猫がテーブルの下に座っている．

framför（〜の前に）：**Han väntade framför dörren.**　彼はドアの前で待っていた．

bakom（〜の後ろに）：**Jag stod bakom dörren.**　私はドアの後ろで立っていた．

till höger/vänster om（〜の右／左に［ある］）：

Apoteket ligger till {höger/vänster} om bion.　薬局は映画館の｛右／左｝にある．

åt（〜の方向に）：**Sväng åt höger!**　右に曲がってください．

mot（〜に向かって）：**Han sprang mot havet.**　彼は海に向かって走った．

mittemot（〜の真向かいに）：**Systembolaget ligger mittemot varuhuset.**

システームボラーゲット（国営酒店）はデパートの真向かいにある．

längs（〜に沿って）：**Jag promenerade längs stranden.**　私は岸沿いを散歩した．

☞ 解答例 195 ページへ

問題1 日本語の意味になるようにカッコ内に適切な前置詞を入れなさい.

1. Parkeringsplatser finns (　　) hotellet. 　　駐車場はホテルの裏にある.

2. Parkera (　　) grinden. 　　　　庭木戸の前に駐車してください.

3. T-centralen ligger snett (　　) Cityterminalen, två våningar ned.

　地下鉄中央駅はシティーターミナルの斜め下，2 階下にあります.

4. Varuhuset ligger (　　) utgång nr 3. 　　デパートは 3 番出口の真向かいにある.

5. Sväng (　　) vänster framme vid huset. 　　その建物の手前を左に曲がってください.

6. Hon gick ut (　　) garaget. 　　　彼女は車庫から出てきた.

7. Vad är det som ligger (　　) vänster (　　) vägen. 　道の左にあるのは何ですか？

8. Följ E20 (　　) Göteborg. 　E20 に沿ってヨーテボリに向けて走ってください.

9. E20 går (　　) Öresundsbron (　　) Stockholm via Göteborg.

　E20 はウーレスンド橋からヨーテボリを経由しストックホルムまで走っている.

> **語句** en parkeringsplats 駐車場. parkera 駐車する. en grind 庭木戸. T-centralen ストックホルム地下鉄中央駅. snett 斜めに. Cityterminalen ストックホルムの中央バスターミナル. ett varuhus デパート. en utgång 入口. nr 数字・番号(nummer)の略. svänga 曲がる. ett garage 車庫. E20 ヨーロッパ国道 E20. Öresundsbron ウーレスンド橋. via 〜を経由して・〜を通って

問題2 次の会話を日本語に訳しなさい

A: Ursäkta, var ligger Kungliga slottet?

B: Gå rakt fram längs Hamngatan och sväng åt höger. Fortsätt genom Kungsträdgården, gå sedan över bron. Kungliga slottet ligger där.

A: Tack så mycket!

B: Missa inte vaktavlösningen! Den börjar kl tolv.

> **語句** ursäkta すみません. Kungliga slottet ストックホルム王宮. rakt まっすぐ. Hamngatan ハムンガータン(通りの名前). missa 逃す. en vaktavlösning 近衛兵の交代式

問題3 次の日本語をスウェーデン語にしなさい.

1. 彼女は彼の真向かいに座った.

2. 彼は歩道に沿って歩き続けた. （歩道 en trottoar）

3. 彼女はマルメに向かう列車に乗った. （[列車などに]乗車する stiga på）

4. 彼女の右隣に立ってください. （立つ, 並ぶ ställa sig）

149

69 前置詞（3）

❶ 場所を表す前置詞 2

utanför （〜の外に）：**Hon väntade utanför kyrkan.**   彼女は教会の外で待った.

innanför （〜の内側に）：**Jag stod innanför dörren.**   私は扉の内側に立っていた.

genom （〜を通って）：**Han sprang genom skogen.**   彼は森を走って通り抜けた.

runt /kring/omkring （〜の周りに）：**Dansa runt elden!**   焚火の周りで踊って.

hos （〜の家[ところ]に）：**Han är hemma hos Anna.**   彼はアンナの家にいる.

vid （〜の付近[あたり]に）：**Jag satt vid bordet.**   私はテーブルについていた.

mellan （[2者]の間に）：**Bron går mellan två länder.**   橋は 2 か国間を走っている.

bland （[2者以上]の間に）：**Vägen går bland husen.**   道は家々の間を走っている.

bredvid （〜のそばに）：**De sitter bredvid varandra.**   彼らは寄り添って座っている.

❷ 時を表す前置詞

från （〜から）, till （〜まで）：

   Vi arbetar från klockan 9 till klockan 17.   私たちは 9 時から 17 時まで働きます.

注意 その日時が含まれることを正確に示すために, från och med （fr.o.m. と略）, と till och med （t.o.m.） が使われることがある.

     Kontoret är stängt fr.o.m. 23 dec t.o.m. 6 jan. 事務所は12月23日から1月6日まで休み.

för ... sedan （〜前に）：

   Jag träffade henne för en vecka sedan.   1 週間前に彼女に会いました.

om （[発話時点から]〜後）, efter （[過去・未来のある時点から]〜後）：

   Bussen kommer om fem minuter.   バスは（今から）5 分後に来ます.

   Bussen kom efter fem minuter.   バスは（その）5 分後に来ました.

sedan （〜以来）：**Han har bott här sedan 2005.**   彼は 2005 年からここに住んでいる.

under （〜の間）：**Jag var där under sommaren.**   夏の間中そこにいました.

före （〜の前に）, efter （〜の後に）：

   Ska vi fika före eller efter mötet?   お茶をするのは会合の前それとも後？

mellan （〜の間）：**Vi har öppet mellan 9 och 16.**   9 時から 16 時の間開店してます.

vid （〜の頃）, vid ...tiden （〜時頃）：

   Hon brukar lägga sig vid midnatt och vakna vid sjutiden.

   彼女は午前零時ごろに寝て 7 時頃に起きます.

問題1 日本語の意味になるようにカッコ内に適切な前置詞を入れなさい.

1. Kyrkogården ligger (　　　) kyrkan.　　その墓地は教会の周りにある.

2. Ska vi träffas (　　　) bion?　　　　映画館の外で待ち合わせる?

3. Sundet (　　　) Helsingborg och Helsingör är endast 3,5 km brett.

　　ヘルシンボリとヘルシングーア間の海峡はたった 3.5 キロだ

4. Dämpade röster hördes (　　　) porten.　　ひそひそとした声が扉の内側から聞こえた.

5. Hennes röst ekade (　　　) träden.　　彼女の声が木々の間に響いた.

> **語句** en kyrkogård 墓地. ett sund 海峡. bred 広い. Helsingborg ヘルシンボリ (スウェーデンの地名). Helsingör ヘルシングーア (デンマークの地名). dämpa 和らげる・(声などを) ひそめる. en port 建物の扉. eka 響く. ett träd 木

問題2 日本語の意味になるようにカッコ内に適切な前置詞を入れなさい.

1. Göteborgs filmfestival kommer att äga rum (　　　) och (　　　) den 28 jan (　　　) och (　　　) den 8 feb.　　ヨーテボリ映画祭は 1 月 28 日から 2 月 8 日まで開催される.

2. Jag är anställd vid IKEA (　　　) två år tillbaka.　　2 年前からイケアに勤めている.

3. Vi ses (　　　) tvåtiden.　　2 時ごろ会いましょう.

4. Jag skickade det (　　　) två timmar sedan.　　2 時間前に送りました.

> **語句** en filmfestival 映画祭. äga rum 開催される. vara anställd 雇われている

問題3 次のスウェーデン語を日本語に訳しなさい.

På kvällen den 28 februari 1986 lämnade statsminister Olof Palme biografen Grand på Sveavägen. Han var tillsammans med sin fru Lisbeth och paret promenerade söderut på Sveavägen. Klockan 23:21, i korsningen mellan Sveavägen och Tunnelgatan, sköts han från kort avstånd. Palme avled omedelbart medan Lisbeth klarade sig med lindriga skador. Olof Palme är en av Sveriges mest berömda politiker genom tiderna.

> **語句** Olof Palme オーロフ・パルメ (人名). en biograf 映画(館). Grand グランド (映画館の名前). Sveavägen スヴェーアヴェーゲン (通りの名). Lisbeth リースベト (女性名). en korsning 十字路. Tunnelgatan トゥンネルガータン (通りの名). (ett) avstånd 距離. avlida 死亡する. omedelbart その場で. lindrig 軽度の. en skada 傷・怪我. en politiker 政治家

問題4 次の日本語をスウェーデン語にしなさい.

1. 34 年前にオーロフ・パルメは殺された.　(殺す mörda)

2. その容疑者は何年も前に亡くなっている.　(容疑者 en gärningsman)

❶ 副詞とは

動詞・形容詞・他の副詞，さらには文を修飾する品詞のことを指します．以下では，二重下線が副詞，波線が修飾される対象です．

Han springer långsamt.	彼はゆっくりと走っている．（動詞を修飾）
Han är väldigt trött.	彼はとても疲れている．（形容詞を修飾）
Han springer mycket långsamt.	彼はとてもゆっくり走っている．（副詞を修飾）
Han är nog trött.	彼はきっと疲れているのだと思う．（文修飾）

> 注意　これまで扱ってきた副詞も参照のこと．頻度副詞☞ Kapitel 3，疑問副詞☞ Kapitel 12，3 系列の場所副詞☞ Kapitel 26，関係副詞☞ Kapitel 56

❷ 副詞の形態

形容詞から副詞を作ることもできます．代表的なパターンは以下の通りです．

形容詞・過去分詞の t 形：vacker（美しい）→ vackert（美しく），tydlig（明らかな）→ tydligt（明らかに），bestämd（決心した）→ bestämt（決心して）

-lig で終わる形容詞 + -en：möjlig（可能な）→ möjligen（おそらく），tydlig（明らかな）→ tydligen（明らかに），trolig（ありそうな）→ troligen（おそらく）

形容詞の -t 形 + -vis：möjlig（可能な）→ möjligtvis（おそらく），naturlig（自然の・当然の）→ naturligtvis（当然），vanlig（普通の）→ vanligtvis（普通は）

> 注意　–en と -vis で終わる副詞は文修飾副詞（☞補遺 173 ページ）である．

❸ 程度副詞

程度副詞とは hur mycket（どのくらい）や i vilken grad（どの程度）の答えとなる副詞で，mycket（とても），lite（少し），helt（完全に），ganska（そこそこ）などがあります．また，形容詞の -t 形にも väldigt（とても），hemskt（ひどく，とても），otroligt（信じられないほど）のような程度副詞があります．

Hon är {lite/ganska/väldigt} trött.　彼女は{少し／そこそこ／とても}疲れている．

また，数詞を修飾する程度副詞もあります．ungefär, cirka, omkring, runt（およそ），drygt（〜余り，〜強），nästan（ほぼ），knappt（〜弱，未満）

Hon arbetade på IKEA i {ungefär/drygt/nästan/knappt} tre år.

彼女はイケアで{約 3 年／ 3 年余り／ほぼ 3 年／ 3 年弱}働いた．

問題1 日本語の意味になるようにカッコ内に適切な副詞を入れなさい.

1. Bussen var (　　　) tom när jag klev på.　　乗車した時バスはほぼ空だった.

2. Det är (　　　) svårt att förklara.　　少し説明するのが難しい.

3. Jag läser (　　　) fem böcker i månaden.　　月約 5 冊本を読みます.

4. Hon blev (　　　) pigg.　　彼女は信じられないほど元気になった.

5. Arbetslösheten sjunker till (　　　) 7%.　　失業率は 7% 未満に落ちる.

6. Vi lever i (　　　) olika världar.　　我々は完全に異なる世界に生きている.

7. Det var (　　　) trångt på bussen.　　バスはとても混んでいた.

8. Han väger (　　　) 70 kilo.　　彼の体重は 70 キロ強ある.

9. Han var (　　　) rädd.　　彼はひどく怖がっていた.

10. Han hade (　　　) långt hår på den tiden.　　彼は当時そこそこ髪が長かった.

> **語句** kliva på 乗車する. förklara 説明する. (en) arbetslöshet 失業率. trång 狭い.
> rädd 怖い

問題2 次のスウェーデン語を副詞に注意して日本語に訳しなさい.

1. Hon sade det tydligen högt och tydligt.

2. Lyckligtvis verkar hon åtminstone lyckligt gift.

> **語句** lyckligtvis 幸せなことに. lyckligt 幸せに. verka 〜のようだ. åtminstone 少な
> くとも

問題3 2019 年のスウェーデンの発電量を参考にカッコ内に入る副詞を下線部から
選びなさい. また, 日本語にしなさい. (Energimyndigheten の統計をもとに作成)

kärnkraft	vattenkraft	vindkraft	värmekraft	solkraft
39%	39%	12%	10%	—

(1.　) 80 procent av elen som produceras i Sverige kommer från vattenkraft och
kärnkraft. Den förnybara energin har ökat kraftigt under de senaste åren och når
(2.　) 50 procent. Den största av dem kommer från vattenkraft och cirka 40 procent.
Solkraft står däremot bara för (3.　) 1 procent och ingår inte i statistiken.

ungefär, nästan, knappt

> **語句** (en) kärnkraft 原子力. (en) vattenkraft 水力発電. (en) vindkraft 風力. (en)
> värmekraft 火力. (en) solkraft 太陽光. (en) el 電気. producera 生産する. förnybar
> 再生可能な. (en) energi エネルギー. kraftigt 急激に. senast 最近の. stå för ... 〜を
> 担う. ingå 含まれる

71 副詞（4）接続副詞

　文をつなぐ手段に接続詞がありますが，副詞にも同様の機能を示すものがあり，接続副詞と呼ばれます．接続副詞は，inte などと同じ位置に現れますが，それ以外の位置（文頭や文末）にも現れます（☞補遺 173 ページ）．

追加：också（〜もまた），även（〜さえも），dessutom（加えて），inte heller（〜もない）

Han spelar piano och gitarr.　　彼はピアノとギターを弾く．

→ **Han spelar piano. Han spelar {också/även/dessutom} gitarr.**

彼ははピアノを弾く．彼はギターも（さえも，加えて）弾く．

説明：nämligen（すなわち，つまり，というのは［文頭・文末には置かれない］）

Utflykten blev inställd eftersom det hade regnat på morgonen.

朝雨が降ったので，遠足は中止になった．

→ **Utflykten blev inställd. Det hade nämligen regnat på morgonen.**

遠足は中止になった．というのは朝，雨が降ったのです．

帰結・理由：alltså, följaktligen, således（従って，それゆえ），därför（なぜなら）

Hon är sjuk så hon kan inte arbeta längre.　　彼女は病気でこれ以上働けない．

→ **Hon är sjuk. Hon kan {alltså/följaktligen/således} inte arbeta längre.**

彼女は病気です．それゆえこれ以上働けません．

逆説：硬い文体で　emellertid（しかしながら），dock（それにもかかわらず）

口語でも　ändå（それでも），i alla fall（とにかく，いずれにせよ［しばしば文末で］）

Han är rik men han är snål.　　彼は金持ちだが，彼はケチだ．

→ **Han är rik. Han är {emellertid/dock} snål.**　　… 彼はしかしながらケチだ．

→ **Han är rik men han är ändå snål.**　　　　　　… だがしかし彼はそれでもケチだ．

対比：däremot（一方で，代わりに），tvärtom（［思っていたのとは］逆に）

Han är ledsen medan hon är glad.　　　　　　彼が悲しそうな一方で彼女は嬉しそうだ．

→ **Han är ledsen. Hon är däremot glad.**　　… 一方で彼女は嬉しそうだ．

Många trodde att hon skulle bli ledsen, men hon blev tvärtom glad.

多くが彼女は悲しむと思ったが，逆に嬉しそうだった．

訂正：egentligen（実は），i själva verket（実際のところ）

Han säger att han är sjuk fast han är frisk.　　彼は病気だと言っているが元気だ．

→ **Han säger att han är sjuk fast han {egentligen/i själva verket} är frisk.**

彼は病気だと言っているが｛実は／実際のところ｝は元気だ．

問題1 カッコ内に入る適切な接続副詞を選びなさい. また日本語に訳しなさい.

1. Han promenerade hem. Han hade (　　) ingen bil.

　　a. nämligen　　　b. även　　　　c. alltså　　　　　　d. tvärtom

2. Hon blev opererad i höstas men blev (　　) inte bättre.

　　a. dessutom　　　b. nämligen　　c. egentligen　　　d. ändå

3. Hembakat bröd är inte bara godare. Det är (　　) mycket billigare.

　　a. heller　　　　b. därför　　　c. dessutom　　　　d. dock

4. Jag gäspade men var (　　) inte trött.

　　a. egentligen　　b. således　　　c. heller　　　　　d. i alla fall

5. Arbetslösheten bland ungdomar ligger nu på cirka 20 procent. Man kan (　　)
säga att en femtedel av ungdomarna inte har något jobb.

　　a. även　　　　　b. dock　　　　c. tvärtom　　　　d. alltså

6. De satt och teg i hörnet men jag kunde (　　) aldrig hålla tyst.

　　a. däremot　　　b. också　　　c. egentligen　　　d. i själva verket

> **語句** hembakad 家で焼いた. operera 手術する. gäspa あくびする. (en) arbetslöshet
> 失業率. en ungdom 若者. teg 沈黙する (tiga)の過去形. ett hörn 隅・角. hålla tyst 沈黙する

問題2 次のスウェーデン語を日本語に訳しなさい.

**Åland är en ögrupp i Östersjön som ligger mitt emellan Sverige och Finland. Där
talas svenska även om Åland tillhör Finland. Åland var tidigare en del av Sverige.
Men år 1809 förlorade Sverige Finland och Åland till Ryssland. När Finland blev
självständigt år 1917, ville ålänningarna återförenas med Sverige, vilket emellertid
inte blev så. Däremot har Åland fått en självstyrande status.**

> **語句** Åland オーランド（地名）. en ögrupp 群島. tillhöra 属する. förlora 失う.
> självständig 独立した. en ålänning オーランド人. återförena 再統合する. vilket 関係代名
> 詞☞ Kapitel 76. självstyrande 自治の. en status 地位

問題3 接続副詞を使って次の日本語をスウェーデン語にしなさい.

1. 彼には君が必要なんだと思います. というのは彼は病気だから.

2. そのメッセージは本物のように見えるが, 実際のところ差出人は偽物だった.

　　（メッセージ ett meddelande, 本物の äkta, 差出人 en avsändare, 偽の falsk）

3. 彼らの親はいとこなので, したがって彼らははとこということになります.

　　（いとこ en kusin, はとこ en syssling）

4. 彼女はすべてを持っているが, それでも幸せではない.

72 不変化詞動詞（1）

❶ 不変化詞動詞とは

不変化詞動詞とは［動詞＋不変化詞］で意味的なまとまりを成すものを指し、英語の句動詞に相当するものです。不変化詞動詞には以下の特徴があります。

① 動詞の強勢が弱くなり、不変化詞に強勢が置かれる。（強勢は太字で示す）

hälsa **på**（〜を訪問する）、se **upp**（気を付ける）、tycka **om**（〜が好きだ）

② 不変化詞は目的語がある場合、［動詞＋不変化詞＋目的語名詞句］の語順

Han hälsade på henne.　　　　　彼は彼女のもとを訪れた。

Hon skottade undan snö.　　　　彼女は雪かきをした。

③ 元の動詞や不変化詞の意味から特殊化するものがある。

hälsa på（〜に挨拶する）→　hälsa **på**（〜を訪問する）

se upp（見上げる）→ se **upp**（気をつける；尊敬する）

④ 動詞が過去分詞・現在分詞の場合、不変化詞は動詞に前接する。

Eleverna tycker om läraren.　　　　生徒たちはその先生が好きだ。

→ Läraren är omtyckt av eleverna.　　その先生は生徒たちに好かれている。

❷ 代表的な不変化詞（1）

in（中へ）	Han sprang in i rummet.	彼は部屋の中へ走って入った。
	Han stängde in henne i rummet.	彼は彼女を部屋に閉じ込めた。
ut（外へ）	Hon sprang ut ur rummet.	彼女は部屋から走って出てきた。
upp（上方へ）	Hon klättrade upp i trädet.	彼女は木に登った。
（最後まで）	Jag var hungrig och åt upp all mat.	空腹で食料をすべて食べてしまった。
（開く）	Han låste upp dörren.	彼はドアのカギを開けた。（対義語 igen）
ner/ned（下方へ）	Han ramlade ner från stegen.	彼ははしごから落ちた。
（程度を下げて）	Han skruvade ner ljudet.	彼はボリュームを下げた。
（汚れて）	Han smutsade ner tröjan.	彼はセーターを汚した。
bort（離れて）	Hon är bortrest.	彼女は出かけています。
hem（家へ）	Hon ska bjuda hem sina kollegor.	彼女は同僚を家に招待します。
fram（到着して）	Jag ska komma fram kl nio ikväll.	今晩 9 時に到着します。
（見える所に）	Han tog fram mobilen ur fickan.	彼はポケットから携帯を出した。
undan（どけて）	Hon flyttade undan en stol.	彼女は椅子をひとつ脇にどけた。

問題1 日本語文の意味になるように，単語を並び変えなさい.

1. 彼は生地を食卓でのばした.

Han (degen / kavlade / köksbordet / på / ut).

2. もうクッキーを食べてしまったの？

Har (du / kakorna / upp / ätit / än) ?

3. 追加料金なしで配達してくれますか？

Levererar (de / extra / hem / kostnad / utan) ?

4. 彼らは 9 時にやっと到着した.

De (fram / förrän / inte / klockan / kom / nio).

5. 生地を約 20 分冷蔵庫に入れておきます.

Sätt (cirka / degen / i / i / in / kylskåpet / 20 minuter).

6. テーブルの洗い物をどかしてくれる，ヨーハン？

Kan (bordet / disken / du / plocka / på / undan), Johan?

7. 仕事に行くときカバンに何を詰めますか？

Vad (din väska / du / du / i / ner / när / packar / åker) till jobbet?

8. お皿をもう 1 枚出してくれる？

Kan (du / en / fram / ställa / tallrik / till)?

> **語句** en deg 生地. kavla 麺棒でのばす. ett köksbord 食卓. än もう. leverera 配達する. extra 余分な. en kostnad 料金・手数料. plocka 取る. en disk 洗い物. packa ner（カバンなどに）詰める. en tallrik 皿

問題2 次の 1. ～ 3. の不変化詞動詞を適切な形にしなさい. また日本語にしなさい.

A: Min katt är (1. springa bort). Vi letar och letar men hon är fortfarande inte (2. hitta upp).

B: Leta i garage, källare, bodar och andra liknande utrymmen. Katten kan ha blivit (3. stänga in) av misstag på sådana ställen.

> **語句** fortfarande まだ. hitta upp 見つけだす. en bod 小屋. liknande 似たような. ett utrymme 空間. stänga in 閉じ込める. av misstag 誤って. sådan そのような. ett ställe 場所

問題3 次の日本語をスウェーデン語にしなさい.

1. 彼は海外に住んでいる間自分のマンションを賃貸した.（賃貸する hyra ut）

2. 彼女は古い日記や手紙を捨てた.（捨てる kasta bort，日記 en dagbok）

3. 彼はダイエットをして体重を減らした.（ダイエットする banta，体重が減る gå ner i vikt）

Kapitel 73 不変化詞動詞（2）

❶ 代表的な不変化詞（2）

på（接触して）Han körde på en älg.	彼は運転中にヘラジカに衝突した.
Han tog på sig mössan.	彼は帽子をかぶった.
（[電気などを]点けて）Han satte på TV:n.	彼はテレビをつけた.
（〜し続けて）Han pratade på.	彼は話し続けた.
av （離れて）Hon steg av bussen.	彼女はバスを降りた.
（[電気などを]消して）Stäng av datorn omedelbart!	すぐにパソコンを消して.
i （中へ）Han hoppade i (vattnet).	彼は水に飛び込んだ.
（踏ん張って）Vi måste ta i lite mer.	もう少し踏ん張らなくては.
ur （外へ）Han klev ur badkaret.	彼は浴槽から上がった.
（空に）Han drack ur flaskan.	彼はその瓶を飲み干した.
till （追加して）Hon byggde till en balkong.	彼女はバルコニーを増築した.
（突然の動き）Hon ryckte till av ljudet	彼女はその音にビクッとした.
om （繰り返す）Han läste om boken.	彼はその本を読み直した.
（やり直す）Han klädde om inför festen.	彼女はパーティー前に着替えた.
emot（〜に反対して）Jag är emot ditt förslag.	私はあなたの提案には反対です.
med （一緒に）Får jag följa med?	一緒に行ってもいいですか？
（賛成して）Jag håller med dig.	あなたに賛成です.
över （〜を覆って）Jag målade över väggen.	私は壁を塗装した.
（別の場所に）Flytta över filen till din dator.	ファイルを君のパソコンに移して.

❷ 複合動詞と不変化詞

　不変化詞動詞には対応する複合動詞がある場合があります. つまり, 複合動詞の前部要素が不変化詞に対応する場合です. 一般的な傾向として, 不変化詞動詞が口語的であるのに対して, 複合動詞は文語的であることがあります.

　höra till / tillhöra　〜に属する　　**köpa in / inköpa**　〜を購入する, 仕入れる
　また, 不変化詞動詞が具体的で, 複合動詞が抽象的になる場合もあります.
　bryta av grenen　枝を折る　　**avbryta samtalet**　会話を中断する
　両者でまったく意味が異なる場合もあります.
　gå av　折れる / **avgå**　辞職する, **gå fram**　（〜ところへ）行く / **framgå**　明らかになる

158

問題1 日本語の意味になるようにカッコ内に適切な不変化詞を入れなさい.

1. Vi målade (　　　　) väggen.　　　　　私たちは壁を塗り直した.

2. Jag fyllde (　　　　) blanketter.　　　　私は書類に記入した.

3. Hon cyklade (　　　　) en liten flicka.　彼女は小さな女の子に自転車で追突した.

4. De flesta röstade (　　　　) förslaget.　大多数がその提案に反対票を投じた.

5. Jag skrev (　　　　) några meningar.　　私は数文書き足した.

6. Jag hällde (　　　　) de sista dropparna.　最後の残りを注いで空にした.

7. Han knäppte (　　　　) ficklampan.　　　彼は懐中電灯をボタンを押して消した.

8. Ta (　　　　) paraplyet imorgon!　　　　明日は傘を持っていって.

9. Han täckte (　　　　) henne med en filt.　彼は彼女に毛布を掛けてあげた.

> **語句** en blankett 用紙・書類, rösta 投票する, en mening 文, hälla 注ぐ, en droppe 滴, knäppa ボタンを押す, en ficklampa 懐中電灯, en filt 毛布

問題2 日本語の意味になるようにカッコ内の不変化詞動詞と複合動詞を適切な形にして入れなさい.

1. 彼女の歯が折れたことにより, インタビューは中断した.（bryta av, avbryta）

　　Hennes intervju (　　　) av att hon (　　　) tanden.

2. その男が彼に近づき脅したことが明らかになっている.（gå fram, framgår）

　　Det (　　　) att mannen (　　　) till honom och hotade.

3. 私は卒業するのをやめます.（lägger av, avlägga）

　　Jag (　　　) med att (　　　) examen.

4. 意味を強調するためにその単語に下線を引いてもらえますか？

　　Kan du (　　　) ordet för att (　　　) dess betydelse?（stryka under, understryka）

> **語句** en intervju インタビュー, hota 脅す, lägga av 止める, avlägga 卒業する・終了する・取る, en examen 大学などの修了資格, stryka under 下線を引く, understryka 強調する

問題3 次の日本語をスウェーデン語にしなさい.

1. 彼は服を脱いで湖に飛び込んだ.

2. 彼は他の人が黙るなか, 話し続けた.（黙る hålla tyst）

3. 私はケータイを切ってベッドの下に隠れた.

4. その店が仕入れた肉はすでに売れている.

74 指示代名詞（3）／不定代名詞（5）

❶ denna, detta, dessa

書き言葉で使われる指示代名詞に denna, detta, dessa（これ，これら）があります．
名詞が続く場合は，その名詞は未知形になります．

EN 名詞単数	ETT 名詞単数	複数
denna	detta	dessa

Denna fråga är viktig.　　この質問は重要だ．

Detta problem är viktigt.　　この問題は重要だ．

Dessa {frågor/problem} är viktiga.　　これらの {質問 / 問題} は重要だ．

注意　denna ... + 名詞未知形なのに対し，den här ... + 名詞既知形であることに注意
（☞ Kapitel 27）．**detta problem** この問題，**det här problemet** この問題

形容詞で修飾する際には，〔denna (detta/dessa) + 形容詞 -a 形 + 名詞未知形〕と**形容詞は -a 形になります**．

denna viktiga fråga この重要な質問，**detta viktiga problem** この重要な問題，

dessa viktiga {frågor/problem} これらの重要な {質問／問題}

❷ 不定代名詞（5）疑問詞 + som + helst

gärna の最上級 helst を使った不定代名詞に〔疑問詞 + som + helst〕があり，「{何・誰・どこ・いつ} でも」の意味になります．

vad som helst: Han kan göra vad som helst.　　彼はなんでもできる．

vem som helst: Vem som helst kan besöka en rättegång.　　誰でも裁判を傍聴できる．

vilken(vilket/vilka)... som helst: Välj vilken färg som helst!　　どの色でも選んで．

var som helst/när som helst:

Man får inte dricka var som helst, när som helst.

いつでもどこでも酒を飲んでよいわけではない．

hur ... som helst: Han kan sova hur länge som helst.　　彼はいつまでも寝てられる．

hur som helst（いずれにせよ）：

Men hur som helst vill jag inte tala om det.

だけどいずれにしてもそれについて話したくはありません．

問題1　次の日本語を denna, detta, dessa を使ってスウェーデン語にしなさい．

1. この日，これらの日々

2. この国，これらの国々

3. この分野，これらの分野（分野 ett område）

4. この状況，これらの状況（状況 en situation）

問題2　次の日本語を denna, detta, dessa を使ってスウェーデン語にしなさい．

1. この長い時間

2. この早い段階（早い tidig，段階 ett skede）

3. これらの美しい言葉（＝語）

問題3　次の日本語をスウェーデン語にしなさい．

1. なんでも言って．

2. いつ電話してくれてもいいですよ．

3. 私はどんな仕事でもいいから欲しいんです．

4. 誰でもその競技会に参加できるわけではありません．（競技会 en tävling，参加する delta）

問題4　次のスウェーデン語を日本語に訳しなさい．

Idag kan man använda on-demand tjänster på nätet, exempelvis SVT Play, och på så sätt kan vi titta på tv-program och filmer från Sverige när som helst och var som helst i hela världen. Appen SVT Play är användbar för vem som helst, även för nybörjare i svenska. Till exempel erbjuder de ”Nyheter på lätt svenska”, som vänder sig till dem som har svårt att följa med i vanliga nyhetssändningar. Ju mer du lyssnar desto bättre kommer du att förstå!

語句　en on-demand-tjänst オンデマンドサービス．ett nät ネット．exempelvis 例えば．SVT Play スウェーデン公共放送の配信サービス．användbar 使いやすい．en nybörjare 初心者．erbjuda 提供する．vända sig till ... ～に向けられる．följa med （話などに）ついて行く．en nyhetssändning ニュース放送

問題5　次の日本語をスウェーデン語にしなさい．

1. 誰もこの質問に対する回答を知らない．（denna, detta, dessa を使って）

2. このウイルスは我々にとって危険だ．（ウイルス ett virus，denna, detta, dessa を使って）

3. どの日でも私は都合がつきますよ．（都合がつく[～に合う] passa）

4. とにかく私はストックホルムよりヨーテボリを気に入っています．

75 不定代名詞(6)

❶ annan, annat, andra

「別の，他の」を表す不定代名詞に annan, annat, andra があります.

EN 名詞単数	ETT 名詞単数	複数 / 既知
annan	annat	andra

①名詞を修飾する用法

単数未知形の場合は，en/ett をつけます.

Har du {en annan skjorta/ett annat förkläde/andra skor}?

他の{シャツ／エプロン／靴}はありますか？

既知形の場合は andra が使われます.

Ta på dig {den andra skjortan/det andra förklädet/de andra skorna}.

それとは別の{シャツを着なさい／エプロンをつけなさい／靴を履きなさい}.

②単独の用法

annan は他の人，annat は他のモノ，そして andra は複数の他の人を表します.

annan（他の人）　**Det finns ingen annan än du.**　君以外に他にいない.

annat（他のモノ）　**Har du något annat?**　　　何か他のものはありませんか？

andra（他の人々）　**Känner du några andra?**　　他に誰か知っていますか？

❷ all, allt, alla

「すべての」を表す不定代名詞に all, allt, alla があります.

EN 名詞単数	ETT 名詞単数	複数
all	allt	alla

①名詞を修飾する用法

不可算名詞の単数には all, allt を，可算名詞の場合は複数形に alla を修飾します.

Jag åt upp {all ost/allt bröd/alla köttbullar}.（ost, bröd は不可算，köttbulle は可算）

私は{チーズ全部／パン全部／ミートボール全部}を食べてしまった.

可算名詞の単数の場合は，all/allt ではなく hel/helt を使います.

Jag åt upp en hel tårta.　私はケーキを１つ丸ごと食べてしまった.

②単独の用法

allt（=allting）はすべてのモノを，alla はすべての人を表します.

allt（すべて）**Hon vet allt om dem.**　　彼女は彼らのことは何でも知っている.

alla（みんな）**Alla var arga på dig.**　　みんな君に怒っていた.

問題1 日本語の意味になるようにカッコ内に annan, annat, andra を入れなさい.

1. Jag vill ha ett (　　) halsband.　　　　私は別のネックレスがほしい.

2. Kortet låg i fickan på min (　　) kavaj.　カードは別の上着のポケットにある.

3. Har du köpt något (　　) också?　　　　何か別の物も買いましたか？

4. De är dyrare än (　　) strumpor.　　　　それらは他の靴下よりも高い.

5. Den ena kjolen är finare än den (　　).　一方のスカートはもう一方より素敵だ.

6. Jag ska sticka en (　　) tröja.　　　　　私は別のセーターを編むつもりです.

> **語句** ett halsband ネックレス, en kavaj 上着, en strumpa 靴下, en kjol スカート, sticka 編む,
> en tröja セーター・カットソー

問題2 日本語の意味になるようにカッコ内に all, allt, alla, hel, helt を入れなさい.

1. Han drack upp (　　) mjölk.　　　　　彼は牛乳をすべて飲んだ.

2. Ät ett (　　) äpple som mellanmål!　　間食にリンゴを丸ごと一個食べなさい.

3. (　　) jordgubbarna är färska.　　　　イチゴはすべて新鮮です.

4. (　　) kaffe bryggs för hand.　　　　　コーヒーはすべてハンドドリップで淹れています.

5. Stek en (　　) kyckling i ugnen!　　　鳥を丸ごとオーブンで焼きなさい.

> **語句** ett mellanmål 間食, färsk 新鮮な, en jordgubbe イチゴ, brygga（コーヒーなどを）
> 淹れる, för hand 手作業で, en kyckling チキン, en ugn オーブン

問題3 次の会話を日本語にしなさい.

A: Varför hamstrar alla toapapper?

B: Folk är rädda för att allt toapapper i Sverige ska ta slut.

A: Men tillverkarna säger att det inte finns någon risk att vi ska stå utan toapapper,
　eller?

B: Ja, men vi är sociala djur och om vi ser att andra människor köper på sig en massa
　saker gör vi likadant.

> **語句** hamstra 溜め込む・買いだめする, (ett) toapapper トイレットペーパー, (ett) folk
> 人々, ta slut なくなる, 切れる, en tillverkare 生産者, en risk 危険性, social 社会的な,
> köpa på sig 買い込む, en massa ... 多量の〜・多くの〜, likadant 同様の

問題4 次の日本語をスウェーデン語にしなさい.

1. 他に誰かそこに行く人はいませんか？

2. みんながすべてできるわけではありません.

76 不定代名詞（7）／関係代名詞（2）

❶ 不定代名詞（6）varje, var, varenda / varannan, vartannat

「毎.... ...ごと」を表す不定代名詞には 3 つあり，varje と var は名詞の性に関わらず使われ，varenda は EN 名詞単数に，vartenda は ETT 名詞単数につきます.

EN 名詞単数	ETT 名詞単数
varje, var, varenda	varje, var, vartenda

varje が最もよく使われます. varenda は強勢が置かれ，下の例では「毎日毎日」,「毎年毎年」のように意味的にも強調されます.

Jag springer {varje/var/varenda} dag.　　　　毎日走っています.

Jag springer maraton {varje/var/vartenda} år.　毎年マラソンを走ります.

「一つおき」を表す不定代名詞に varannan, vartannat があります. また「…おき」は[var/vart ＋序数詞]で表現します.

EN 名詞単数	ETT 名詞単数
varannan, var ＋序数詞	vartannat, vart ＋序数詞

Han städar {varannan / var tredje} dag.　　　彼は [1 日／2 日おきに] 掃除する.

Han kommer {vartannat / vart tredje} år.　　彼は [1 年／2 年おきに] 来る.

注意 複数形の varandra は相互の代名詞として使われる. ☞ Kapitel 59

❷ 関係代名詞（2）vilket と vars

① 文や句を先行詞とする関係代名詞 vilket

vilket は文や句を先行詞として取ることができる関係代名詞です.

Du har blivit frisk. Det gläder mig.

→ **Du har blivit frisk, vilket gläder mig.**　あなたが元気になって，私は嬉しい.

② 関係代名詞は所有格 vars

vars は関係代名詞の所有格として使われます.

Jag har en vän. Hans fru är polis.（hans = 所有格）

　　　→ **Jag har en vän vars fru är polis.**　私は奥さんが警察官である友人がいます.

Det är ett bord vars skiva är av glas.　これは天板がガラスでできたテーブルです.

☞ 解答例 197 ページへ

問題1 日本語の意味になるようにカッコ内に varje, var, varenda, varannan, vartannat, var, vart を入れなさい.

1. De olympiska spelen äger rum (　　) fjärde år.　　オリンピックは 4 年に 1 度開催される.

2. (　　) hus var nymålat.　　　　　　　　　　どの家もペンキ塗りたてだった.

3. Hon ammar (　　) timme.　　　　　　　　　彼女は 1 時間おきに授乳します.

4. De har hållit möte (　　) månad.　　　　　彼らは毎月毎月会合を開いてきた.

5. Containern för plast töms (　　) tredje vecka.　プラごみのコンテナは 3 週に 1 度回収される.

> **語句** de olympiska spelen　オリンピック. äga rum　開催される. nymålad　ペンキ塗りたての. amma　授乳する. hålla möte　会合を開く. en container　コンテナ. en plast　プラスチック. tömma　空にする

問題2 日本語の意味になるようにカッコ内の語を並べ替えなさい.

1. あなたは判断を信頼できる唯一の人だ.

　　Du är den enda person (jag / litar / omdöme / på / vars).

2. その道が 1 時間閉鎖され, その地区では交通渋滞が起こった.

　　Vägen var avstängd i en timme, (i / området / orsakade / trafikkaos / vilket).

> **語句** enda　唯一の. ett omdöme　判断. avstängd　閉鎖された. orsaka　引き起こす. (ett) trafikkaos　交通渋滞

問題3 次の会話を日本語に訳しなさい.

A: Jag skriver ut ett recept. Ta en tablett tre gånger om dagen, var sjunde timme, i en vecka.

B: Behöver jag stiga upp på natten för att ta en tablett?

A: Nej, det går bra till exempel kl. 7 på morgonen, kl. 14 på eftermiddagen och kl. 21 på kvällen. Det ska inte vara efter varje måltid. Du måste komma tillbaka om en vecka. Krya på dig!

> **語句** ett recept　処方箋. en tablett　錠剤. en måltid　食事. Krya på dig!　お大事に

問題4 次の日本語をスウェーデン語にしなさい.

1. 彼は冬はおよそ 10 日ごとにスキーをすべる.

2. 私は 1 カ月間 1 日おきにトレーニングをしてきました.

3. 彼はいまだ病気で, それは残念なことだ.

　　(vilket を使って, いまだ fortfarande, 残念だ vara synd)

4. これは長さが 40 センチの定規だ. (vars を使って, 長さ (en) längd)

77 形容詞（10）／不変化詞動詞（3）

❶ egen, eget, egna

「自身の」を表す形容詞に egen, eget, egna があります.

EN 名詞単数	ETT 名詞単数	複数
egen	eget	egna

　この形容詞では，egna が複数形であり，既知形ではないということに注意が必要です．したがって，通常の形容詞が既知形で現れる場合に，egna は使われません．形容詞 stor と対比してみましょう.

hans egen bil	hans eget hus	hans egna bilar/hus	彼自身の〔家／車〕
hans stora bil	hans stora hus	hans stora bilar/hus	彼の大きな〔家／車〕

❷ nästa, följande, föregående, samma

　nästa（次の），följande（次の），föregående（前の）は無変化の形容詞です．修飾する名詞は未知形，形容詞は -a 形になります．代名詞 samma も同じパターンです。

［{nästa/följande/föregående/samma} + 形容詞 -a 形 + 名詞未知形］

{nästa/följande/föregående/samma} fina år　〔次の／次の／前の／同じ〕素晴らしい年

❸ 男性を表す接尾辞 -e

形容詞の -a 形は，修飾する名詞が男性で単数の場合に，-e になることがあります.

den gamla mannen　→　den gamle mannen　その年老いた男性

❹ 代表的な不変化詞（3）

loss（緩んで）	Han skruvade loss korken.	彼はキャップを(回して)緩めた.
fast（固定して）	Han klistrade fast dekalen.	彼はステッカーを貼りつけた.
sönder（壊れて）	Min mobil gick sönder.	私のケータイが壊れた.
igång（始動）	Jag kunde inte få igång bilen.	私は車を始動できなかった.
iväg（出発して）	Han gav sig iväg.	彼は出発した.
ihop（合わせて）	Jag samlade ihop dem i rummet.	彼らをその部屋に集めた.
igen（戻って）	Jag lämnade igen boken till biblioteket.	図書館に本を返した.
（閉じて）	Han låste igen dörren.	彼はドアにカギをかけた.
ihjäl（死んで）	Han frös ihjäl.	彼は凍え死んだ.
för（遮って）	Dra för gardinerna.	カーテンを閉めて！

問題1 日本語の意味になるようにカッコ内に egen, eget, egna を入れなさい.

1. Åland har sin (　　) flagga.　　　　オーランドは独自の旗を持っている.

2. Alla lever sina (　　) liv.　　　　みな自分の人生を生きている.

3. Det är hans (　　) sovrum.　　　　これは彼自身の寝室です.

4. Han skaffade sig en (　　) bostad.　　彼は自分の住居を手に入れた.

5. Äldre har allt fler (　　) tänder kvar.　高齢者は以前より多くの歯を残している.

6. Kurderna vill ha ett (　　) land.　　クルド人は自分の国を持ちたいと思っている.

> **語句** en flagga 旗. ett liv 人生. skaffa sig 手に入れる. en bostad 住居. äldre 高齢者.
> en kurd クルド人

問題2 日本語の意味になるようにカッコ内に適切な不変化詞を入れなさい.

1. Ta (　　) tjuven!　　　　　　　泥棒を捕まえて！

2. Han sparkades (　　).　　　　　彼は蹴り殺された.

3. Du står (　　) tv:n, mamma!　　　邪魔でテレビ見えないよ, お母さん.

4. Det var inte Peter som slog (　　) vasen.　花瓶を壊したのはペーテルではない.

5. Slå (　　) ordboken!　　　　　　辞書を閉じて！

6. Han kopplade (　　) vagnen från bilen.　彼は車からトレーラーを外した.

> **語句** en tjuv 泥棒. sparka 蹴る. en vas 花瓶. en ordbok 辞書. koppla つなげる. en
> vagn トレーラー

問題3 ①～④の形容詞を適切な形にしなさい. また, 日本語に訳しなさい.

En ① 5-årig pojke kidnappades på eftermiddagen för tre dagar sedan i Södermalm i Stockholm. Efter sex timmar på kvällen lyckades den ② liten pojken fly. Nästa ③ tidig morgon blev en man i 50-årsåldern anhållen misstänkt för människorov. Polisen säger att det är fler gärningsmän ④ inblandad förutom den ⑤ misstänkt mannen och söker nu efter dem.

> **語句** ...-årig ～歳の. kidnappa 誘拐する. fly 逃げる. ...-årsålder ～歳代. anhålla 逮捕
> する. misstänkt för ... ～の容疑で. ett människorov 誘拐. inblandad 関わっている

問題4 次の日本語をスウェーデン語にしなさい.

1. その 17 歳の少年は自分自身の母親をなぐり殺した.（ihjäl を使って）

2. 我々は次の大きな市場を見つけなくてはならない.（市場 en marknad）

3. その若い男性は自分自身のシートベルトを締めた.

（シートベルト ett säkerhetsbälte, 締める spänna fast）

Kapitel 78

感嘆文／強調構文

❶ 感嘆文

よく使われる感嘆文には，以下のタイプがあります．感嘆文では主語と述語が倒置しないことに注意が必要です．

① ［Vad/Så ＋ 形容詞／副詞 ＋ 主語 ＋ 述語 ...］

　{Vad/Så} vacker du är!　　　君はなんて美しいんだ！

　Fan, {vad/så} fort du kör!　　ひどい，なんてスピード出して運転してるんだ！

② ［Vad/Så ＋ 主語 ＋ 述語 ...］

　このタイプの感嘆文は，よい意味か悪い意味かは文脈次第になります．

　Fy fan, {vad/så} du luktar sprit!　　ひどい，酒のにおいがする！

　{Vad/Så} han beter sig!　　　　　彼のふるまいと言ったら！

　> 注意　この感嘆文も形容詞と副詞を取ることができる．したがって，①タイプとの言い換えが可能．**Vad du är vacker! = Vad vacker du är!**

③ ［Vilken/Vilket/Vilka(＋ 形容詞) ＋ 名詞 ＋ 主語 ＋ 述語］

　　［En sådan/Ett sådant/Sådana(＋ 形容詞) ＋ 名詞 ＋ 主語 ＋ 述語］

　形容詞が現れない場合，よい意味か悪い意味かは文脈次第になります．

　Vilket {härligt/dåligt} väder vi har! = Ett sådant { härligt/dåligt} väder vi har!

　なんて{素晴らしい／ひどい}天気なんだ！

　> 注意　上記の①と③のタイプは主語と述語なしで，感嘆文を作ることができる．
　> 　　　　**{Vad/Så} vacker! Vilket {härligt/dåligt} väder!**

❷ 強調構文

強調構文は平叙文では［**Det är/var ... som ...**］の構造を取ります．強調する要素が主語以外の場合は，som を省略することができます．

Han älskade henne.

　→ **Det var han som älskade henne.**　　　　彼女を愛していたのは彼だった．

　→ **Det var henne (som) han älskade.**　　　彼が愛していたのは彼女だった．

Ja/nej 疑問文では［**Är/Var det ... som ...**］の形を取ります．

Var det han som älskade henne?　　　　彼女を愛していたのは彼でしたか？

疑問詞疑問文では［疑問詞 ＋ **är/var det som ...**］の形を取ります．

Vem var det som älskade henne?　　　　彼女を愛していたのは誰でしたか？

☞ 解答例 197 ページへ

問題1 以下の文をカッコ内の指示に従って感嘆文にしなさい.

1. Du är snäll. (vad を使って)

2. Hon har köpt dyra kläder. (vilken, vilket, vilka のいずれかを使って)

3. Det är intressant att läsa svenska. (så を使って)

4. Det är en tråkig film. (sådan, sådant, sådana のいずれかを使って)

5. Du klagar på allt. (vad を使って)

　語句　tråkig 退屈な，klaga 文句を言う

問題2 以下の文を下線部を強調する強調構文にしなさい.

1. Vad hände år 1523 i Sverige?

2. Är Socialdemokraterna Sveriges största parti?

3. Astrid Lindgren skrev "Pippi Långstrump".

4. När fick Selma Lagerlöf nobelpriset i litteratur?

5. Carl Larsson målade främst i akvarell.

　語句　Socialdemokraterna 社会民主党（スウェーデンの政党名），ett parti 政党，Selma Lagerlöf セルマ・ラーゲルーヴ（作家），en litteratur 文学，Carl Larsson カール・ラーション（画家），främst 主に，en akvarell 水彩絵の具

問題3 意味が通るようににカッコ内の語を並べ替えなさい. また，日本語に訳しなさい.

A: Jag lär mig svenska men vilket ① (språk / svenska / svårt / är)!

B: Vad ② (det / som / med svenska språket / svårt / är / är)?

A: Grammatiken är relativt enkel, men uttalet och intonationen är mycket svårare för mig.

B: Lyssna på svenska varje dag! Lycka till!

　語句　(en) grammatik 文法，relativt 比較的，ett uttal 発音，en intonation イントネーション，lycka till 頑張って・幸運を

問題4 次の日本語をスウェーデン語にしなさい.

1. なんておいしいご飯!　作ったのはあなた？（ご飯・食べ物 en mat）

2. なんてカッコいい男性!　彼が話しているのは誰？（カッコいい snygg，男性 kille）

3. なんて実用的な本なんだ. 書いたのは誰？（実用的な praktisk）

補遺：主節の語順（7）

　これまで，各課で主節の語順について見てきましたが，ここでは，もう少し詳しく見て理解を深めていきます．主節は，前域・中域・後域の 3 つに分けることができ，さらにその中で，どの位置に何が来るかが決まっています．まずは，Du kan inte köpa biljett på tåget.（電車でチケットは買えません）を例に，平叙文から見ていきます.

前域	中域			後域		
	定動詞	名詞句 1	副詞類 1	非定形動詞	名詞句 2	副詞類 2
1. Du	kan	--	inte	köpa	biljett	på tåget
2. Biljetten	kan	du	inte	köpa	--	på tåget
3. På tåget	kan	du	inte	köpa	biljett	

前域：平叙文では必ず前域が埋まっていなくてはなりません．主語がよく現れますが，前置詞句（på tåget）や目的語（biljetten）もこの位置に来ます．前域には旧情報（話者も聞き手も知っている情報）の要素がよく現れます．上記の 2 で名詞 biljett が既知形で前域に現れているのはそのためです．また，場所や時を表す前置詞句や副詞（句）もよくこの位置を占めます.

中域：まず定動詞が来ます．定動詞は動詞と助動詞の現在形・過去形・命令形を指します．その次に主語名詞句が名詞句 1 の位置を占めます．そして，文修飾副詞を中心とする副詞（句）が最後に現れます．この位置に現れる副詞（句）を中域副詞（☞補遺 173 ページ）と呼びます．（表中の副詞類は副詞（句）・前置詞句を指す）

後域：非定形動詞が最初に来ます．非定形動詞とは動詞と助動詞の不定詞・完了形・過去分詞です．次に目的語名詞句が，そして様態・場所・時・原因などを表す前置詞句・副詞（句）が続きます．動詞が vara, bli などの時には，名詞句 2 の位置に，補語（名詞句・形容詞句）が現れます．（便宜的に名詞句 2 のままにする）

	定動詞	名詞句 1	副詞類 1	非定形動詞	名詞句 2	副詞類 2
4. Han	kan	--	inte	vara	läkare/nöjd	--

（4. 彼は |医師で／満足して| ないのかもしれない.）

　疑問詞疑問文では，前域に疑問詞が現れますが，ja/nej 疑問文は前域は空になります．前域が空になる主節語順には他に命令文があります.

	定動詞	名詞句1	副詞類1	非定形動詞	名詞句2	副詞類2
5. Var	kan	man	--	köpa	biljett	--?
6. --	Kan	man	inte	köpa	--	på tåget?
7. --	Köp	--	inte	--	biljett	på tåget!

（5. どこでチケットは買えますか？ 6. 電車でチケットは買えないんですか？ 7. 電車でチケットを買うな.）

補遺：主節の語順（8）

　主節に関してもう少し注意すべき点を見ていきましょう. まず☞ Kapitel 72, 73, 77 で見た不変化詞ですが，後域の非定形動詞と名詞句の間を占めます. スペースの関係上これまでは省いていましたが，後域の語順は正確には下の通りです.

前域	中域			後域			
	定動詞	名詞句1	副詞類1	非定形動詞	不変化詞	名詞句2	副詞類2
1. Han	kastade	--	nog	--	upp	bollen	i luften.
2. Han	har	--	nog	kastat	upp	bollen	i luften
3. ∧Upp	har	han	nog	kastat	--	bollen	i luften

（彼はおそらく空にボールを投げ上げた.）

　不変化詞は普通の副詞とは違い，前域には現れないという特徴があります.
　次に，☞ Kapitel 50 で見た，inte と目的語名詞句の語順について考えます.

	定動詞	名詞句1	副詞類1	非定形動詞	名詞句2	副詞類2
4. Jag	träffade	--	inte	--	kvinnan	idag.
5. Jag	träffade	henne	inte	--		idag.
6. Jag	vill	--	inte	träffa	kvinnan	idag.
7. Jag	vill	--	inte	träffa	henne	idag.

（私は今日 |その女性／彼女| に |会わなかった／会いたくない|.）

　上記の表からも分かるように，目的語が inte の前の位置に現れるのは，その目的語が強勢のない代名詞（henne）で，後域に非定形動詞がない時であるということができます.（正確には名詞句1と副詞類1の間に強勢のない代名詞の位置があるとされていますが，ここではスペースの関係から，名詞句1に入れています）

最後に，ingen, inget (ingenting), inga が現れる位置を見てみましょう．☞ Kapitel 38 では触れませんでしたが，これらの不定代名詞は，後域には現れないという特徴があります．

	定動詞	名詞句 1	副詞類 1	非定形動詞	名詞句 2	副詞類 2
8. Jag	träffade		ingen	--	--	idag.
9. ×Jag	vill	--	--	träffa	ingen	idag.
10. Jag	vill		inte	träffa	någon	idag
11. Ingen	vill	jag	--	träffa	--	idag.
12. Ingen	vill	--	--	träffa	henne	idag.

（8. 今日は誰にも会わなかった．9-11. 私は今日誰にも会いたくない．12. 今日は誰も彼女に会いたくない．）

8. では目的語 ingen が中域の否定辞が現れる副詞類 1 にあり，正しい文です．しかし，9. は後域の名詞句 2 の位置にあり，間違った文となります．このような場合は，10. のように inte ... någon で表現するか，11. のように前域に置いて，倒置文を作ります．一方，ingen が主語である場合には，前域を占めるため，12. のように問題のない文を作ることができます．

補遺：従属節の語順（5）

1. 従属節の語順

従属節と主節の語順の違いは次の 2 点です．①前域には接続詞・疑問詞・関係代名詞が現れる．②中域が［名詞句 1 ＋副詞類 1 ＋定動詞］という語順になる．

主節	従属節						
	前域	中域			後域		
	接続詞	名詞句 1	副詞類 1	定動詞	非定形動詞	名詞句 2	副詞類 2
1. Han säger	att	han	aldrig	har	träffat	sin far.	
2. Han frågar	om	hon	ofta	träffar		sina föräldrar.	
3. Han frågar	var	hon	--	träffade		sina föräldrar.	
4. Han frågar	vem	som	--	vill	träffa	honom.	
5. Han har en vän	som	jag	inte	vill	träffa.		

（1. 彼は一度も父に会ったことがないと言う．2. 彼は彼女がしばしば両親と会うか尋ねる．3. 彼は彼女がどこで両親と会ったのか尋ねる．4. 彼は誰が彼女と会いたいのか尋ねる．5. 彼には私が会いたくない友人がいる．）

前域：接続詞（att, om など），疑問詞（var, vem など），関係代名詞（som など）が占めます．前域が埋まっているため，他の要素が入ることができず，そのため従属節では倒置などは通常起きません．

中域：まず名詞句 1 が位置し，主語名詞句がこの位置を占めます．4 にあるように，疑問詞が主語の場合に現れる som もこの位置に出ます．次の副詞類 1 の位置には中域副詞が現れます．最後に定動詞が位置します．これまで☞ Kapitel 53 で見た，従属節の語順は，主節と従属節の中域の語順の違いによるものだということが分かります．

後域：主節の後域と語順は変わりません．

補遺: 副詞（5）

1. 中域副詞

中域の副詞類 1 の位置に現れる副詞を中域副詞と呼びます．おおむね（1 〜 5）の順で並びます．以下ではこれまで解説していない副詞を中心に見ていきます．

(1) 心態詞：ju（聞き手も知っている前提），väl（聞き手に同意を求める）

Det är ju mors dag idag, det har du väl inte glömt?
今日は（知っていると思うけど）母の日だけど，忘れていないよね？

(2) 接続副詞：nämligen（すなわち），dock（しかしながら）など☞ Kapitel 71

(3) 頻度副詞：ofta（しばしば），alltid（いつも）など☞ Kapitel 3

(4) 焦点化副詞：bara, endast, enbart, blott（〜だけ）

Jag kan (bara) vara med (bara) på söndagen. 日曜だけ参加できます．

上記の文では bara は på söndagen を修飾していますが，その直前にだけでなく，中域の副詞類 1 に来ても，同様に修飾することができます．

(5) 文修飾副詞：評価 tyvärr（残念ながら），gärna（喜んで），lyckligtvis（幸運なことに）
推量 nog（たぶん），kanske, möjligen, möjligtvis（ひょっとしたら），eventuellt（場合によっては），antagligen, förmodligen, sannolikt（おそらく），troligen（思うに），säkert（間違いなく），**当然性** absolut（絶対に），naturligtvis, förstås, givetvis（当然），

tydligen（明らかに），**その他** vanligen（普通は），faktiskt（本当は，実を言うと），minsann, verkligen（実際に），egentligen（本来は）

Att åka bil är ofta tyvärr inte bra för miljön.

車に乗ることはしばしば残念ながら環境によくない．

Han sa att han möjligen kunde ha fel.

彼はひょっとすると間違ったかもしれないと言った．

(6) **否定の副詞**：inte（〜ない），aldrig（決して〜ない）

2. 後域に現れる副詞類

後域の副詞類 2 の位置に現れる副詞（句）は，以下の順で現れる傾向があります．
［様態副詞類＋場所副詞類＋時の副詞類＋その他の（長い）副詞類］

Jag kom   för sent   till jobbet   i morse   på grund av snön.
         様態   場所   時   原因

私は雪のため今朝職場に遅れてやってきた．

Företagets försäljning föll   kraftigt   i Italien   i mars   till följd av covid-19.
                様態   場所   時   原因

その企業の売り上げは covid-19 の結果イタリアで 3 月に急激に落ちた．

注意　後域に現れる副詞類の多くは前域にも現れる．

解 答

Kapitel 1

問題1

1. Hon／2. De／3. Vi／4. det／5. Den

問題2

1. Hon／2. Vi／3. Han／4. hon／5. De／6. Det／7. Den

私は日本出身で，王立工科大学で化学を勉強をしています．妻がいて，裕子と言い，SFIでスウェーデン語を学んでいます．私たちには息子が一人と娘が一人います．息子は健太，娘は愛と言います．二人とも保育所に通っています．リリエホルメン就学前学校というところで，我々の住んでいるマンションの近くにあります．

問題3

1. De kommer från Tyskland. ／2. Hon bor i Norge. ／3. Han läser (studerar) biologi. ／4. Vi har tre hus.

Kapitel 2

問題1

1. Landskapet／2. Staden／3. området／4. Sjön

問題2

1. ett kontor／2. en soffa／3. en stol／4. ett skrivbord／5. kontoret／6. stolen／7. skrivbordet

問題3

1. De letar efter en flicka. ／2. Kontoret ligger nära förskolan. ／3. Pojken bor i en stad i England. ／4. Sonen går på dagis.

Kapitel 3

問題1

1. Jag vaknar klockan sex och dricker kaffe. ／2. Jag duschar snabbt och sedan äter frukost. ／3. Jag läser en tidning efter frukosten. ／4. Jag åker tunnelbana till jobbet. ／5. Jag lyssnar ofta på musik på tåget.

問題2

-r: är（～である），går（歩いていく），cyklar（自転車に乗る），promenerar（散歩する）／-er: springer（走る），åker（[乗り物に乗って]行く），säger（言う），reser（旅行する,移動する）

私は毎朝ランニングをしていて，その後職場に車で行きます．しかし，妻はバスで通勤します．彼女は「私は公共交通機関で移動するの．環境にいいから」と言います．息子は学校まで徒歩か自転車で通学します．私たちは週末にしばしば森で散歩をします．

問題3

1. Sven är lärare. ／2. Han vaknar klockan sju och stiger upp direkt. ／3. Han åker bil till skolan. ／4. Han lyssnar på radio i bilen.

Kapitel 4

問題1

1. paprikan, paprikor, paprikorna ／ 2. korven, korvar, korvarna／3. köttbullen, köttbullar, köttbullarna ／ 4. tomaten, tomater, tomaterna／5. salladen, sallader, salladerna

問題2

1. paprikor／2. korvar／3. tomater／4. köttbullar／5. korvarna／6. paprikorna／7. tomaterna

問題3

1. soffan, soffor, sofforna ／ 2. stolen, stolar, stolarna ／ 3. fåtöljen, fåtöljer, fåtöljerna

問題4

1. Vi har en soffa och två fåtöljer i vardagsrummet. ／2. Vi gillar fåtöljerna. ／3. Vi har ett bord och fyra stolar i köket. ／4. Vi gillar stolarna också.

Kapitel 5

問題1

1. sjukhuset, sjukhus, sjukhusen／

2. läkaren, läkare, läkarna ╱ 3. sjuksköterskan, sjuksköterskor, sjuksköterskorna ╱ 4. sjukvårdsbiträdet, sjukvårdsbiträden, sjukvårdsbiträdena ╱ 5. patienten, patienter, patienterna

問題2

1. ett sjukhus ╱ 2. läkare ╱ 3. sjuksköterskor ╱ 4. sjukhuset ╱ 5. Sjuksköterskorna ╱ 6. patienter ╱ 7. sjuksköterskor ╱ 8. sjukvårdsbiträden

問題3

1. muggen, muggar, muggarna ╱ 2. mjölken ╱ 3. ölet ╱ 4. glaset, glas, glasen

問題4

1. Kalle dricker mycket mjölk varje dag. ╱ 2. Han dricker fyra muggar om dagen. ╱ 3. Johanna gillar öl och dricker många glas. ╱ 4. Hon jobbar imorgon så hon dricker bara ett glas idag.

Kapitel 6

問題1

1. fågeln, fåglar, fåglarna ╱ 2. vintern, vintrar, vintrarna ╱ 3. tecknet, tecken, tecknen ╱ 4. vädret, väder, vädren ╱ 5. vattnet, vatten, vattnen

問題2

1. fåglar ╱ 2. väder ╱ 3. vattnet ╱ 4. fåglar ╱ 5. Fåglarna ╱ 6. ett tecken ╱ 7. fåglar ╱ 8. vintern

問題3

1. nyckeln, nycklar, nycklarna ╱ 2. bokhandeln, bokhandlar, bokhandlarna（ただし，bokhandelの複数既知形とbokhandlare（書籍販売業者）の複数既知形が同じ形（bokhandlarna）となってしまうことから，複数形ではboklådor（＜en booklåda（小さな）書店）を使う場合がある）╱ 3. en regel, regeln, regler, reglerna

問題4

1. Jag har tre nycklar i fickan. ╱ 2. Jag besöker bokhandeln på onsdag. ╱ 3. Han är

trött på många regler i skolan. ╱ 4. Han åker till Sverige en gång om året (per år). ╱ 5. Hon tränar tre gånger i veckan (per vecka).

Kapitel 7

問題1

1. den ╱ 2. det ╱ 3. dem ╱ 4. henne ╱ 5. honom

問題2

1. oss ╱ 2. dem ╱ 3. henne ╱ 4. honom ╱ 5. mig

問題3

1. Han känner statsministern. ╱ 2. Jag känner till partiledaren. ╱ 3. Alla vet valresultatet.

Kapitel 8

問題1

1. I augusti äter många svenskar kräftor. ╱ 2. Festen kallar man för kräftskiva. ╱ 3. I Sverige är det en gammal tradition.（ただしこの語順では対比的な意味が出る）╱ 4. Till maten dricker man stark sprit, snaps.

問題2

① Emil pratar inte ryska ╱ ② Många tycker inte om Putin i Sverige, ╱ ③ men han är inte så farlig, ╱ ④ men det gör han inte. ╱ ⑤ men det dricker han inte idag. ╱ ⑥ Systembolaget har inte öppet.

エーミルはロシア語は話しませんが，ロシアが好きです．スウェーデンでは多くの人がプーチンのことを好きではありませんが，彼はそれほど悪い人ではないと，エーミルは思います．彼の友人はたいていビールを飲みますが，彼は飲みません．彼はウオッカが好きなのですが今日は飲みません．日曜で国営酒店が開いていないのです．

問題3

1. Efter jobbet går han hem. ╱ 2. Han lagar inte mat. ╱ 3. Istället diskar han alltid. ╱ 4. Efter middagen surfar han på internet.

Kapitel 9

問題1

1. Spelar Åke hockey? Ja, det gör han. Nej, det gör han inte. ／2. Har han inte bil? Jo, det har han. Nej det har han inte. ／3. Åker ni skridskor? Ja, det gör vi. Nej, det gör vi inte. ／4. Är du inte gift? Jo, det är jag. Nej, det är jag inte.

問題2

イェンス：ミートボールは好き？ 健太／健太：ああ、好きだよ．だけどジャムを添えたミートボールは好きじゃないな．／イェンス：そんなことないよ．コケモモのジャムはミートボールによく合うさ．／健太：ブラウンソースをかけたミートボールは好きじゃない？ イェンス：いや，好きだよ．だけどコケモモのジャムを添えたミートボールの方がおいしいね．

問題3

1. Spelar han inte instrument? Jo, det gör han. Han spelar gitarr. ／2. Åker du skidor? Ja, det gör jag. Jag åker till Åre varje vinter. ／3. Har du en storasyster? Nej, det har jag inte. Jag har en storebror. ／4. Är du inte nöjd med lektionen? Jo, det är jag. Läraren är duktig.

Kapitel 10

問題1

1. Vad,「いいにおいがするね．何を食べているの？」「エンドウ豆のスープだよ」／2. Vem,「夜中の2時だよ．誰と話しているの？」「ヨーアキムさ」／3. Vilka,「女の子がたくさん．誰なの？」「彼のクラスメイトさ」／4. Vad,「疲れているの？ 何がストレスになっているの？」「仕事さ」／5. Vem,「ギリシアに行くの？ 誰が犬の面倒を見るの？」「弟だよ」

問題2

1. Vilka／2. Vad／3. Vem

「彼らは誰ですか？」「スウェーデンの国王と王妃です．国王はカール16世グスタヴで王妃はシルヴィアです」「ここで何をしているのですか？」「日本をお忍びで旅行しています．よくなさるのです」「近

くにいる男性は誰ですか？」「警護の人だと思います」

問題3

1. Jag {gillar / tycker om} fysik och kemi. ／2. Han {gillar / tycker om} geografi och historia. ／3. Älskar du matte fortfarande? ／4. Vad är slöjd? Det är ett skolämne. Vi gör lådor idag.

Kapitel 11

問題1

1. Vilket, どんなお菓子をよく食べますか？ チョコウエハースです．／2. Vilka, どんな野菜が好きですか？ トマトです．／3. Vilken, どの果物が最もビタミンCを含んでいますか？ オレンジです．／4. Vilket, どんな甲殻類がお気に入りですか？ エビです．／5. Vilken, どんな魚をよく買いますか？ タラです．／6. Vilka, どんな乳製品をスウェーデンは輸入していますか？ チーズです．／7. Vilket, どんなパンをよく焼きますか？ 小さなフランスパンです．

問題2

1. Vad tycker du om för sport? どんなスポーツが好きですか？／2. Vad spelar Johan för instrument? ヨーハンは何の楽器を弾きますか？／3. Vad gillar du för musik? どんな音楽が好きですか？／4. Vad hatar du för TV-program? どんなテレビ番組が嫌いなんですか？

問題3

1. Vilken bok tycker du om? 2. Jag älskar deckare.／3. Vilken författare gillar du?／4. Jag tycker om Stieg Larsson.／5. "Män som hatar kvinnor" är min favorit.

Kapitel 12

問題1

1. Hur, 何枚チケットを持っているのですか？ 3枚です．／2. Varifrån, "betala" という単語はどこから来たのですか？ ドイツ語です．／3. Hur, その建物は築何年ですか？ 85年です．／4. Varför, どうして泣いているの？ 彼女が居なくて寂しいから．／5. Hur, マリネのサーモンにはどれくらい塩分が含まれていますか？ 100グラムにつき、

4.8グラムです．／6. När, 彼女はいつ戻ってきますか? 夜の1時です．／7. Vart, どこに行くの? お店に．

問題2

1. Hur／2. Hur／3. Var

A: そのコンサートは今晩何時に始まりますか?／B: 7時です．／A: コンサートホールにはどうやって行ったらいいのですか?／B: トラムで行けますよ．／A: どこで降りたらいいですか?／B: ヴァーランドという停留場です．

問題3

1. Var ligger Skansen? Det ligger på Djurgården.／2. Varför äter han inte kött? Därför att han är vegetarian.／3. Hur många husdjur har du hemma? Jag har en katt och tre hundar.／4. Hur mycket socker behöver du?／5. Du vet väl svaret? Nej, det gör jag inte.／6. Kursen är inte så dyr, eller hur? Jo, det är den.

Kapitel 13

問題1

1. trettiofem／2. femtiosju／3. trehundrasjuttionio／4. trettontusensjuhundratolv／
5. femhundrasjuttiosextusenniohundratjugotre

問題2

1. tretton／2. trettionio／3. fyrtioåtta／4. åttahundratiotusen

スウェーデンは3つの部分に分けられます．ノルランド，スヴェーアランドそしてユータランドです．スウェーデンの人口のうち，13%がノッルランドに，39%がスヴェーアランドに，そして48%がユータランドに住んでいます．首都はストックホルムで，そこにはおよそ81万人が住んでいます．

問題3

1. etthundrasjuttiofem till tvåhundrasextiofem, tvåhundrasjuttio：熊は体長175cmから265cmになり，体重は最高で270kgにもなります．／2. fyratusenfemhundra：毎年，スウェーデンではヘラジカとの衝突事故が約4500件起こります．／3. sexhundrafemtio：スウェーデンにはオオカミが約650頭います．／4. sextusen：ハリネズミは背中にトゲが約6000本あります．

問題4

1. Japan har cirka 127 miljoner invånare.／2. Japan består av sextusenåttahundrafemtiotvå öar.／3. Japans yta är cirka trehundrasjuttioåttatusen kvadratkilometer.

Kapitel 14

問題1

1. Hur／2. Vad

A: すみません．娘へのプレゼントを探しているのですが．／B：娘さんは何歳ですか?／A：3歳です．／B：この人形なんかどうですか?／A：あら，長くつ下のピッピね．娘はピッピが大好きなの．いくらですか?／B：77クローナです．／A：じゃあこれにします．

問題2

1. Hur／2. Hur／3. Vad

A: 山崎は世界的に名の通った日本のウイスキーです．／B: それはいくらしますか?／A: 721クローナです／B: ああ，高いですね．何年ものですか?／A: 12年です．／B: 10年物はいくらですか?／A: 少し安くて，629クローナです．

問題3

1. Hur gammal är er lärare? Han är 47 år gammal.／2. Hur gammal är kyrkan? Den är 300 år gammal.／3. Hur mycket (Vad) kostar biljetten? Den kostar 570 kronor.／4. Hur mycket (Vad) kostar vinet? Det kostar 2 391 kronor.

Kapitel 15

問題1

1. Klockan är halv ett på natten.／2. Klockan är tre på eftermiddagen.／3. Klockan är halv elva på förmiddagen.／4. Klockan är sju på kvällen.／5. Klockan är halv sex på morgonen.

問題2

1. tio／2. förmiddagen／3. åtta／4. kvällen／5. elva／6. förmiddagen／7. fyra／8. eftermiddagen

平日我々の図書館は午前10時に開館し，晩の19時30分に閉館します．しかし，土曜日は午前10時30分に開館し，午後16時に閉館します．日曜日は閉館しています．

問題3

1. Jag träffar Sven på Hötorget klockan halv fyra på eftermiddagen och går på bio. ／2. Filmen börjar klockan kvart i fyra och slutar klockan kvart över fem. ／3. Sedan går vi på restaurang och äter middag. ／4. Vi går hem klockan nio på kvällen.

Kapitel 16

問題1

1. Klockan är kvart över elva. ／2. Klockan är kvart i fyra. ／3. Klockan är fem (minuter) över sju. ／4. Klockan är tre minuter i tio. ／5. Klockan är tre minuter över halv ett. ／6. Klockan är en minut i halv fem.

問題2

1. tolv／2. ett／3. två／4. tre／5. tre

X2000は11時29分に10番線から発車し，カトゥリーネホルムに12時25分に到着します．列車はシュヴデにも停車します．到着時間は13時33分です．列車は14時35分にヨーテボリ中央駅の3番線に到着します．ストックホルムからヨーテボリまでは3時間以上かかります．

問題3

1. Solen går upp åtta minuter över halv fyra på morgonen och ner tre minuter i tio på kvällen idag. ／ Solen går upp tre och trettioåtta på morgonen och ner tjugoett och femtiosju på kvällen idag. ／2. Bussen till Arlanda avgår tjugo i fem från Uppsala. ／ Bussen till Arlanda avgår klockan sexton och fyrtio från Uppsala. ／3. Flygplanet landar tolv i sju på Landvetter. ／Flygplanet landar klockan arton och fyrtioåtta på Landvetter.

Kapitel 17

問題1

1. nionde／2. sjätte／3. sextonde／4. andra ／5. första／6. trettiofjärde／7. sjätte／8. tionde／9. fjortonde／10. tredje

問題2

スウェーデンでは建物の地上階は1階と呼ばれ，そしてそれから1階上がったところが2階です．しかし，例えばエレベーターだと，地上階は0，E（地上階），BあるいはBV（地上階）と記されています．そしてその後は，2階は1，3階は2と番号が振られていきます．

問題3

1. Kungen i Sverige heter Carl den sextonde Gustav (Carl XVI Gustav).／2. Viktoria är hans första barn.／3. Hennes man heter Daniel och de har två barn.／4. Dottern heter Estelle och sonen heter Oscar.／5. Hon är kungens första barnbarn och han är kungens fjärde barnbarn.

Kapitel 18

問題1

1. tisdag ／ 2. måndag ／ 3. torsdag ／ 4. torsdag

問題2

スウェーデンでは秋学期は通常8月の下旬に始まり，12月の中旬に終わります．秋学期の中ごろは秋休みにあたります．春学期はクリスマス休暇の後，すなわち1月の中旬に始まり，6月の中旬に終わり，その時に生徒たちは学年を修了します．

問題3

1. Skolan i Sverige börjar på sommaren.／2. Sven åker skidor på vintern.／3. Anna plockar svamp på hösten.

Kapitel 19

問題1

1. onsdagen den sjätte juni.／2. lördagen den tjugonde juni.／3. tisdagen den tjugofjärde december.／4. torsdagen den trettionde april.

問題2

1. den sjunde november femtonhundratjugo

(= den 7 november 1520)／2. den sjunde augusti sextonhundratjugoåtta (= den 7 augusti 1628)／3. den tjugoförsta oktober artonhundratrettiotre (= den 21 oktober 1833)／4. den tjugoåttonde februari nittonhundraåttiosex (= den 28 februari 1986)

問題3

1. När fyller hon år? Den tjugotredje september.／2. När är Joakim född? Den artonde maj nittonhundraåttiofem.／3. Påsken infaller söndagen den tolfte april i år.

Kapitel 20

問題1

1. tjugosju minus åtta är nitton／2. trettiosex delat med fyra är nio／3. sju plus fjorton är tjugoett／4. sjutton gånger sex är hundratvå

問題2

1. åtta komma sjuttiotvå／2. tre femtedelar／3. noll komma fyrtiosju／4. en tolftedel／5. tre och fem sjättedelar

問題3

1. tvåa／2. sexan／3. fyran／4. etta

問題4

① nionde／② tjugohundraarton／③ åttiosju komma arton／④ en komma trettioåtta／⑤ en tredjedel

2018年9月9日日曜日に王国議会の選挙がありました。投票率は87.17%で、2014年から1.38ポイント上昇しました。スウェーデンでは有権者の3分の1以上が投票日前に投票します。

問題5

1. Tre fjärdedelar av svenskarna använder internet varje dag.／2. Exporten till Japan ökar med åtta komma en procent (=8,1 procent).／3. De äger en trea utanför Stockholm.

Kapitel 21

問題1

1. städa,／2. sy,／3. göra,／4. köpa

問題2

1. kör／2. sy／3. städa／4. åker／5. göra／6. köpa／7. gå／8. vara

問題3

köpa, har, är, går, laga, behöva, köra

A: 新しいタブレットを買わなくちゃならないんです。／B: だけどすでにひとつ持っているよね。／A: 壊れていて、直せないんです。明日必要なもので。／B: スーデルテリエのエールギガンテンまで車で送りますよ。／A: え、助かる。ありがとう。／B: ぜんぜん.

問題4

1. Det är kul att åka skidor.／2. Ni måste städa på en gång.／3. Jag kan sy en klänning.

Kapitel 22

問題1

1. ヨハンナは新しいカバンが欲しい。Vill Johanna ha en ny väska? Johanna vill inte ha en ny väska.／2. スヴェンはスケートを滑ることができます。Kan Sven åka skridskor? Sven kan inte åka skridskor.

問題2

1. Kan jag få en cigarett av dig? タバコを1本いただいてもいいですか？／2. Jag vill inte dricka alkohol igen. 私は二度とアルコールは飲みたくない.／3. Vem vill du prata med? 誰と話したいのですか？／4. Han kan gå vilse i skogen. 彼は森で道に迷っているのかもしれない.／5. Varför vill ni inte köpa aktier? あなた方はなぜ株を買いたくないのですか？

問題3

スヴェン： スナップスを1杯どう？／リョウ： はい、ぜひ.／スヴェン: スナップスの歌は歌える？／リョウ:「ヘーラン・ゴール」なら空で歌えるよ.／スヴェン： 歌おうか？／リョウ：もちろん！／スヴェン・リョウ：1杯目に乾杯. 歌おう hopp faderallan lallan lej.. 乾杯!

問題4

1. Min son vill ha en kattunge i födelsedagspresent.／2. Vi kan inte vänta längre.／3. Historien kan vara sann.

Kapitel 23

問題1

1. måste／2. behöver／3. ska／4. Får／5. kan／6. skulle／7. ska, måste／8. får／9. kan／10. ska

問題2

スウェーデン人は有給休暇を取得できます. 最低5週間も！ 冬は寒さと雪を避けて別の場所に行きたいと思うスウェーデン人はたくさんいます. スペインとタイがいつもリストの1位と2位に来ます. この冬海外に行く予定はありますか? パスポートを必ずチェックしてください. 例えば,（パスポートには）ある程度の有効期限が残っている必要があります. 警察でパスポートを更新する際に, かなり待ち時間がかかることがあります.

問題3

1. Ni (Du) får inte tala så högt här.／2. Jag måste laga middag idag.／3. Varför ska du träffa henne? ／ 4. Vi behöver stänga fönstret.

Kapitel 24

問題1

1. Skulle du kunna hjälpa mig? 手伝っていただけますか?／2. Det finns en domkyrka i Uppsala.ウップサーラには大聖堂がある. ／3. Kan du berätta sanningen för mig? 私に真実を語ってくれませんか?／4. Skulle ni vilja vänta en stund? 少し待っていただけますか?／5. I Sverige finns över 3 000 björnar. スウェーデンには3000頭以上の熊がいる. ／6. Ska vi gå på restaurang i kväll? 今晩レストランに行かない?

問題2

A: ストックホルムには世界遺産がふたつあるんだ. ドロットニングホルムと森の墓地. ／B: 森の墓

地は知っているけど, ドロットニングホルムとは?／A : 宮殿で, 王室がそこに住んでいるんだ. 宮殿と庭園は訪問者に開放されている. ドロットニングホルムには中国風の宮殿や宮殿劇場まであるんだよ. ／B：週末に宮殿に行ってみない?／A：ぜひ!

問題3

1. Kan du skicka filen till mig som bilaga? ／2. Skulle du kunna vidarebefordra hans mejl?／3. Det finns en länk till höger på sidan.／4. Ska vi uppdatera vår hemsida?／5. Kan du lägga upp bilden på Instagram? Skulle du kunna lägga bilden på Instagram?

Kapitel 25

問題1

1.Skala, hacka／2. Skär／3. Stek／4. Smaka／5. Strö, servera

問題2

1.Bli inte arg!／2. Var snäll och räck mig saltet!／3. Glöm inte paraplyet idag!／4. Sitt ner och vänta lite!／5. Stör inte Anna. Hon sover.

Kapitel 26

問題1

1. ute／2. uppifrån／3. borta／4. upp／5. nere／6. utifrån／7. dit／8. hemifrån／9. fram／10. här

問題2

1.upp／2. här／3. därifrån（uppifrån）／4. Där／5. ner

A: ストックホルム市庁舎塔に登らない?／B: 僕はここにとどまるよ. ／A: そこからの景色は素晴らしいよ. ストックホルムを一望できるんだ. ／B: 高所恐怖症なんですよ. ／A: 分かったよ.「市庁舎地下室」っていうレストランに行かない? ノベル賞のメニューを注文できるよ. ／B:申し訳ないけどそこにも（降りて）行きたくない. 閉所恐怖症でもあるんだよ.

問題3

1. Jag ska flyga därifrån till Ryssland.／2. Kan du ta hissen upp till åttonde våningen.

／3. Vart ska du flytta?／4. Vill du äta middag hemma hos mig ikväll?／5. Paketet är äntligen framme.

Kapitel 27

問題1

1. tandborsten, tandborstar, tandborstarna ／ 2. tandkrämen, tandkrämer, tandkrämerna／3. schampot, schampon, schampona／4. tvålen, tvålar, tvålarna／5. badkaret, badkar, badkaren

問題2

1. ett dussin tandborstar, två dussin tandborstar／2. den där tandkrämen, de där tandkrämerna／3. en flaska schampo, fem flaskor schampo／4. den här tvålen, de här tvålarna／5. det där badkaret, de där badkaren

問題3

A: こんにちは．何かお探しですか？（何かお手伝いしましょうか）／B: 新しい掃除機を探しているんです．／A: そうですか，ちょっと見てみましょう．これはエレクトロルクスのPure D9シリーズです．この掃除機はとても人気があってホコリとアレルゲンの99.97%を吸引します．／B: それはよさそうですね．おいくらですか？／A: 4,295クローナです．／B: このモデルとあれの違いは何ですか？／A: あれは以前のモデルで3,795クローナです．／B: じゃあ，それにします．

問題4

1. Jag brukar köpa de här tandborstarna. ／ 2. Jag vill inte använda den där tandkrämen.／3. Jag tvättar håret med det här schampot.／4. Välj tre stycken tvålar!／5. Det här badkaret rymmer 200 liter vatten.

Kapitel 28

問題1

1. Jag ska hyra en lägenhet som är på tredje våningen. 私は3階にあるマンションを借りるつもりだ．／2. Jag har ett hus som jag vill hyra ut. 私には賃貸に出したい家があります．／3. Hur kan jag hitta en bok som jag vill låna? 借りたい本はどのように見つけることができますか? 4. Ring oss och berätta vad du vill sälja. 電話して売りたいものを教えてください．5. Jag ska köpa en villa som vi kan bo i 私たちが住むことができる一軒家を買うことにしている．／6. Finns det pengar som du kan spara? 貯蓄に回せるお金はありますか?

問題2

1. Tomas vardag／2. en lärares vardag／3. lärarens vardag／4. lärares vardag／5. lärarnas vardag

問題3

ドナルドダックはウォルト・ディズニーのキャラクターですが，スウェーデン語ではカッレ・アンカと言います．彼は大きなくちばしをして，セーラー服を着た怒りっぽいアヒルです．スウェーデン人は彼のことが大好きで1960年以来毎年クリスマスイブには，スウェーデン公共放送が「ドナルドダックとその友達」を放映していて，約400万のスウェーデン人がそれを見ます．

問題4

1. Lita inte på vad han säger!／2. Använd en tandkräm som innehåller fluor.／3. Pippi Långstrump är en av Astrid Lindgrens figurer.

Kapitel 29

問題1

1. blyertspennan, blyertspennor, blyertspennorna／2. saxen, saxar, saxarna ／ 3. linjalen, linjaler, linjalerna ／ 4. suddgummit, suddgummin, suddgummina／5. blocket, block, blocken

問題2

1. min blyertspenna, mina blyertspennor／2. din sax, dina saxar／3. hans linjal, hennes linjaler ／ 4. vårt suddgummi, våra suddgummin／5. ert block, era block

問題3

1. Min／2. mitt／3. dina／4. ditt／5. din／6.

min

A: 鉛筆とカードがない！　あなたのを貸してくれない？／B: もちろん．母の日にカードにお母さんに何て書くの？／A: こう書くわ．「私のお母さんでいてくれてありがとう．大好きです」

問題4

1. Är det här din blyertspenna?／2. Du kan dra linjer med (hjälp av) vår linjal.／3. Kan jag låna ditt suddgummi?／4. Jag skriver ner allting i mitt block.

Kapitel 30

問題1

1. handen, händer, händerna／2. moroten, morötter, morötterna／3. natten, nätter, nätterna／4. staden, städer, städerna／5. bokstaven, bokstäver, bokstäverna.

問題2

1. tänderna／2. bokstäver／3. döttrar／4. böcker／5. söner／6. männen／7. städer／8. händerna／9. bröder／10. nätter

問題3

ニンジンは地中海諸国原産の根菜です．ニンジンにはビタミンや栄養成分が含まれていて，特に肌の保護に役立つビタミンAが含まれています．生のニンジンを間食として食べるスウェーデン人がたくさんいます．

問題4

1. Hur uppfostrar du dina döttrar?／2 Han vill ge ut två böcker som handlar om Japan.／3. Hon ska besöka tio länder i Afrika.／4. Jag skulle vilja boka ett rum för tre nätter.

Kapitel 31

問題1

1. rektorn, rektorer, rektorerna／2. tv-progmammet, tv-program, tv-programmen／3. laboratoriet, laboratorier, laboratorierna／4. stammen, stammar, stammarna／5. damen, damer, damerna (aは長母音なので，mを重ねない)／6. bageriet, bagerier, bagerierna

問題2

1. ögonen／2. öronen／3. ögon／4. öra／5. huvudet

問題3

1. museer／2. museerna／3. Museet

ストックホルムには入場料を取らない博物館があります．国立美術館は入場料無料の美術館の1つで，ブラーシエホルメンにあります．その美術館には1500年代から1900年代にかけての絵画，デッサン，そして彫刻が全体で70万点あります．

問題4

1. Vilket gymnasium vill din son gå på?／2. I rummet finns (det) en säng, ett arbetsbord och två stolar.／3 Jag ska bjuda vännerna till festen.／4. Mannen har många rynkor runt ögonen.／5. De där motorerna är sönder.

Kapitel 32

問題1

1. billigt, billiga／2. långt, långa／3. tomt, tomma／4. tunt, tunna／5. stort, stora／6. tungt, tunga

問題2

1. stora／2. billig／3. vitt／4. lång／5. tunt／6. dumma／7. tung／8. allmänna／9. tomma／10. sant

問題3

1. dyrt／2. enkelt／3. billiga

ストックホルムでレストランで食べるのは高くつきます．お弁当を持って行った方がいいでしょう．職場には電子レンジがあり，簡単にお弁当を温めることができます．あるいは職場に行く途中に食料品店に寄るのもよいでしょう．そこには安い出来合いの料理がたくさんあります．

問題4

1. Väggarna i hans lägenhet är tunna.／2. Det här vinet är billigt.／3. Hans bröder är långa.／4. De där böckerna måste vara tunga.

Kapitel 33

問題1

1. säkert, säkra／2. rött, röda／3. flexibelt, flexibla／4. stängt, stängda／5. kort, korta／6. moget, mogna／7. fritt, fria

問題2

1. flexibla／2. nytt／3. gamla／4. stängt／5. mogna／6. kort／7. vackra／8. rött

問題3

1. hårt／2. tunt／3. nyttigt／4. stora／5. runda／6. rektangulära／7. trekantiga

クリスプブレッドは硬く薄いパンの一種です．スウェーデン発祥で伝統的にはライ麦で焼きます．ですからとても体によいのです．元々は一枚一枚は大きくて丸く，真ん中に穴が開いています．しかし小さめで長方形や三角形のものを買うこともできます．スウェーデン人はクリスプブレッドが大好きです．

問題4

1. Det där huset är hundra år gammalt.／2. Det är alldeles tyst i rummet.／3. Möblerna är enkla men vackra.／4. Hennes ögon är blåa(blå) och hennes hår är rött.

Kapitel 34

問題1

1. en vacker kvinna, den vackra kvinnan, vackra kvinnor, de vackra kvinnorna／2. ett gott råd, det goda rådet, goda råd, de goda råden／3. ett moget äpple, det mogna äpplet, mogna äpplen, de mogna äpplena／4. en ny bok, den nya boken, nya böcker, de nya böckerna／5. ett gammalt land, det gamla landet, gamla länder, de gamla länderna

問題2

1. vita／2. gamla／3. öppet／4. enkla／5. tung／6. stora／7. vackra

問題3

1. röd／2. typiskt／3. röda／4. klassiska

白い隅柱の赤い家．これがスウェーデンの典型的な木造住宅です．この赤い色はダーラナにあるファールン大鉱山の顔料から製造されます．それで，この古典的な色はファールンレッドと呼ばれます．

問題4

1. Han är lång och har långa armar och ben.／2. Jag vill ha en tunn plånbok.／3. Det nya museet äger över hundratusen tavlor.／4. De gamla sedlarna går inte längre att använda.／5. Tre långa män pratar utanför den stängda dörren.

Kapitel 35

問題1

1. den här röda tandborsten／2. de här röda tandborstarna／3. min röda tandborste／4. mina röda tandborstar

問題2

1. svart, svarta／2. grönt, gröna／3. gult, gula／4. brunt, bruna／5. rosa, rosa（-aで終わる無変化の形容詞☞Kapitel 33）

問題3

1. hans bruna ögon／2. den där rosa klänningen／3. Hennes svarta hår／4. De här gula svamparna／5. den här gröna växten

問題4

A：疲れていそうだね，ウルフ．目の下にクマがあるよ．／B：新しいベッドでよく眠れないんだ．僕には硬すぎるんだ．／A：返品して新しいベッドを買った方がいいよ．

問題5

1. Varför ser de så glada ut?／2. Den där långa mannen ser arg ut.／3. Vår snälla lärare ser sur ut idag.／4. Han är tyst och ser orolig ut.

Kapitel 36

問題1

1. Staden är liten.／2. Städerna är små.／3. Rummet är litet.／4. Rummen är små.

問題2

1. en liten stad, den lilla staden, små

städer, de små städerna／2. ett litet rum, det lilla rummet, små rum, de små rummen

問題3

1. den här lilla staden／2. de här små städerna／3. mitt lilla rum／4. mina små rum

問題4

1. liten／2. små／3. lilla

アンナへ

今私たちはストックホルム群島のヴァックスホルムにいます．ヴァックスホルムは小さな町ですが，素敵で小さなお店やレストラン，お家があります．私たちが泊まっているホテルは水辺にあり，すばらしい眺めです．天気はよくて食べ物もおいしいです．お母さんとお父さんより．

問題5

1. Han ser liten ut bredvid den stora hästen. ／2. Den lilla flickan tar hand om de små fåglarna. ／ 3. Det finns många små skillnader mellan produkterna.

Kapitel 37

問題1

1. någon／2. någon／3. några／4. någon／5. något／6. något

問題2

1. något／2. någon／3. någon／4. några／5. något

A:今日顔色悪いね．／B:頭が痛いんです．偏頭痛に効くものってないかな？／A:家に帰って休んだほうがいいよ．／B:今日はやることがたくさんあるんだ．／A:あなたの部署に代わりに仕事をできる人はいないの？／B：いや手伝ってくれる時間のある人はいなそうなんだ．彼らは忙しくてね．頭痛薬持ってない？／A：残念ながら持ってないよ．この近くに薬局はある？ 買いに行くよ．／B：ありがとう，通りの向こう一軒にあるよ．

問題3

1. Har du något husdjur? Ja, jag har en katt.／2. Finns det något att äta? Jag är hungrig. ／ 3. Vi har inte någon mjölk

hemma.／4. Är det någon som kan hjälpa mig?／5. Jag har några biljetter kvar.

Kapitel 38

問題1

1.sådan／2. ingen／3. ingenting(inget)／4. sådana／5. ingen／6. Ingen／7. inget／8. inga

問題2

1. sådana／2. sådant／3. inget(ingenting)／4. inget／5. Ingen／6. sådan／7. ingen

A: 誰がそんなウソを広めているんだ？／B: 彼女とそんな関係があるの？／A: ...／B: なんで何も言わないの？／A: 彼女と関係なんてないさ．ただの親友だよ．誰もそんなウソを言うべきじゃない．／B: だけど，火のない所に煙は立たないって，よく言うじゃない．

問題3

1. De har ingen chans att vinna.／2. Ingen kan garantera ett bra resultat på förhand. ／3. Jag vill köpa sådana byxor som han har.／4. Jag vill hyra en sådan lägenhet som hon bor i.

Kapitel 39

問題1

1. er／2. sig／3. sig／4. dig／5. sig／6. dig／7. mig／8. oss／9. dig／10. sig

問題2

1. reser／2. tar／3. tvättar／4. rakar／5. tar／6. skyndar／7. tar／8. ger

ウルフはアームチェアーから立ち上がり，パジャマを脱ぎバスルームに入る．彼は体を洗い，石鹸を体から落とす．彼はタオルで体を拭う．バスルームの戸棚を開け，カミソリを取り出し，それで髭を剃る．それから彼は服を着る．彼には時間がなく，急ぐ．天気予報によると雨になる．彼は傘を持って職場へと出発する．

問題3

1. När ger du dig iväg?／2. Hur ofta klipper du dig?／3. Barnen brukar lägga sig kl 8 på kvällen.／4. Han reser sig och ställer sig

vid diskbänken. / 5. Sätt dig inte på den där stolen.

Kapitel 40

問題1

1. oss / 2. sig / 3. sig / 4. mig / 5. er

問題2

1. sin / 2. ditt / 3. sina / 4. min / 5. dina / 6. er

問題3

1. sitt / 2. sin / 3. sin / 4. Hans（主語なので再帰代名詞が使えない）

問題4

1. Jag nöjer mig inte med deras svar. / 2. Han beter sig som ett barn. / 3. Hon spelar fotboll tillsammans med sina vänner på lördagar. / 4. Nu måste vi bestämma oss om vår framtid.

Kapitel 41

問題1

1. kommer att, 走る必要はないよ. 疲れることになる. / 2. ska, 今晩映画を見に行きます. / 3. ska, テーリアによると障害の問題は解決される. / 4. kommer att, イタリアに引っ越すの？ 寂しくなるな. / 5. ska, 彼は西海岸にサマーコテージを買うことにしている.（kommer att, 彼は西海岸にサマーコテージを買うことが決まっている）/ 6. kommer att, その列車は11時15分に出発する.

問題2

A: 週末は何をするの？ / B:スカンセンに行って結婚式に出るんだ. / A:え？ スカンセンで結婚式？ スカンセンは野外博物館だよね？ / B: スカンセンにはセーグローラ教会という教会があって，そこで親友が結婚式を開くんだ. その教会はストックホルムで有名な結婚式場の1つなんだよ. / A: 披露宴もスカンセンでするの？ / B: うん, スカンセンには伝統的な披露宴の会場もあるんだ.

問題3

1. Gör det inte! Du kommer att ångra dig. / 2. Om en timme ska jag ge mig iväg. / 3. Vi ska gifta om oss nästnästa vecka. / 4. Ska

du klippa dig i övermorgon? / 5. Jag ska åka till Grekland i sommar tillsammans med mina vänner.

Kapitel 42

問題1

1. svarar, svarade, Svara! / 2. tror, trodde, Tro! / 3. hyr, hyrde, Hyr! / 4. hjälper, hjälpte, Hjälp! / 5. frågar, frågade, Fråga! / 6. åker, åkte, Åk! / 7. hör, hörde, Hör! / 8. ställer, ställde, Ställ! / 9. syr, sydde, Sy! / 10. bygger, byggde, Bygg!

問題2

1. hörde / 2. hjälpte / 3. sydde / 4. ställde / 5. svarade

問題3

1. frågade / 2. hamnade / 3. ringde / 4. klagade / 5. försökte / 6. svarade

「昨晩何をしていたの？」とエイナルが尋ねました. 「友達と外出してバーに行くことになったの」とカーリンが言いました. 「なんで私に電話してこなかったんだ？」と彼は文句を言いました. 「電話をしようとしたけど出なかったの」と彼女が言いました.

問題4

1. Jag trodde på jultomten. / 2. Jag hyrde en liten tvåa utanför Lund i andra hand. / 3. Vi åkte buss hela vägen till Danmark. / 4. Sverige och Danmark byggde en bro över Öresund. / 5. Han öppnade ett mejl från Migrationsverket.

Kapitel 43

問題1

1. ångrar sig, ångrade sig, ångrat sig / 2. reser sig, reste sig, rest sig / 3. lär sig, lärde sig, lärt sig / 4. nöjer sig, nöjde sig, nöjt sig / 5. klär sig, klädde sig, klätt sig / 6. beter sig, betedde sig, betett sig / 7. klipper sig, klippte sig, klippt sig / 8. bryr sig om, brydde sig om, brytt sig om / 9. roar sig, roade sig, roat sig

問題2

1. klippt ／2. brytt ／3. ångrat ／4. nöjt ／5. lärt

問題3

1. flyttat／2. lärt／3. jobbat／4. arbetat／5. bott

ドミニクはポーランドからスウェーデンに越してきました．彼は2年間スウェーデン語を勉強していて、これから働らかなければなりません．この前の月曜日に仕事を探しに職業安定所に行きました．職業安定所の女性は彼に簡易のレストランでのウエイターとしての一時的な仕事を提案しました．彼はレストランで働いたことはありますが，夏の間だけです．ポーランドでは長年電気技師として働いてきたので，そのような仕事につきたいと思っています．彼は10年以上スウェーデンに住んでいるポーランド人に電話して，助言をお願いすることにしています．

問題4

1. Hon har kört bil i många år.／2. Jag har just stängt av datorn.／3. Dominik har öppnat en ny affär.／4. Han har betett sig som ett barn.

Kapitel 44

問題1

1. drömmer, drömde, drömt, Dröm!／2. påminner, påminde, påmint, Påminn!／3. gömmer, gömde, gömt, Göm!／4. gifter sig, gifte sig, gift sig, Gift dig!／5. betyder, betydde, betytt, Betyd! ／ 6. använder, använde, använt, Använd!／7. möter, mötte, mött, Möt!／8. sänder, sände, sänt, Sänd!／9. leder, ledde, lett, Led!

問題2

1. 私はまだそのアプリを使っていません．／2. 彼は一度も初恋のことを忘れたことがない．／3. 彼女はちょうど結婚したところで，まもなく新婚旅行に行く．／4. これまで日本に行くことを夢見たことはありますか？今がチャンスです．／5. 彼は10年以上身を隠してきた．

問題3

1. läst／2. tittat／3. hänt／4. hittat／5. flytt

／6. lämnat

A: もう新聞読んだ？それかテレビのニュースを見た？／B: いや，何か起こったの？／A: そう，ついに警察が先週の金曜から行方不明になっていた男の子を発見したんだ．だけど容疑者は隠れ家から逃げてしまった．痕跡を残してなく，いまだ逃亡中なんだ．

問題4

1. Hon kände sig ledsen och ensam.／2. I fredags bytte jag lysröret i köket.／3. Jag påminde honom om hans ansvar.／4. Erik lyfte ansiktet och tittade på henne.／5. Han vände bilen och körde tillbaka till staden.

Kapitel 45

問題1

1. dricker, drack, druckit, Drick! ／ 2. griper, grep, gripit, Grip!／3. skjuter, sköt（過去形で j が落ちることに注意）, skjutit, Skjut!／4. fryser, frös, frusit, Frys!／5. skär, skar, skurit, Skär!／6. tar, tog, tagit, Ta!／7. springer, sprang, sprungit, Spring! ／8. stjäl, stal, stulit（過去形・完了形で j が落ちることに注意）, Stjäl!／9. finner, fann, funnit, Finn!／10. sjunker, sjönk, sjunkit, Sjunk!／11. bryter, bröt, brutit, Bryt!／12. drar, drog, dragit, Dra!

問題2

1. 私はまだメールを一通も書いていません．／2. 彼女は誰とも連絡を取ってこなかった．／3. 私たちは2度トルコに行ったことがあります．／4. 彼は18カ月刑務所に入っている．

問題3

1. tog, 1625年グスタヴ2世ヴァーサが戦艦ヴァーサ号の建造を命じた．2年かかり，1628年に完成した．／2. blev, 8月10日ヴァーサ号は処女航海に出たが，それが長い航海となることはなかった．／3. slog, 出航から数分後，強風がヴァーサ号を襲い，船が傾いた．／4. sjönk, 水が開いた砲台の窓から勢いよく流れ込み，ヴァーサ号は沈没した．／5. fann, 1956年アマチュアの研究家のアンデシュ・フランセーンがサルトシューンで沈

没船を発見した.

問題4

1. Någon har stulit min bil.／2. Igår grep polisen en gärningsman.／3. Jag har inte druckit kaffe än.／4. Vi bjöd våra vänner på middag.

Kapitel 46

問題1

1. säger, sade(sa), sagt, Säg!／2. ger, gav, gett, Ge!／3. ska, skulle, skolat, ×（命令形なし）／4. lägger, lade[la], lagt, Lägg!／5. kan, kunde, kunnat, ×／6. får, fick, fått, Få!／7. vet, visste, vetat, ×／8. ser, såg, sett, Se!

問題2

1. 彼は昨年海外に移籍したかったが，それでもIFKに残留した. ／2. 彼女はこの前の秋にスウェーデンアカデミーのスキャンダルに関する本を出版した. ／3. 先月ボルボはアメリカ市場で9000台余りの車を販売した. ／4. 彼女は20年前にALSという病気にかかった.

問題3

1. uppfann／2. kunde／3. gav

アルフレッド・ノベルはノベル賞の創始者として広く知られています. 彼は道路，鉱山，鉄道や港を作るためにダイナマイトを発明しました. しかしダイナマイトは爆弾や他の武器としても使用することができました. それは大変残念なことだと彼は思いました. そういうわけで彼は自身の資産をノベル賞のために寄付したのです.

問題4

1. Hans lillebror dog i tisdags.／2. Han fick influensa och låg till sängs förra veckan.／3. "Sven hade hög feber igår" sade hon.／4. Jag hade ont i halsen och kunde inte svälja. ／5. Han tog en huvudvärkstablett och drack ett glas vatten.

Kapitel 47

問題1

1. på／2. på／3. på／4. på／5. i／6. i／7. på／8. i／9. på／10. på

問題2

1. i／2. på／3. på／4. på／5. på／6. på

問題3

1. Jag har inte kört bil på sju år.／2. Anna har jobbat som frisör i många år.／3. Vill du lära dig lösa Rubiks kub på tio sekunder?／4. Igår sken solen för första gången på länge.／5. Jag åkte skridskor för första gången på tjugo år.

Kapitel 48

問題1

1. De står inte och sjunger psalmer.／2. Står de och sjunger psalmer?／3. De står i kyrkan och sjunger psalmer.／4. De stod och sjöng psalmer.

問題2

1. ところで何を読んでいるの?／2. 彼らは庭にプールを作っていた. ／3. 彼は意識を失いかけていた. ／4. その時彼女は自室で小説を書いていた.

問題3

① sitter du och gör sent på natten／② syskon ligger ju i sängen och sover

A: 夜遅くに何をしているの?／B: 音楽を聴いてるんだ. 邪魔だった?／A: そうね. ステレオを切るか，音量を下げるかしてくれる? 兄弟がベッドで寝ているのよ.

問題4

1. Johan sitter i soffan och tittar på tv.／2. De låg i gräset och solade sig.／3. Han står i köket och lagar middag.／4. Vi håller på och utreder mordet.／5. Jag höll på att glömma bort hans julklapp.

Kapitel 49

問題1

1. började／2. hann／3. tänker／4. råkat／5. bör (borde) ／6. lär／7. orkade／8. försökte／9. vågar／10. borde, sluta

問題2

1. slutat／2. börjat／3. råkade／4. försökte

／5. bör

スウェーデン人の大多数が現金の使用をやめ，スウィッシュというアプリで支払いを始めています．そのアプリで送金することもできます．しかしうまく行かないこともあるのです．ある男性がスウィッシュで送金する際にたまたま間違った電話番号を書いてしまい，結果として違う人にお金を送ってしまいました．その男性はお金を受け取った人と連絡を取ろうとしましたが，彼女は反応せず，お金をそのまま手元におきました．スウィッシュで送金する際は慎重になりましょう．

問題3

1. Barnen har börjat pynta julgranen.／2. Jag har inte hunnit skriva julkort.／3. Jag tänker köpa julskinka i år.

Kapitel 50

問題1

1. Vi glömmer dem inte.／2. Vi glömmer inte våra vänner.／3. Vi ska inte glömma dem.／4. Vi har inte glömt dem.／5. Jag vill inte oroa honom.／6. Varför skiljer hon sig inte?／7. Han gav henne inte några pengar.

問題2

1. ペッレはその犯罪を犯すべきではなかった．／2. 彼はイタリアに少なくとも5年住んでいたにちがいない．／3. 私はスヴェンに彼女の計画について話しておくべきだった．

問題3

① borde inte ha sagt det.／② bryr mig inte om vad du sade.

A: ごめんなさい，あんな言い方すべきじゃなかった．／B：私はあなたの言ったことなんか気にもしてないわ．／A：君を傷つけるつもりはなかったんだ．

問題4

1. Sven känner sig inte ensam.／2. Hon märkte honom inte.／3. Han måste ha tappat ringen någonstans.／4. Han skulle ha gift sig med henne.

Kapitel 51

問題1

1. utan／2. för／3. eller／4. men

問題2

1. 道は濡れていた，というのも雨がたくさん降っていたから．／2. 毎晩，アンナがヤーンに電話をするか，その逆でヤーンがアンナに電話をかけるかします．／3. 私は仕事を続けることができず帰宅せざるを得なかった．

問題3

1. och／2. och／3. men／4. för／5. eller

スウェーデンは武器を製造し世界に売っている国の1つです．武器輸出は利益と新たな雇用を生み出しますが，反対する人も多くいます．というのはスウェーデンは人権侵害をし，かつ／あるいは独裁である国家にも武器を輸出してきたからです．

問題4

1. Han är inte sparsam utan snål.／2. Hon var glad för hon hade träffat en pojke och blivit kär.

Kapitel 52

問題1

1. Polisen påstod att jag hade deltagit i demonstrationen.／2. Framför allt vill jag veta om han är skyldig.／3. Domstolen avgör vem som är skyldig och vem som är oskyldig.／4. Mannen berättade inte vem han hade dödat.／5. Du har rätt att välja vilken advokat som ska försvara dig.

問題2

① bestämmer hur hög eller låg räntan är／② ser till att pengarna behåller sitt värde

リクスバンケンはスウェーデンの中央銀行で，世界最古の中央銀行です．彼らは金利を決定し，貨幣の価値が維持されるようにします．また，スウェーデンの紙幣や硬貨も発行します．

問題3

1. Han säger att han gillar sin nya ordbok.／2. Jag vet inte om han förstår vad jag säger.／3. Hon berättade vad hon hade sett utanför huset.／4. Gissa vem som har lagat maten! Kan du gissa vem som har lagat maten?／5. Han frågade vad som hade hänt

sedan.

Kapitel 53

問題1

1. tills／2. medan／3. sedan／4. när／5. innan／6. när／7. förrän

問題2

1. Hon säger att hon sällan går på bio.／2. Jag kunde inte sova förrän allt var klart.／3. Jag kan säga att jag aldrig kommer att glömma den här dagen.／4. När jag hade läst boken gick jag och lade mig.

問題3

A: 掃除が終わったら何をしようか？／B: 映画を見に行かない？　最後に映画に行ってからだいぶ経ったよね．大きなスクリーンで映画を見るのは楽しい．／B: 子供の時最初に映画館に行ったのがいつか覚えている？／A:　10歳ごろに初めて映画館に行ったよ．

問題4

1. Göran låg i sängen och läste en bok tills han somnade.／2. Hon har arbetat som ingenjör sedan hon flyttade till Lund.／3. När jag hade duschat klädde jag snabbt på mig.／4. Han sade att han inte hade tid att laga mat.

Kapitel 54

問題1

1. jag inte har pengar kan jag inte köpa nya kläder.／2. att han inte klarade tentan.／3. vi gifte oss för tjugo år sedan har vi bott i Malmö.／4. tror att du möjligen är känslig mot pollen.／5. säger att han oftast skriver det första kapitlet sist.／6. du börjar på Sfi gör du ett nivåtest för att hitta rätt kurs.

問題2

自然享受権とは何か知っていますか？　その（権利の）おかげで我々は自然の中を自由に移動することができるのです．しかし，土地所有者に配慮を示し，自然と野生動物に対して責任を持たなければなりません．例えば焚火をすることができますが，

岩の上で直接はできません．なぜなら，岩が割れる可能性があるからです．自然の中に犬を連れていくことは許されていますが，3月1日から8月30日の間はリードなしにしてはいけません．なぜならたいていの動物はその時期に子供を産み，犬たちが追いかけてしまう可能性があるからです．

問題3

1. Jag går hem därför att jag inte mår bra.／2. Jag kunde inte träna eftersom jag hade ont i ryggen.／3. Han säger att han ofta jobbar tio timmar om dagen.／4. Jag vet inte vad jag egentligen vill göra i framtiden.

Kapitel 55

問題1

1. så att／2. trots att (fast, fastän)／3. fast (fastän, trots att)／4. så att／5. även om

問題2

誰がコカ・コーラのボトルを発明したか知っていますか？　デザインしたのはスウェーデン系アメリカ人のガラス技師，アレクサンデル・サームエルソンです．彼は1862年ヨーテボリ近郊で生まれ1883年にアメリカに移住し，ガラス産業で働きました．その瓶はとてもユニークでみんなが認識でき，形状が曲線にもかかわらず持ちやすかったのです．加えて落としたとしてもめったに壊れることはありませんでした．

問題3

1. Jag skrattade fast jag inte var glad.／2. Han klagar inte även om han är trött.／3. Pippi är så stark att hon kan lyfta sin häst.／4. Han ropade högt så att alla kunde höra.／5. Han tog medicin så att han blev frisk.

Kapitel 56

問題1

1. jag var du skulle jag ge honom en chans.／2. heter halvön där Spanien och Portugal ligger?／3. när jag vaknar går jag och hämtar tidningen.／4. han levt idag skulle han ha fyllt 100 år.／5. en vacker ö dit många

turister åker på sommaren.

問題2

1. när／2. förrän／3. där／4. dit／5. om／6. därför att

スウェーデンでは18歳になるとレストランやバーで合法的にアルコールを飲めるようになります．しかし，酒屋では20歳になってはじめて買うことができます．スウェーデンの酒屋はシステームボラーゲットと言い，アルコールを買うことができる唯一の国営専売会社です．スウェーデン全土に440以上の店舗と注文することができる約480の代理店があります．もしアルコールを買いたいのであれば，休日は多くの店舗が閉まっているので，平日に行ってください．

問題3

1. Jag ska klippa gräsmattan om det inte regnar nu på söndag.／2. Om något hade hänt skulle han ha ringt till mig.／3. Hon säger att hon aldrig har varit i affären där han jobbar.／4. Stockholm är en stad dit jag vill flytta.

Kapitel 57

問題1

1. är en vän som jag alltid kan lita på.／2. säger att han fått svåra skador i huvudet.／3. var antingen död eller medvetslös av.／4. erkände min man att han gjort fel.／5. kommer både turister och lokalbor för att njuta av.

問題2

ストックホルム市とストックホルムレーンの公共交通機関を運営するのはストックホルム交通局です．旅行（移動）について知りたいことはすべてホームページとアプリで見つけることができます．様々な種類のカードや切符があり，旅行者に人気なのは1日券・3日券あるいは1週間券です．バス，近郊電車あるいは地下鉄で何かを失くしたと思ったらストックホルム交通局に連絡を取ってください．

問題3

1. Jag har varken jobb eller bostad.／2. De som jobbar här pratar antingen tyska eller

franska.／3. Han äter varken kött eller fisk därför att han är vegetarian.／4. Spara kvittot när du har köpt något.

Kapitel 58

問題1

1. drabbas, drabbas, drabbades, drabbats／2. användas, används, användes, använts／3. införas, införs, infördes, införts／4. nås, nås, nåddes, nåtts／5. lösas, löses, löstes, lösts／6. väljas, väljs, valdes, valts

問題2

1. drabbades／2. använts／3. införs／4. nås／5. löses／6. valdes

問題3

ニシンの酢漬けかシュールストルミングを食べたことはありますか？　両方に使われている魚は違う名前ですが，同一の種なのです．バルト海のカルマルより北で釣られたものはストルミングと呼ばれます．一方西海岸やスコーネで取れたそれはシルと呼ばれます．ストルミングはシルに比べて比較的小さく，それは主に塩分の含有量によります．ストルミングの生息するバルト海は比較的塩分含有量が低く，そのため魚の大きさに影響を与えるのです．

問題4

1. Lägenheten såldes av hans son.／2. Hennes böcker har lästs av över 6 miljoner människor.／3. Mannen bets till döds av en orm.／4. Branden upptäcktes av en vakt klockan ett på natten.

Kapitel 59

問題1

1. slåss, slogs, slagits ／ 2. behövs, behövdes, behövts ／ 3. låtsas, låtsades, låtsats ／ 4. kysses, kysstes, kyssts ／ 5. fördubblas, fördubblades, fördubblats ／ 6. svettas, svettades, svettats

問題2

1. slagits ／ 2. behövs ／ 3. låtsades ／ 4. kysstes／5. fördubblades／6. svettades

問題3

1. kallas／2. hjälptes／3. förändras／4. hämnas／5. halshöggs／6. kallas

長い間スウェーデンはデンマークと同盟を組んでいた．その同盟はカルマル同盟と呼ばれ，敵に対抗して助け合ってきた．しかし，同盟を束ねていたデンマーク女王マルガレータが亡くなった後，状況が変わり始め，デンマークとスウェーデンはお互いに戦争を行った．デンマークが1520年に勝利し，デンマーク王のクリスティアンがスウェーデンの王を兼ねた．彼は戦争で彼と戦ったスウェーデン人に復讐をしたいと考えた．ガムラスタンのストールトーリエットで80人以上のスウェーデン人が首を切られた．その地面は血で濡れたので，その出来事はストックホルムの血浴と呼ばれている．

問題4

1. Anna avundades sin kollega som hade lyckats få tag på biljetterna. ／ 2. Hon mindes inte att vi hade träffats.／3. Han svettades och kräktes under hela natten.／4. Andas djupt och långsamt

Kapitel 60

問題1

1. grillad, grillat, grillade／2. beställd, beställt, beställda／3. hyrd, hyrt, hyrda／4. låst, låst, låsta／5. klädd, klätt, klädda／6. stulen, stulet, stulna

問題2

1. en stulen cykel, den stulna cykeln, stulna cyklar, de stulna cyklarna／2. ett beställt paket, det beställda paketet, beställda paket, de beställda paketen

問題3

1. det grillade köttet／2. två hyrda rum／3. de låsta dörrarna／4. den där klädda julgranen

問題4

1. (ny)byggd／2. (nyin)köpta／3. möblerade／4. renoverat

A: もうマンション見つけた？ それともまだ探してる？／B: 新築のマンションを見つけたんだけど高かったんだ．／A: 購入したばかりのストールガータンのマンションを貸し出したいって言う友人がいるんだけど．70平米で，家具付きの部屋2つと新しくリノベーションしたキッチンがあるマンションなんだ．／B: いくらなの？／A: 月5000クローナ．／B: そこそこ安いね．

問題5

1. Han försökte ta sig ut genom det stängda fönstret. ／2. Den mobbade eleven har bytt skola. ／3. Jag äter kokt ägg till frukost varje dag. ／4. Han behöver två skrivna intyg.

Kapitel 61

問題1

1. vald, valt, valda／2. förstådd, förstått, förstådda／3. såld, sålt, sålda／4. översatt, översatt, översatta

問題2

1. ett sålt hus, det sålda huset, sålda hus, de sålda husen／2. en översatt roman, den översatta romanen, översatta romaner, de översatta romanerna

問題3

1. Hon blev vald till riksdagsman.／2. De blev valda till riksdagsmän.

問題4

1. avrättad ／ 2. kastade ／ 3. jagad ／ 4. skickade／5. vald

すべてはグスタヴ・ヴァーサの父が処刑され，母と姉妹が投獄されたストックホルムの血浴から始まった．彼自身はデンマーク兵に追われて，ダーラナのモーラへと逃走した．彼はダーラナ人に助けを求めたが，彼らは彼の話に疑いを抱き，ヴァーサは再び深い雪の中ノルウェーへと向かって逃走した．その直後に，彼らはストックホルムの血浴に関する知らせを受け取り後悔することとなった．グスタヴ・ヴァーサを連れて戻すために，俊足のスキーヤーが2人送られた．彼らはノルウェーとの境界近くのセーレンで彼に追いつき，モーラへと戻った．グスタヴ・ヴァーサは農民たちとともにデンマーク人からスウェーデンを解放し，その後1523年6月

6日に王に選出された.

問題5

1. Min cykel blev stulen när jag handlade i affären.／2. Dörren var låst på natten så han inte kunde ta sig in.／3. Biljetterna är redan beställda och betalade.／4. Solen var dold bakom tjocka moln.

Kapitel 62

問題1

1. avgörande／2. smygande／3. pågående ／4. kommande

問題2

1. en sökande, sökanden, sökande, sökandena ／ 2. ett leende, leendet, leenden, leendena

問題3

1. avgörande／2. kommande／3. smygande ／4. pågående／5. sökande／6. leendet

問題4

1. Man, ens／2. Man, sig, man

問題5

1. visslande／2. lysande／3. meddelande／ 4. meddelanden ／ 5. ursäktande ／ 6. tigande

アンナは口笛を吹きながら受付にやって来て，キラキラしたまなざしで「彼はメッセージを残していないですか?」と尋ねた.「残念ながらメッセージはありません」と受付係が申し訳なさそうな調子で答えた. アンナは黙って自分の部屋へと戻った.

問題6

1. Han kom springande mot oss.／2. Man måste följa lagar och regler.／3. Det är ens plikt att rädda liv.

Kapitel 63

問題1

1. lättare, lättast／2. svårare, svårast／3. flexiblare, flexiblast／4. stelare, stelast／5. magrare, magrast／6. fetare, fetast／7. långsammare, långsammast／8. snabbare, snabbast

問題2

1. Ryska är svårare än svenska. ／ 2. Chrome är snabbare än Firefox.／3. Han är ännu magrare än tidigare. ／ 4. Hennes leende blev allt stelare.

問題3

1. ett lättare språk ／ 2. flexiblare arbetstider／3. den fetare fisken／4. de långsammare tågen

問題4

① den här nyare modellen är miljövänligare än andra／② är det inte snällare mot miljön att åka kollektivt än att köpa en bil

A: この車どう思う?／B: 49万9千クローナするの? 高いよ. もっと安い他のモデルはどう?／A:うん, だけど新しいモデルは他よりも環境に優しいんだ. 僕は燃費のよい車を買いたいよ. ／B:君がいつも気候変動に対して賢い選択をしたいと言っているのは知っているよ. だけど, 車を買うより公共交通機関を使った方が環境に対して優しいよね?

問題5

1. Klimatet förändras och världen blir allt varmare.／2. Att åka tåg är miljövänligare än att flyga.／3. Ju miljövänligare en produkt är desto dyrare är den.

Kapitel 64

問題1

1. det tyngsta ansvaret／2. den djupaste snön／3. den högsta nivån／4. det viktigaste beslutet／5. det lägsta priset／6. Vår yngsta dotter／7. mitt största intresse／8. hans kortaste svar

問題2

1. Sveriges största företag, det största företaget i Sverige／2. Norges populäraste resmål, det populäraste resmålet i Norge ／3. Japans längsta flod, den längsta floden i Japan／4. lagets yngsta spelare, den yngsta spelaren i laget／5. Sveriges näst djupaste sjö, den näst djupaste sjön i Sverige／6.

världens sjätte högsta byggnad, den sjätte högsta byggnaden i världen

問題3

ヴェーネン湖はスウェーデン最大の湖で，ヨーロッパでは3番目の大きさになります．スウェーデン西部にあり，ダールスランド，ヴァルムランド，ヴェステルユートランドというランドスカープに囲まれています．北からはクラール川が流れ込んでいて，それは南へ海へと流れるユータ川とともにスウェーデン最長の川として数えられています．

問題4

1. Malmö är Sveriges tredje största stad. Malmö är den tredje största staden i Sverige./2. Sveriges längsta man genom tiderna hette Gustaf Edman, och var 242 cm lång. / 3. Kebnekaise är Sveriges högsta berg och den högsta toppen är 2 111 meter över havet.

Kapitel 65

問題1

1. Hon är äldst av fyra syskon. Hon är den äldsta av fyra syskon. / 2. Pappa och mamma är bäst i världen. Pappa och mamma är de bästa i världen./3. Januari och februari är kallast. Januari och februari är de kallaste. Det är kallast i januari och februari./4. Vem är farligast av dem? Vem är den farligaste av dem?

問題2

1. äldsta / 2. äldsta, minsta, mer / 3. största

1. ウップサーラ大学は1477年に大司教ヤーコブ・ウルフソンによって創立された北欧最古の高等教育機関です．／2. ルンド大学はスウェーデンで2番目に古い大学です．学生数は3大学の中で最少ですが，総収入は約89億クローナに達し，ウップサーラ大学の総収入よりも約16億クローナ多くなっています．／3. ストックホルム大学は1878年ストックホルム単科大学として創立されました．ストックホルム大学は学生数でスウェーデン最大です．

問題3

1. Öland är Sveriges näst största ö och minsta landskap.

Öland är den näst största ön och det minsta landskapet i Sverige./2. Bostadsbristen i Göteborg är värst i Sverige./3. Patientens hälsotillstånd blev sämre./4. Strömming är mindre än sill./5. Kvinnan är nästan lika gammal som jag./6. Jag är inte så dum som du tror.

Kapitel 66

問題1

1. mest spännande：ベルリンはヨーロッパで最も刺激的な都市だ．／2. mer optimistiska：我々はグレータ・トゥーンバリより楽観的だ．／3. mest jämställda：私はスウェーデンが世界で一番平等な国だと思う．／4. mest älskade：アストリッド・リンドグレーンはスウェーデンで最も愛されている作家の一人だ／5. mer beroende：彼女はだんだん娘に依存していった．／6. mest dramatisk：すべての中で第3幕が最もドラマチックだった．／7. mest intresserad：どのニュースに一番興味を持ちましたか？

問題2

1. äldsta／2. största／3. längsta／4. äldre／5. mer känd／6. mer lockande

ヴァーサロッペトは世界で最も歴史があり最大のスキーの長距離レースです．その競技会は3月の第1日曜日に行われ，距離はセーレンからモーラまでの90キロで，世界最長のスキーレースです．1922年に始まりましたが歴史はそれよりもずっと古いのです．競技会の背景には，グスタヴ・ヴァーサの名前の方でより知られている，グスタヴ・エーリクソンに関する歴史が関わっています．ヴァーサロッペトは彼がデンマーク王の兵から逃れたコースを走ります．今日さまざまな種類のクロスカントリーレースが用意されていて，ヴァーサロッペトは以前よりも魅力的なものになっています．

問題3

1. Volvo V70 är den mest sålda bilen i Sverige./2. Listan är mer omfattande än vi

(hade) förväntat oss.／3. De ville göra landet mer demokratiskt.／4. Jag tänker ge henne något mer praktiskt i present.

Kapitel 67

問題1
1. helst／2. långsammare／3. längst／4. mer ／ 5. värst ／ 6. mindre ／ 7. mer koncentrerat

問題2
夏至祭は6月の祝日で，一年で最も日が長く輝く夏至の頃にあります．夏至はたいてい家族や友人と，よく野外で，そしてよく田舎で祝われます．最もにぎやかな日は，夏至祭前日で，いつも金曜日にあります．その時，葉っぱと花で飾られたメイポールが立てられ，円を作り，「小さなカエル」などの歌を歌いながら，その周りで踊ります．

問題3
1. Jag vill hellre laga min mobil än köpa en ny.／2. Jag vill sova längre på helgen.／3. Jag vill veta mer om dalahästen.

Kapitel 68

問題1
1. bakom ／ 2. framför ／ 3. under ／ 4. mittemot／5. åt／6. ur／7. till, om／8. mot ／9. från, till

問題2
A：すみません．ストックホルム王宮はどこにありますか？／B：ハムンガータンをまっすぐ進んで，右に曲がってください．つづけて王立公園を通り抜け，そのあと橋を渡ってください．そこに王宮があります．／A：ありがとうございます．／B：近衛兵の交代式を見逃さないでね．12時に始まりますよ．

問題3
1. Hon satte sig mittemot honom.／2. Han fortsatte gå längs trottoaren.／3. Hon steg på tåget mot Malmö.／4. Ställ dig till höger om henne!

Kapitel 69

問題1

1. runt／2. utanför／3. mellan／4. innanför ／5. bland

問題2
1. från, med, till, med／2. sedan／3. vid／4. för

問題3
1986年2月28日の晩，オーロフ・パルメ首相はスヴェーアヴェーゲンの映画館グランドを後にした．彼は妻のリースベットとともにいて，夫妻はスヴェーアヴェーゲンを南に歩いていた．23時21分，スヴェーアヴェーゲンとトゥンネルガータンの十字路で，彼は近距離から撃たれた．パルメはその場で死亡し，一方リースベットは軽症で済んだ．オーロフ・パルメはスウェーデン史上最も有名な政治家の一人だ．

問題4
1 Olof Palme mördades för 34 år sedan.／2. Gärningsmannen är död sedan flera år tillbaka. Gärningsmannen dog för flera år sedan.

Kapitel 70

問題1
1. nästan ／ 2. lite ／ 3. ungefär, cirka, omkring, runt／4. otroligt／5. knappt／6. helt ／ 7. väldigt, mycket ／ 8. drygt ／ 9. hemskt, fruktansvärt／10. ganska

問題2
1. 彼女は明らかに大きな声でハッキリと言った．／2. 幸せなことに，彼女は少なくとも幸せな結婚生活を送っているようだ．

問題3
1. Nästan／2. ungefär／3. knappt
スウェーデンで発電される電気のほぼ80％は水力と原子力から来ています．近年再生可能エネルギーが急激に増えていて，約50％に達しています．その中で最大なのは水力で約40％です．太陽光は1％未満でこの統計には含まれていません．

Kapitel 71

問題1
1. a：彼は歩いて帰宅した．というのも車を持っていなかったんです．／2. d：彼女はこの前の秋に

手術を受けたが，しかしそれでもよくならなかった．／3. c：自家製のパンはおいしいだけではない．加えてずっと安いんです．／4. a：私はあくびをしたが実は疲れて（眠たく）なかった．／5. d：若者の失業率は現在約20%だ．したがって5分の1の若者は職がないと言える．／6. a：彼らは部屋の隅で黙っていたが，一方で私は黙っていられなかった．

問題2

オーランドはバルト海のスウェーデンとフィンランドの真ん中に位置する群島です．そこではスウェーデン語が話されていますが，フィンランドに帰属します．オーランドはかつてスウェーデンの一部でした．しかし1809年にスウェーデンはフィンランドとオーランドをロシアに割譲しました．フィンランドが1917年に独立した際，オーランド人はスウェーデンとの再統合を望みましたが，しかしながらそうはなりませんでした．しかしオーランドは代わりに自治区の地位を得ることとなりました．

問題3

1. Jag tror han behöver dig. Han är nämligen sjuk.／2. Meddelandet ser äkta ut men avsändaren är i själva verket falsk.／3. Eftersom deras föräldrar är kusiner, är de alltså sysslingar.／4. Hon har allt, men är ändå inte lycklig.

Kapitel 72

問題1

1. kavlade ut degen på köksbordet.／2. du ätit upp kakorna än?／3. de hem utan extra kostnad?／4. kom inte fram förrän klockan nio.／5. in degen i kylskåpet i cirka 20 minuter.／6. du plocka undan disken på bordet／7. packar du ner i din väska när du åker／8. du ställa fram en tallrik till?

問題2

1. bortsprungen／2. upphittad／3. instängd
A: 猫が（走って）いなくなったんです．探しているんですが，いまだに見つかっていません．／B: 車庫，地下室，小屋や似たような場所を探してみて．そんな場所に誤って閉じ込められている可能

性があります．

問題3

1. Han hyrde ut sin lägenhet medan han bodde utomlands.／2. Hon kastade bort gamla dagböcker och brev.／3. Han bantade och gick ner i vikt.

Kapitel 73

問題1

1. om／2. i／3. på／4. emot／5. till／6. ur／7. av／8. med／9. över

問題2

1. avbröts, bröt av／2. framgår, gick fram／3. lägger av, avlägga／4. stryka under, understryka

問題3

1. Han tog av sig och hoppade i sjön.／2. Han pratade på medan de andra höll tyst.／3. Jag stängde av mobilen och gömde mig under sängen.／4. Köttet som butiken hade köpt in är redan sålt

Kapitel 74

問題1

1. denna dag, dessa dagar／2. detta land, dessa länder／3. detta område, dessa områden／4. denna situation, dessa situationer

問題2

1. denna långa tid／2. detta tidiga skede／3. dessa vackra ord

問題3

1. Säg vad som helst!／2. Du kan ringa när som helst.／3. Jag vill ha vilket jobb som helst.／4. Vem som helst kan inte delta i tävlingen.

問題4

今日ネット上では例えばSVT Playのようなオンデマンドサービスが利用可能で，それによりスウェーデンのテレビ番組や映画をいつでも世界中どこでも見ることができます．SVT Playのアプリは誰にとっても，スウェーデン語の初学者にとってさえも使い

やすいものです．例えば，通常のニュース放送についていくことが難しい人のための「やさしいスウェーデン語ニュース」が提供されていています．聞けば聞くほど，理解ができるようになります．（注意：ただし，著作権の関係で日本からは見ることができない番組もある）

問題5

1. Ingen vet svaret på denna fråga.／2. Detta virus är farligt för oss.／3. Vilken dag som helst passar mig.／4. Hur som helst gillar jag Göteborg bättre än Stockholm.

Kapitel 75

問題1

1. annat／2. andra／3. annat／4. andra／5. andra／6. annan

問題2

1. all／2. helt／3. Alla／4. Allt／5. hel

問題3

A: なんでみんなトイレットペーパーを買いだめするんだろう？／B: スウェーデンのトイレットペーパーがすべてなくなるのを恐れているんだよ．／A: だけど生産者はトイレットペーパーなしの生活になる危険性はないって言っているよね？／B: うん，だけど僕たちは社会的動物で，他の人がたくさん買い込んでいるのを見ると，同じことをするんだ．

問題4

1. Är det någon annan som ska åka dit?／2. Alla kan inte göra allt.

Kapitel 76

問題1

1. vart／2. vartenda/var/varje／3. varannan／4. varenda／5. var

問題2

1. vars omdöme jag litar på／2. vilket orsakade trafikkaos i området

問題3

A: 処方箋を書いておきます．錠剤を1錠，1日3回，7時間ごとに1週間飲んでください．／B: 錠剤を飲むために夜中に起きなければなりませんか？／A: いいえ，例えば朝の7時，午後2時そして晩の21

時で大丈夫ですよ．毎食後である必要はありません．一週間後に来てください．お大事に．

問題4

1. På vintern åker han skidor cirka var tionde dag.／2. Jag har tränat varannan dag i en månad.／3. Han är fortfarande sjuk, vilket är synd.／4. Det är en linjal vars längd är 40 cm.

Kapitel 77

問題1

1. egen／2. egna／3. eget／4. egen／5. egna／6. eget

問題2

1. fast／2. ihjäl／3. för／4. sönder／5. igen／6. loss

問題3

① 5-årig／② lille／③ tidiga／④ inblandade／⑤ misstänkte

5歳の男の子が3日前の午後ストックホルムのスーデルマルムで誘拐された．6時間後の晩にその小さな少年は逃げ出すことに成功した．翌日の早朝に誘拐の容疑で50歳代の男が逮捕された．警察はその容疑者以外に複数の容疑者がいて，現在彼らの行方を追っていると言っている．

問題4

1. Den 17-årige pojken slog ihjäl sin egen mamma.／2. Vi måste hitta nästa stora marknad.／3. Den unge mannen spände fast sitt eget säkerhetsbälte.

Kapitel 78

問題1

1. Vad du är snäll!/Vad snäll du är!／2. Vilka dyra kläder hon har köpt!／3. Så intressant det är att läsa svenska!／4. En sådan tråkig film (det är)!／5. Vad du klagar på allt!

問題2

1. Vad var det som hände år 1523 i Sverige?／2. Är det Socialdemokraterna som är Sveriges största parti?／3. Det var Astrid Lindgren som skrev "Pippi Långstrump".

／4. När var det (som) Selma Lagerlöf fick nobelpriset i litteratur?／5. Det var främst i akvarell som Carl Larsson målade.

問題3

① svårt språk svenska är!／② är det som är svårt med svenska språket?

A: スウェーデン語は何て難しい言語なんだ！／B: スウェーデン語で難しいのは何ですか？／A: 文法は比較的簡単だけど，発音とイントネーションが私にとってはずっと難しいです．／B: 毎日スウェーデン語を聞いてね！　頑張って！

問題4

1. Vilken god mat! Är det du som har lagat den?／2. Vilken snygg kille! Vem är det (som) han pratar med?／3. Vilken praktisk bok! Vem var det som skrev den?

巻末資料

変化形を中心として，学習に便利な表を載せてあります.

1. 名詞

	単数未知形	単数既知形	複数未知形	複数既知形	意味
1	en flicka	flickan	flickor	flickorna	少女
2a	en bil	bilen	bilar	bilarna	車
2b	en pojke	pojken	pojkar	pojkarna	少年
3	en present	presenten	presenter	presenterna	贈り物
4	ett äpple	äpplet	äpplen	äpplena	りんご
5a	ett hus	huset	hus	husen	家／建物
5b	en lärare	läraren	lärare	lärarna	教師

2. 人称代名詞

		主格	目的格	所有格	再帰代名詞目的格	再帰代名詞所有格
単数	1 人称	jag	mig	min/mitt/mina		
	2 人称	du	dig	din/ditt/dina		
	3 人称	han	honom	hans		
		hon	henne	hennes		sin/sitt/sina
		den	den	dess	sig	
		det	det	dess		
	（一般人称）	man	en	ens		
複数	1 人称	vi	oss	vår/vårt/våra		
	2 人称	ni	er	er/ert/era		
	3 人称	de	dem	deras	sig	sin/sitt/sina

3. 形容詞（基本形 /-t 形 /-a 形）

基本形	-t 形	-a 形	意味
fin	fint	fina	素敵な

4. 名詞句

① X ＋形容詞（基本形 /-t 形 /-a 形）＋名詞未知形

	基本形 /-t 形 /-a 形	名詞未知形
1. en/någon/ingen/en annan/varje/vilken/en sådan	fin（基本形）	bil
2. ett/något/inget/ett annat/varje/vilket/ett sådant	fint（-t 形）	hus
3. två/några/inga/andra/vilka/sådana/många	fina（-a 形） fina	bilar hus

1. ｜ひとつの／ある／否定／別の／それぞれ／どの／そのような｜素敵な車
2. ｜ひとつの／ある／否定／別の／それぞれ／どの／そのような｜素敵な家
3. ｜2つの／いくつかの／否定／別の／どの／そのような／たくさんの｜素敵な｜車／家｜

② X ＋形容詞 -a 形＋名詞既知形

	-a 形	名詞既知形
4. den/den här/den där	fina	bilen
5. det/det här/det där	fina	huset
6. de/de här/de där	fina fina	bilarna husen

4. ｜その／この／あの｜素敵な車
5. ｜その／この／あの｜素敵な家
6. ｜それらの／これらの／あれらの｜素敵な｜車／家｜

③ X ＋形容詞 -a 形＋名詞未知形

	-a 形	名詞未知形
7. min/Annas/denna/samma/nästa/följande/föregående	fina	bil
8. mitt/Annas/detta/samma/nästa/följande/föregående	fina	hus
9. mina/Annas/dessa/samma/nästa/följande/föregående	fina fina	bilar hus

7. ｜私の／アンナの／この／同じ／次の／続く／前の｜素敵な車
8. ｜私の／アンナの／この／同じ／次の／続く／前の｜素敵な家
9. ｜私の／アンナの／この／同じ／次の／続く／前の｜素敵な｜車／家｜

5. 形容詞（原級・比較級・最上級）

原級（基本形）	比較級	最上級	意味
dyr	dyrare	dyrast	高価な
stor	större	störst	大きな
hög	högre	högst	（高さが）高い
ung	yngre	yngst	若い
tung	tyngre	tyngst	重い
låg	lägre	lägst	低い
lång	längre	längst	長い／背が高い
god, bra	bättre	bäst	よい
dålig	värre	värst	悪い
	sämre	sämst	
gammal	äldre	äldst	古い／年をとった
liten	mindre	minst	小さい
mycket	mer/mera	mest	多量の
många	fler/flera	flest	多数の

6. 動詞
グループ 1-3

	不定詞	現在形	過去形	完了形	命令形	意味
1	öppna	öppnar	öppnade	öppnat	öppna!	開く
2a	stänga	stänger	stängde	stängt	stäng!	閉じる
	köra	kör	körde	kört	kör!	運転する
2b	läsa	läser	läste	läst	läs!	読む
3	bo	bor	bodde	bott	bo!	住んでいる

グループ 4（最初に覚えたい 50 語）

不定詞	現在形	過去形	完了形	命令形	意味
be	ber	bad	bett	be!	頼む／お願いする
bjuda	bjuder	bjöd	bjudit	bjud!	招く

bli	blir	blev	blivit	bli!	〜になる
bryta	bryter	bröt	brutit	bryt!	壊す
bära	bär	bar	burit	bär!	運ぶ
böra	bör	borde	bort	―	〜すべきだ
dra	drar	drog	dragit	dra!	引っぱる
dricka	dricker	drack	druckit	drick!	飲む
dö	dör	dog	dött	dö!	死ぬ
falla	faller	föll	fallit	fall!	落ちる
finna	finner	fann	funnit	finn!	見つける
flyga	flyger	flög	flugit	flyg!	飛行する／飛ぶ
få	får	fick	fått	få!	もらう
ge	ger	gav	gett	ge!	与える／あげる
gråta	gråter	grät	gråtit	gråt!	泣く
gå	går	gick	gått	gå!	歩いて行く
göra	gör	gjorde	gjort	gör!	〜する／行う
ha	har	hade	haft	ha!	持っている
heta	heter	hette	hetat	het!	〜という名前である
hinna	hinner	hann	hunnit	hinn!	〜する時間がある
hålla	håller	höll	hållit	håll!	保つ
komma	kommer	kom	kommit	kom!	来る
kunna	kan	kunde	kunnat	―	〜できる
ligga	ligger	låg	legat	ligg!	横たわっている
låta	låter	lät	låtit	låt!	〜に聞こえる
lägga	lägger	la / lade	lagt	lägg!	横たえる
se	ser	såg	sett	se!	見える
sitta	sitter	satt	suttit	sitt!	座っている
sjunga	sjunger	sjöng	sjungit	sjung!	歌う

skjuta	skjuter	sköt	skjutit	skjut!	撃つ
skola	ska	skulle	skolat	—	〜することにしている
skriva	skriver	skrev	skrivit	skriv!	書く
skära	skär	skar	skurit	skär!	切る
slippa	slipper	slapp	sluppit	slipp!	まぬがれる
slå	slår	slog	slagit	slå!	殴る
sova	sover	sov	sovit	sov!	眠っている
springa	springer	sprang	sprungit	spring!	走る
stiga	stiger	steg	stigit	stig!	歩む／上昇する
stjäla	stjäl	stal	stulit	stjäl!	盗む
stå	står	stod	stått	stå!	立っている
säga	säger	sa / sade	sagt	säg!	言う
sälja	säljer	sålde	sålt	sälj!	売る
sätta	sätter	satte	satt	sätt!	置く／据える
ta	tar	tog	tagit	ta!	取る
vara	är	var	varit	var!	〜である
veta	vet	visste	vetat	vet!	知っている
vilja	vill	ville	velat	—	〜したい
vinna	vinner	vann	vunnit	vinn!	勝つ／勝ち取る
välja	väljer	valde	valt	välj!	選ぶ
äta	äter	åt	ätit	ät!	食べる

7. 副詞

場所を表す3系列の副詞

着点　　→・	静止点　・	起点　・→
vart（どこへ）	var（どこで）	varifrån（どこから）
hit（ここへ）	här（ここで）	härifrån（ここから）
dit（そこ・あそこへ）	där（そこ・あそこで）	därifrån（そこ・あそこから）
bort（向こうへ）	borta（向こうで，不在で）	bortifrån（向こうから）

hem（家へ）　　　hemma（家で）　　　hemifrån（家から）
in（中へ）　　　　inne（中で）　　　　inifrån（中から）
ut（外へ）　　　　ute（外で）　　　　utifrån（外から）
upp（上へ）　　　uppe（上で）　　　uppifrån（上から）
ner/ned（下へ）　nere（下で）　　　nerifrån/nedifrån（下から）
fram（前へ）　　　framme（前で）　　framifrån（前から）

時の副詞(句) ①

	過去	現在	未来
日	igår, iförrgår 昨日, 一昨日	idag 今日	imorgon, i övermorgon 明日, 明後日
週	förra veckan 先週	den här veckan 今週	nästa vecka 来週
月	förra månaden 先月	den här månanden 今月	nästa månad 来月
年	i fjol, förra året 去年	i år 今年	nästa år 来年

時の副詞(句) ②

	過去	未来	一般
曜日	i måndags この前の月曜に	(nu) på måndag この月曜に	på måndagar(na) 月曜に
朝	i morse 今朝	imorgon bitti 明日の朝(早く)	på morgonen/ morgnarna 朝に
晩	igår kväll 昨晩	i kväll 今晩	på kvällen/kvällarna 晩に
夜	i natt 昨夜	i natt 今夜	på natten/nätterna 夜に
季節	i somras この前の夏に	i sommar この夏に	på sommaren/ somrarna 夏に
行事	i julas この前のクリスマスに	i jul このクリスマスに	på julen/jularna クリスマスに
週末 祝日	i helgen この前の週末・祝日に	(nu) i helgen この週末・祝日に	på helgen/helgerna 週末・祝日に

A

absolut［副］絶対に
en advokat［名］弁護士
en affär［名］店
en akt［名］（劇の）幕
en aktie［名］株
en akvarell［名］水彩絵の具
aldrig［副］一度も〜ない，決して〜ない
(en) alkohol［名］アルコール
all［代］〈allt, alla〉すべて(の)，みんな(の)
alla［代］→ all
alldeles［副］完全に
(en) allemansrätt［名］自然享受権
(en/ett) allergen［名］アレルゲン
allmän［形］普遍的な，一般的な
allra［副］すべての中で
allt［代］→ all
allt［副］だんだん
alltid［副］いつも
allting［代］すべてのもの，すべてのこと
alltså［副］したがって，すなわち
en amatörforskare［名］アマチュア研究者
amerikansk［形］アメリカの
amma［動］授乳する
andas［動］息をする
andra［数］第2番目の
andra［代］→ annan
angående［前］〜に関して
anhålla［動］〈anhåller, anhöll, anhållit〉逮捕する
anhållit［動］→ anhålla
anhöll［動］→ anhålla
en anka［名］アヒル
ankom［動］→ ankomma
ankomma［動］〈ankommer, ankom, ankommit〉到着する
ankommit［動］→ ankomma
ankomst［名］到着
en ankomsttid［名］到着時間
annan［代］〈annat, andra〉他の
annat［代］→ annan
ett ansikte［名］顔
anställd［形］雇われている
ett ansvar［名］責任
antagligen［副］おそらく
ett antal［名］数，総数
antingen［接］antingen A eller B　AかBかどちらか
använda［動］使用する，使う

användbar［形］使いやすい
en apelsin［名］オレンジ
ett apotek［名］薬局
en app［名］アプリ
april［名］4月
arbeta［動］働く
ett arbete［名］仕事
ett arbetsbord［名］仕事机
(en) arbetslöshet［名］失業率
en arbetsplats［名］職場
en arbetstid［名］労働時間
arg［形］怒っている
argsint［形］怒りっぽい
en arm［名］腕
arrangera［動］用意する，準備する
en art［名］種
en artikel［名］記事
arton［数］18
artonde［数］第18番目の
(en) astma［名］喘息
ett asylboende［名］難民施設
att 不定詞のマーカー
att［接］名詞節を導く接続詞
augusti［名］8月
av［前］【分離】〜から【動作主】〜によって【材料】〜から(成る)【部分】〜の(一部)【由来】〜から【原因・理由】〜のため
av［副］離れて，切断して
avbrutit［動］,avbryta
avbryta［動］〈avbryter, avbröt, avbrutit〉中断する
avbröt［動］→ avbryta
en avdelning［名］部門，部署
avgick［動］→ avgå
avgjorde［動］→ avgöra
avgjort［動］→ avgöra
avgå［動］〈avgår, avgick, avgått〉発車する，出発する；辞職する
en avgång［名］出発
avgått［動］→ avgå
avgöra［動］〈avgör, avgjorde, avgjort〉決定する
avgörande［形］決定的な
avlade［動］→ avlägga
avlagt［動］→ avlägga
avled［動］→ avlida
avlida［動］〈avlider, avled, avlidit〉死亡する
avlidit［動］→ avlida
avlägga［動］〈avlägger, avlade, avlagt〉卒業する，終了する
avrätta［動］処刑する
ett avstånd［名］距離
en avsändare［名］差出人

avundas ［動］うらやむ
en axel ［名］肩，肩の関節

B

bad ［動］→ be
ett badkar ［名］浴槽
ett badrum ［名］バスルーム，浴室
ett bageri ［名］パン屋
baka ［動］（パンやケーキなどを）焼く
en bakgrund ［名］背景
ett bakhuvud ［名］後頭部
bakom ［前］～の後ろに，～の背後に
en balkong ［名］バルコニー
band ［動］→ binda
en bank ［名］銀行
banta ［動］ダイエットする
en bar ［名］バー
bar ［動］→ bära
bara ［副］～だけ，～のみ
ett barn ［名］子供
ett barnbarn ［名］孫
be ［動］〈ber, bad, bett〉お願いする，依頼する.
　be om ... ～を求める
en bedömning ［名］判断
en befolkning ［名］人口
befria ［動］解放する
begick ［動］→ begå
begå ［動］〈begår, begick, begått〉（犯罪などを）
　犯す
begått ［動］→ begå
behålla ［動］〈behåller, behöll, behållit〉保持す
　る
behållit ［動］→ behålla
behöll ［動］→ behålla
behöva ［動・助］～が必要だ，～する必要があ
　る
behövas ［動］必要とする，必要である
ett ben ［名］脚，骨
(en) bensin ［名］ガソリン
bensinsnål ［形］燃費のよい
ett berg ［名］山
beroende ［形］依存している. beroende på ... ～
　のために
berätta ［動］語る，話す
en berättelse ［名］お話
berömd ［形］有名な
ett beslut ［名］決定
bestod ［動］→ bestå
bestå ［動］〈består, bestod, bestått〉(av...)（～
　から)成る
bestått ［動］→ bestå

beställa ［動］注文する
bestämma ［動］決める. bestämma sig 決心する
bestämt ［副］断固とした
besöka ［動］訪れる
en besökare ［名］訪問者
bet ［動］→ bita
betala ［動］支払う
bete ［動］bete sig 振る舞う
beträffande ［前］～に関して
bett ［動］→ be
betyda ［動］意味する
en betydelse ［名］意味
ett betyg ［名］成績
ett bibliotek ［名］図書館
en bil ［名］車
en bilaga ［名］添付書類
en bild ［名］写真
bilda ［動］形成する
en biljett ［名］チケット, 券, 切符
billig ［形］安い
binda ［動］〈binder, band, bundit〉縛る
en bio ［名］映画館. gå på bio 映画を見に行く
en biograf ［名］映画館
(en) biologi ［名］生物学
bita ［動］〈biter, bet, bitit〉噛む
bitit ［動］→ bita
bjuda ［動］〈bjuder, bjöd, bjudit〉招待する，ご
　ちそうする
bjudit ［動］→ bjuda
bjöd ［動］→ bjuda
en björn ［名］熊
bland ［前］（2者以上）の間で
en blankett ［名］用紙，書類
blek ［形］（顔色が）青白い
blev ［動］→ bli
bli ［動］〈blir, blev, blivit〉～になる
blivit ［動］→ bli
blixtra ［動］（雷などが）光る
ett block ［名］ノート
(ett) blod ［名］血
en blomma ［名］花
blott ［副］～だけ
en blyertspenna ［名］鉛筆
blå ［形］青い
ett blåbär ［名］ブルーベリー
blöt ［形］濡れた
bo ［動］住んでいる，住む
en bod ［名］小屋，（小売りの)商店
en boende ［名］住人
en bok ［名］〈boken, böcker, böckerna〉本
boka ［動］予約する
en bokhandel ［名］書店

en bokhylla ［名］本棚

en bokstav ［名］〈-staven, -stäver, -stäverna〉
　文字

bokstäver ［名］→ bokstav

en boll ［名］ボール

en bomb ［名］爆弾

en bonde ［名］〈bonden, bönder, bönderna〉農夫,
　農場主

ett bord ［名］テーブル. sitta till bords 食卓につ
　く

borde ［助］→ böra

borsta ［動］磨く

bort ［副］遠くへ, 離れて, 向こうへ

bort ［助］→ böra

borta ［副］遠くで, 離れて, 不在で

bortifrån ［副］向こうから

en bostad ［名］〈bostaden, bostäder, bostäderna〉
　住居

(en) bostadspolitik ［名］住宅政策

(en) bostadsbrist ［名］住宅不足

bostäder ［名］→ bostad

en botten ［名］底

ett bottenplan ［名］地上階

en bottenvåning ［名］地上階

bra ［形・副］よい・よく, 素晴らしい・素晴らし
　く

en brand ［名］〈branden, bränder, bränderna〉
　火事

brann ［動］→ brinna

bred ［形］(幅が)広い

bredvid ［前］～の隣に

bredvid ［副］そばに, わきに, 並びに

ett brev ［名］手紙

brinna ［動］〈brinner, brann, brunnit〉燃える

en bro ［名］橋

en bror ［名］〈brodern, bröder, bröderna〉兄, 弟

ett brott ［名］犯罪

bruka ［動・助］(習慣的に)よく～する

brun ［形］茶色の

brunnit ［動］→ brinna

en brunsås ［名］ブラウンソース

brutit ［動］→ bryta

bry ［動］bry sig om ... ～を心配する, 気にかけ
　る

brygga ［動］(コーヒーなどを)淹れる

bryta ［動］〈bryter, bröt, brutit〉壊す. bryta av
　折る

bränder ［名］→ brand

ett bröd ［名］パン

bröder ［名］→ bror

ett bröllop ［名］結婚式

en bröllopsfest ［名］披露宴

en bröllopsresa ［名］新婚旅行

bröt ［動］→ bryta

bundit ［動］→ binda

burit ［動］→ bära

en buss ［名］バス

en butik ［名］店

bygga ［動］建てる

en byggnad ［名］建物

byta ［動］替える, 交換する

en byxa ［名］ズボン

båda ［代］両者とも, 二人とも, 二つとも

både ［接］både A och B AもBも両方とも

en båt ［名］船, ボート

bära ［動］〈bär, bar, burit〉運ぶ. bära sig åt 振
　舞う

bäst ［形］最もよい. bra・god の最上級. Det är
　nog bäst att ... ～した方がいいですよ

bättre ［形］よりよい. bra・god の比較級

böcker ［名］→ bok

böra ［助］〈bör, borde, bort〉～すべきだ, ～し
　たほうがよい, ～に違いない, ～のはずなのだ
　が

börja ［動・助］始まる, ～し始める

(en) början ［名］始まり

C

(en) cellskräck ［名］閉所恐怖症

en centralbank ［名］中央銀行

en chans ［名］見込み, チャンス

en cigarett ［名］タバコ

cirka ［副］およそ, 約

en cykel ［名］自転車

cykla ［動］自転車に乗る

D

en dag ［名］日

en dagbok ［名］〈-boken, -böcker, -böckerna〉
　日記

dagböcker ［名］→ dagbok

ett dagis ［名］保育所. gå på dagis 保育所に通う

dags ［副］(すべき)時に. hur dags 何時に

en dalkarl ［名］ダーラナの男性

en dam ［名］婦人

(ett) damm ［名］ホコリ

en dammsugare ［名］掃除機

Danmark ［固］デンマーク

dansa ［動］踊る

dansk ［形］デンマーク(語)の

(en) dansk ［名］デンマーク人(男性)

en dator ［名］コンピューター

de［代］彼らは，彼らが
de［冠］それらの（複数）
de där［代］→ den där
de här［代］→ den här
december［名］12月
en deckare［名］推理小説，サスペンス
en deg［名］（パンなどの）生地
en dekal［名］ステッカー
en del［名］部分
dela［動］分ける，分割する
delad［形］分割された
delta［動］〈deltar, deltog, deltagit〉参加する
deltagit［動］→ delta
deltog［動］→ delta
dem［代］彼らを・彼らに，それらを・それらに
demokratisk［形］民主的な
en demonstration［名］デモ
den［代］それが，それを，それに（単数共性）
den［冠］その（単数共性）
den där［代］〈det där, de där〉あの，あれ
den här［代］〈det här, de här〉この，これ
denna［代］〈detta, dessa〉これ，この
deras［代］彼らの，それらの
dess［代］それの（den, detの所有格）
dessa［代］→ denna
dessutom［副］加えて
desto［副］ju ... desto ...（比較級とともに）〜す
　　ればするほど〜になる
det［代］それが，それを，それに（単数中性）
det［冠］その（単数中性）
det där［代］→ den där
det här［代］→ den här
detta［代］→ denna
dig［代］君を，君に
en diktatur［名］独裁
en dillsås［名］ディルソース
din［代］〈ditt, dina〉あなたの
dina［代］→ din
direkt［副］直接
en disk［名］洗い物
diska［動］皿洗いをする
en diskbänk［名］流し台，シンク
dit［副］そこへ
dit［副］先行詞を目的点とする場所の関係副詞
ditt［代］→ din
djup［形］深い
ett djur［名］動物
ett djurliv［名］野生生物
dock［副］それにもかかわらず
en docka［名］人形
dog［動］→ dö
dolde［動］→ dölja

dolt［動］→ dölja
en domkyrka［名］大聖堂
en domstol［名］裁判所
en dotter［名］〈dottern, döttrar, döttrarna〉娘
dra［動］〈drar, drog, dragit〉引く，引っ張る
drabba［動］（災害などが）襲う
drack［動］→ dricka
dragit［動］→ dra
dramatisk［形］劇的な
dricka［動］〈dricker, drack, druckit〉飲む
drog［動］→ dra
en droppe［名］滴
en drottning［名］王妃
druckit［動］→ dricka
en druva［名］ぶどう
en dryck［名］飲料
drygt［副］〜強，〜余り
drömma［動］夢を見る
du［代］君は，君が
dubbel［形］二重の
duktig［形］優秀な
dum［形］愚かな，バカな
duscha［動］シャワーを浴びる
ett dussin［名］ダース
en DVD［名］DVD
dvs.［略］→ det vill säga つまり
ett dygn［名］一昼夜，24時間
en dynamit［名］ダイナマイト
dyr［形］高価な
då［副］そのとき，そうすると，それでは
då［副］時を表す関係副詞
dålig［形］悪い
dåligt［副］悪く
dämpa［動］和らげる，（声などを）ひそめる
där［副］そこで，そこに
där［副］先行詞を静止点とする場所の関係副詞
därefter［副］その後，その後に
däremot［副］それに反して，一方で
därför［副］そのため，したがって，それゆえ
därför att［接］〜だから
därifrån［副］そこから
dö［動］〈dör, dog, dött〉死ぬ
död［形］死んだ，死んでいる
en död［名］死．till döds 死ぬまで，死に至って
döda［動］殺す
dölja［動］〈döljer, dolde, dolt〉隠す
en dörr［名］ドア
döttrar［名］→ dotter

E

efter［前］【順序・場所】〜のあとに【時間】〜

を過ぎて【目的・追求】～を求めて【模倣】～に
　ならって，従って. efter (det) att ... ～した後で
efter［副］後を追って，探して
en eftermiddag［名］午後
eftersom［接］～なので，～だから
egen［形］〈eget, egna〉自己の，自分自身の
egentligen［副］実際に，本来は
eget［形］→ egen
egna［形］→ egen
ej［副］～でない
eka［動］響く
(en) el［名］電気
en eld［名］火
en elektriker［名］電気技師
en elev［名］生徒
elfte［数］第11番目の
eller［接］あるいは，または；すなわち. eller
　hur（付加疑問）～ですよね？
elva［数］11
en elva［名］11（elvaの名詞化）
emellan［前・副］～の間に，間に
emellertid［副］しかしながら
emigrera［動］移住する
emot［副］対峙して，反対して
en［数］1，ひとつの
en［冠］ある
en［代］人を，人に（代名詞 manの目的格）
ena［代］一方（の）
enbart［副］～だけ
enda［形］唯一の
endast［副］たった
(en) energi［名］エネルギー
(en) engelska［名］英語
England［固］イングランド
enkel［形］単純な，簡単な，質素な
enligt［前］～によれば，～にしたがって
ens［代］人の（代名詞 manの所有格）
ensam［形］ただ一人の，ただ～だけで
ett entréplan［名］地上階
er［代］あなた方を，あなた方に
er［代］〈ert, era〉あなた方の
era［代］→ er
eran［代］erの口語形
erat［代］ertの口語形
erbjuda［動］〈erbjuder, erbjöd, erbjudit〉提供
　する
erbjudit［動］→ erbjuda
erbjöd［動］→ erbjuda
erkänna［動］認める
ert［代］→ er
ett［数］1，ひとつの
ett［冠］ある

en etta［名］1（ettの名詞化）
eventuellt［副］場合によっては，必要であれば
en examen［名］大学などの卒業資格
ett exempel［名］例. till exempel 例えば
exempelvis［副］例えば
en export［名］輸出
exportera［動］輸出する
extra［形］特別の，余分の
ett extrajobb［名］副業，アルバイト

F

faktiskt［副］実際に，本当に，実を言うと
ett fall［名］下落，低下；事例. i alla fallとにかく，
　いずれにせよ
falla［動］〈faller, föll, fallit〉落ちる
fallit［動］→ falla
falsk［形］偽の
en familj［名］家族
fan［間］クソ
fann［動］→ finna
fanns［動］→ finnas
fantastisk［形］素晴らしい
en far［名］〈fadern, fäder, fäderna〉父
farlig［形］危ない
fast［接］けれども，でも，しかし，ただし
fast［副］固定した
fastän［接］～だけれども
cn favorit［名］お気に入り
en feber［名］（病気による）熱
feberfri［形］熱のない
februari［名］2月
ett fel［名］間違い，過ち
fel［形・副］間違って（いる），誤って（いる）
fem［数］5
en femma［名］5（femの名詞化）
femte［数］第5番目の
femtio［数］50
femtionde［数］第50番目の
femton［数］15
femtonde［数］第15番目の
en fest［名］パーティー
festlig［形］祭日でにぎやかな
en festlokal［名］パーティー会場
fet［形］脂っこい
fick［動・助］→ få
en ficka［名］ポケット
en ficklampa［名］懐中電灯
en fiende［名］敵
en figur［名］キャラクター
fika［動］コーヒーする，フィーカする
en fil［名］ファイル

en film［名]映画
en filmfestival［名]映画祭
en filt［名]毛布
fin［形]素敵な
ett finger［名]指
Finland［固]フィンランド
finna［動]〈finner, fann, funnit〉見つける
finnas［動]〈finns, fanns, funnits〉存在する，ある
fira［動]祝う
en fisk［名]魚
fiska［動]釣りをする
fixa［動]修理する
fjorton［数]14
fjortonde［数]第14番目の
fjärde［数]第4番目の
en flagga［名]旗
en flaska［名]瓶，ボトル
fler/flera［代]より多くの. mångaの比較級
flest［代]最も多数の. mångaの最上級
flexibel［形]柔軟な
en flicka［名]女の子
en flickvän［名]ガールフレンド
en flod［名]川
flugit［動]→ flyga
(en/ett) fluor［名]フッ素
flutit［動]→ flyta
fly［動]逃亡する
flyga［動]〈flyger, flög, flugit〉飛行する，飛ぶ
ett flygplan［名]飛行機
en flykting［名]難民
ett flyktingläger［名]難民キャンプ
flyta［動]〈flyter, flöt, flutit〉浮く，流れる
flytta［動]引っ越す，移動する，移す
(ett) fläsk［名]豚肉
flög［動]→ flyga
flöt［動]→ flyta
(ett) folk［名]人々
ett folk［名]民族，国民
formge［動]デザインする
forsa［動]勢いよく流れる
fort［副]速く
fortfarande［副]依然として，まだ，いまだに
fortsatt［動]→ fortsätta
fortsatte［動]→ fortsätta
fortsätta［動]〈-sätter, -satte, -satt〉続く；続ける
en fot［名]〈foten, fötter, fötterna〉足. till fots 徒歩で. på fri fot 逃亡中で
en fotboll［名]サッカー，サッカーボール
en fralla［名]（小さな）フランスパン
fram［副]前の方へ，前面へ

framför［前]〜の前に. framför allt 何よりも
framgå［動]明らかになる
framifrån［副]前から，前方から
framme［副]（目的地に）到着した，前方に
en framtid［名]未来. i framtiden 未来に
Frankrike［固]フランス
fransk［形]フランス（語）の
(en) franska［名]フランス語
en fredag［名]金曜日
fri［形]自由な
ett friluftsmuseum［名]野外博物館
frisk［形]健康な
en frisör［名]美容師
fr.o.m.［略]→ från och med 〜から
en fru［名]妻，婦人
en frukost［名]朝食
en frukt［名]果物
frusit［動]→ frysa
en frys［名]冷凍庫
frysa［動]〈fryser, frös, frusit〉こごえる
en fråga［名]質問
fråga［動]尋ねる
från［前]【空間・時間】〜から. från och med（期間に関して，〜を含んで）〜から
främst［副]主に
frös［動]→ frysa
fundera［動]よく考える
funnit［動]→ finna
funnits［動]→ finnas
fylla［動]満たす. fylla år 誕生日を迎える. fylla i 記入する
fyra［数]4
en fyra［名]4（fyraの名詞化）
fyrtio［数]40
fyrtionde［数]第40番目の
(en) fysik［名]物理
få［動・助]〈får, fick, fått〉もらう，手に入る，くらう；〜してよい，〜しなければならない，〜する羽目になる
få［代]少数しか〜ない
en fågel［名]鳥
fånga［動]捕まえる
fått［動・助]→ få
en fåtölj［名]安楽椅子
fäder［名]→ far
en fälla［名]罠
ett fängelse［名]刑務所
en färd［名]航海
färdig［形]できあがった
en färg［名]色
ett färgämne［名]顔料
färre［代]fåの比較級，より少数の

färsk [形]新鮮な
föda [動]産む
födas [動]生まれる
född [形]生まれた
en födelsedagspresent [名]誕生日のプレゼント
följa [動]ついていく，同行する，続く. följa med 一緒について行く
följaktligen [副]結果として
följande [形]次の，次に続く
följas [動] följas åt 同行する
en följd [名]結果. till följd av ... ～の結果
föll [動]→ falla
ett fönster [名]窓
för [前]【空間】～を前にして，～の邪魔になって;～を覆って，～に隠れて【対象】～に対して;～にとって【原因・理由・目的】～のために【等価】～と引き換えに. för att... ～するために
för [接]それというのは，だって
för [副]あまりにも;前を覆って，邪魔になって;賛成である
för att [接]なぜなら，～だから
förbättra [動]改善する
fördubbla [動]倍増させる
före [前] ～の前に
föregående [形]前の，先行する
föreslagit [動]→ föreslå
föreslog [動]→ föreslå
föreslå [動]〈föreslår, föreslog, föreslagit〉提案する
ett företag [名]企業
en författare [名]著者
(en) förhand [名] på förhand あらかじめ
ett förhållande [名]関係，状況
förhållandevis [副]比較的
förklara [動]説明する
ett förkläde [名]エプロン
förkyld [形]風邪をひいている
förlora [動]失う
förlova [動] förlova sig 婚約する
förlåta [動]〈förlåter, förlät, förlåtit〉許す. Förlåt (mig)! ごめんなさい，すみません
förlåtit [動]→ förlåta
förlät [動]→ förlåta
förmodligen [副]おそらく
en förmiddag [名]午前
förnya [動]更新する
förnybar [形]再生可能な
förr [副]以前は
förra [形]以前の
förresten [副]ところで
förrän [接] inte förrän ... ～して初めて～する
försiktig [形]用心する，注意する

försiktigt [副]気を付けて
en förskola [名]就学前学校
ett förslag [名]提案
först [副]まず，最初に
första [数]第1番目の
förstod [動]→ förstå
förstå [動]〈förstår, förstod, förstått〉理解する
förstås [副]当然，もちろん
försvann [動]→ försvinna
försvara [動]守る
försvinna [動]〈försvinner, försvann, försvunnit〉姿を消す
försvunnit [動]→ försvinna
en försäkring [名]保険
en försäljning [名]販売
försöka [動・助] ～しようと試みる
förut [副]以前
förväg [名] i förväg あらかじめ
förvänta [動] förvänta sig 予想する，期待する
en förälder [名]親
förändra [動]変える
fötter [名]→ fot

G

gammal [形]古い，年をとった
ganska [副]結構，まあまあ，かなり
ett garage [名]ガレージ
garantera [動]保証する
en gardin [名]カーテン
en gata [名]通り
gav [動]→ ge
ge [動]〈ger, gav, gett〉与える. ge sig iväg 出かける，出発する. ge ut 出版する. ge bort 寄付する
en generation [名]世代
genom [前] ～を通って，～を貫いて，～によって
en geografi [名]地理
gett [動]→ ge
gick [動]→ gå
gift [形]結婚している
gifta [動] gifta sig 結婚する
gilla [動]好む
en giltighetstid [名]有効期限
gissa [動]当てる，推測する
en gitarr [名]ギター
givetvis [副]当然
gjorde [動]→ göra
gjort [動]→ göra
glad [形]うれしい
gladde [動]→ glädja

gladdes ［動］→ glädjas

ett glas ［名］グラス

glasögon ［名］メガネ

glatt ［動］→ glädja

glatts ［動］→ glädjas

glädja ［動］〈gläder, gladde, glatt〉喜ばせる

glädjas ［動］〈gläds, gladdes, glatts〉喜ぶ

glömma ［動］忘れる

glömsk ［形］忘れっぽい

god ［形］よい，おいしい

(ett) godis ［名］お菓子

gott ［副］よく

en grad ［名］程度；(温)度，気温

en grammatik ［名］文法

gratis ［形・副］無料の，無料で

en gren ［名］枝

grep ［動］→ gripa

greppa ［動］握る

grilla ［動］（肉などを）焼く

en grind ［名］庭木戸

gripa ［動］〈griper, grep, gripit〉つかむ

gripit ［動］→ gripa

en grund ［名］基礎，土台，理由．på grund av ...
　～のために，～の理由で

grunda ［動］創立する

en grupp ［名］グループ

en gruva ［名］鉱山

grå ［形］灰色の

gråta ［動］〈gråter, grät, gråtit〉泣く

gråtit ［動］→ gråta

en gräns ［名］国境；境界線；限界

ett gräs ［名］草

en gräsmatta ［名］芝生

grät ［動］→ gråta

grön ［形］緑の，緑色の

en grönsak ［名］野菜

en grönsakssoppa ［名］野菜スープ

gul ［形］黄色い

ett gymnasium ［名］高校

gå ［動］〈går, gick, gått〉歩いていく，通う．gå
　att ...（物理的に）～することができる．gå av
　折れる，切れる．gå sönder 壊れる

en gång ［名］回，度．på en gång ただちに

gått ［動］→ gå

gärna ［副］喜んで，とにかく

en gärningsman ［名］容疑者

gäspa ［動］欠伸をする

gömma ［動］隠す

ett gömställe ［名］隠れ家

göra ［動］〈gör, gjorde, gjort〉～する；作る

H

ha ［動］〈har, hade, haft〉～を持っている

hacka ［動］みじん切りにする

hade ［動］→ ha

haft ［動］→ ha

en hals ［名］のど

en halsband ［名］ネックレス

en halsduk ［名］マフラー

halshugga ［動］〈-hugger, -högg, -huggit〉首を
　切る

halshuggit ［動］→ halshugga

halshögg ［動］→ halshugga

halv ［形］半分の，2分の1の

en halvö ［名］半島

en hamn ［名］港

hamna ［動］行き着く

hamstra ［動］溜め込む，買いだめする

han ［代］彼は，彼が

en hand ［名］〈handen, händer, händerna〉手．
　ta hand om ... ～の面倒をみる．för hand 手作
　業で．i andra hand 又貸しで

en handduk ［名］タオル

handla ［動］買い物をする；行動する．handla
　om A Aについて扱っている

hann ［動］→ hinna

hans ［代］彼の

hata ［動］嫌いだ，憎む

ett hav ［名］海

hej ［間］こんにちは，はじめまして

hel ［形］全体の，完全な

en helg ［名］土・日，休日，祝日

en helgdag ［名］祝日

heller ［副］～もない(否定とともに)

hellre ［副］むしろ～したい，どちらかと言えば．
　gärnaの比較級

helst ［副］一番～したい，なるべくなら．gärna
　の最上級．

helt ［副］完全に，まったく

hem ［副］家へ

hembakad ［形］家で焼いた

hemifrån ［副］家から

hemma ［副］家で

en hemsida ［名］ホームページ

hemskt ［副］ひどく

en hemstad ［名］〈-staden, -städer, -städerna〉
　故郷

hemstäder ［名］→ hemstad

hen ［代］性別を問わない3人称単数代名詞

henne ［代］彼女を，彼女に

hennes ［代］彼女の

heta ［動］〈heter, hette, hetat〉～という名前だ，

～と呼ばれている

hetat [動]→ heta

en hink [名]バケツ

hinna [動]〈hinner, hann, hunnit〉～する時間
がある

en hiss [名]エレベーター

en historia [名]歴史；お話；出来事

hit [副]ここへ

hitta [動]見つける. hitta på 思いつく

(en) hjälp [名]助け

hjälpa [動]助ける，手伝う. hjälpa till ちょっと
手伝う

hjälpas [動] hjälpas åt 助け合う

en hockey [名]（アイス）ホッケー

hon [代]彼女は，彼女が

honom [代]彼を，彼に

hoppa [動]跳ぶ

hoppas [動] ～を望む，～を希望する

hos [前] ～の家で，～のところで

hota [動]脅す

ett hotell [名]ホテル

en hud [名]皮膚

en hund [名]犬

hundra [数] 100

hundrade [数]第100番目の

hungrig [形]空腹の

hunnit [動]→ hinna

hur [副]どのように，どんな風に. hur gammal?
何歳. hur mycket? どのくらいたくさん，いく
ら. hur många? どのくらい多く. eller hur?
～ですよね

ett hus [名]家，建物

ett husdjur [名]ペット

ett huvud [名]頭

en huvudstad [名]〈-staden, -städer, -städerna〉
首都

ett huvudvärkstablett [名]頭痛薬

en hylla [名]棚

hyra [動]賃借する，お金を出して借りる，レン
タルする. hyra ut 賃貸に出す

ett hål [名]穴

hålla [動]〈håller, höll, hållit〉保持する. hålla
på och ... ～している. hålla på att ... ～してい
る，～しそうになる. hålla ihop 束ねる

hållit [動]→ hålla

en hållplats [名]停留場

ett hår [名]髪

hård [形]硬い

hårt [副]一生懸命に

hälla [動]注ぐ

hälsa [動]挨拶する. hälsa på 訪ねる

ett hälsotillstånd [名]健康状態

hämnas [動]復讐する

hämta [動]迎えに行く，連れてくる，取ってく

hända [動]起こる

en händelse [名]事件，出来事

händer [名]→ hand

hänga [動]吊るす

en hänsyn [名]配慮

här [副]ここで，ここに

härifrån [副]ここから

härlig [形]素敵な，素晴らしい

härstamma [動]〔från ...〕～に由来する

en häst [名]馬

hög [形]（高さが）高い

(en) höger [名]右. till höger 右へ

högre [形]より高い，hög の比較級

en högskola [名]単科大学

högst [形]最も高い，hög の最上級

högt [副]高く；大声で

höja [動]上げる

(en) höjdskräck [名]高所恐怖症

höll [動]→ hålla

höra [動]聞こえる. höra till ～の一員である

ett hörn [名]角(カド，スミ)

en höst [名]秋. i höstasこの間の秋に. på
hösten 秋に

ett höstlov [名]秋休み

en hösttermin [形]秋学期

I

i [前]【空間】～の中に【時間】（行為の継続する
期間を示して）～間【頻度】i + sekunden/
minuten/timmen/veckan/månaden 1秒 ／ 1
分／ 1時間／ 1週間／ 1 ヵ月につき

i [副]中に，中に食い込むように，（ギュッと）つ
かんで

ibland [副]ときどき

icke [副] ～でない

idag/i dag [副]今日

en idrott [名]体育，運動，スポーツ

ifall [接]もしも～

ifjol/i fjol [副]去年

i förrgår [副]おととい

en igelkott [名]ハリネズミ

igen [副]再び，元の状態に戻して，閉じて

igång [副]始動して

igår/i går [副]昨日

ihjäl [副]死んで

ihop [副]合わせて

ikapp [副]追いついて

ikväll/i kväll [副]今晩

illa [副]悪く

(en) ilska [名]怒り

imorgon/i morgon [副]明日

i morse [副]今朝

importera [動]輸入する

in [副]中へ，引っ込めて

inblandad [形]関わっている

infalla [動]〈infaller, inföll, infallit〉（日付などが）
　〜にあたる

infallit [動]→ infalla

en influensa [名]インフルエンザ

inföll [動]→ infalla

inför [前]〜を前にして，〜を目前にして

införa [動]導入する

inga [代]→ ingen

ingen [代]〈inget, inga〉一つも〜ない

en ingenjör [名]エンジニア

ingenting [代]何も〜ない

inget [代]→ ingen

ingick [動]→ ingå

ingå [動]〈ingår, ingick, ingått〉含まれている

ingått [動]→ ingå

inifrån [副]中から

inkognito [副]お忍びで

inköpa [動]購入する

en inloggning [名]ログイン

innan [接]〜する前に

innanför [前]〜の内部に，内側に

inne [副]中に，中で

innehålla [動]〈innehåller, innehöll, innehållit〉
　含む

innehållit [動]→ innehålla

innehöll [動]→ innehålla

inom [前]〜の内で，〜の範囲内に

en insjö [名]湖

ett instrument [名]楽器

inställa [動]中止する

inte [副]（〜）ない．inte A utan B AでなくB.

internet [名]インターネット

en intervju [名]インタビュー

intervjua [動]インタビューする

en intonation [名]イントネーション

intressant [形]興味深い

ett intresse [名]関心

intresserad [形] (av ...)（〜に）興味を持ってい
　る

ett inträde [名]入場, 入場料

ett intyg [名]証明書

ett intäkt [名]総収入

en investering [名]投資

en invånare [名]住人

Island [固]アイスランド

istället [副]代わりに．istället för ... 〜の代わり
　に

Italien [固]イタリア

iväg/i väg [副]離れて．ge sig iväg 出発する，出
　かける

i övermorgon [副]あさって

J

ja [間]はい

en jacka [名]上着

jag [代]私は，私が

jaga [動]追い立てる

januari [名] 1月

Japan [固]日本

(en) japanska [名]日本語

jo [間]（否定疑問文を強く打ち消して）いいえ，
　いや

ett jobb [名]仕事，職場

jobba [動]働く

en jordbävning [名]地震

en jordgubbe [名]イチゴ

ju [副]知っているように，お分かりのように

ju [接] ju ... desto ...（比較級を使って）〜すれ
　ばするほど，ますます〜

en jul [名]クリスマス．i julas この前のクリス
　マスに

en julafton [名]クリスマスイブ

en julgran [名]クリスマスツリー

juli [名] 7月

en julklapp [名]クリスマスプレゼント

ett jullov [名]クリスマス休暇

en julskinka [名]クリスマスのハム

en jultomte [名]サンタクロース

en jungfrufärd [名]処女航海

juni [名] 6月

just [副]まさに，ちょうど

jämföra [動]比較する

jämställd [形]平等な

en järnväg [名]鉄道

K

(ett) kaffe [名]コーヒー

en kaka [名]クッキー

kall [形]寒い，冷たい

kalla [動]呼ぶ

kamma [動] kamma sig 髪をとかす

kan [助]→ kunna

en kanonport [名]砲門

kanske [副]ひょっとしたら

ett kapitel [名]章

kasta ［動］投げる，捨てる

en katt ［名］猫

en kattunge ［名］子猫

en kavaj ［名］上着

kavla ［動］麺棒でのばす

(en) kemi ［名］化学

en kexchoklad ［名］チョコウエハース

kidnappa ［動］誘拐する

en kille ［名］男の子，男性

ett kilo ［名］キロ(重さ)

en kilometer ［名］キロメートル

Kina ［固］中国

(en) kinesiska ［名］中国語

en kjol ［名］スカート

kl. ［略］→ klockan ～時

klaga ［動］不平を言う

klar ［形］準備ができた，済んだ；澄んだ

klara ［動］済ませる，終わらせる. klara sig ど
  うにかやっていく

klart ［副］済ませて

en klass ［名］クラス，学年，学級

klassisk ［形］古典的な

en klasskompis ［名］クラスメート

klev ［動］→ kliva

ett klimat ［名］気候

klimatsmart ［形］気候変動に賢い選択をする

en klippa ［名］岩

klippa ［動］（ハサミを使って）切る，切断する.
  klippa sig 髪を切る

klistra ［動］klistra in ペーストする

kliva ［動］〈kliver, klev, klivit〉大股で歩く. kliva
  på 乗車する

klivit ［動］→ kliva

en klocka ［名］時計，鐘

klä ［動］服を着せる. klä på sig 服を着る，klä av
  sig 服を脱ぐ

kläder ［名］衣類，服

en klänning ［名］ワンピース

klättra ［動］登る

knappast ［副］ほとんど～でない

knappt ［副］ほとんど～でない. ～弱，未満

knuffas ［動］押し合う

en knut ［名］結び目，家のカド(隅柱)

knutit ［動］→ knyta

knyta ［動］〈knyter, knöt, knutit〉結ぶ. knyta
  igen（ひもなどを）結ぶ. knyta upp 結び目を解
  く

ett knäckebröd ［名］クリスプ・ブレッド，堅パ
  ン

knäppa ［動］ボタンを押す. knäppa igen ボタン
  を掛ける. knäppa upp ボタンを外す

knöt ［動］→ knyta

en ko ［名］雌牛

koka ［動］ゆでる，沸かす

kokt ［形］ゆでた

kolla ［動］確認する

en kollega ［名］同僚，仕事仲間

(en) kollektivtrafik ［名］公共交通機関

kom ［動］→ komma

komma ［動］〈kommer, kom, kommit〉来る.
  komma ihåg 覚えている. komma överens 合
  意する. komma fram 到着する. komma att ...
  ～することになる

kommit ［動］→ komma

en kompis ［名］友人

koncentrera ［動］koncentrera sig 集中する

koncentrerat ［副］集中して

en konsert ［名］コンサート

ett konserthus ［名］コンサートホール

ett konstmuseum ［名］美術館

en kontakt ［名］接触

kontakta ［動］連絡を取る

en kontant ［名］現金

ett kontor ［名］事務所，オフィス

kopiera ［名］コピーする

en kopp ［名］カップ

koppel ［名］リード，引き綱

koppla ［動］つなげる. koppla av くつろぐ

en korsning ［名］交差点

ett kort ［名］カード

kort ［形］短い，背が低い

ett kortspel ［名］カードゲーム

en korv ［名］ソーセージ

kosta ［動］お金がかかる，費用がかかる

en kostnad ［名］費用

kr. ［略］→ krona

kraftig ［形］力強い，頑丈な

kraftigt ［副］急激に

en kram ［名］ハグ，抱擁

krama ［動］ハグする，抱く

kramas ［動］抱き合う

ett krig ［名］戦争

kriga ［動］戦争する

kring ［前］～のまわりに

kritisera ［動］非難する

kritisk ［形］批判的な

en krog ［名］レストラン

en krona ［名］クローナ（スウェーデンの貨幣単位）

en kropp ［名］体

krupit ［動］→ krypa

krya ［動］Krya på dig! お大事に

krypa ［動］〈kryper, kröp, krupit〉這う

en kräfta ［名］ザリガニ

en kräftskiva ［名］ザリガニパーティー

215

kräkas［動]吐く
kränga［動]傾く
kränka［動]違反する，犯す
kröp［動]→ krypa
kul［形]楽しい
kunde［動]→ kunna
en kung［名]国王
en kungafamilj［名]国王一家
kunna［助]〈kan, kunde, kunnat〉（能力）〜することができる．（可能性）〜することがありうる
kunnat［助]→ kunna
en kurs［名]コース
kurvig［形]曲線の
en kusin［名]いとこ
en kvadratmeter［名]平方メートル
kvar［副]残って
en kvart［名]15分，4分の1
en kvinna［名]女性
ett kvitto［名]領収書
en kväll［名]晩．på kvällen 晩に．i kväll 今晩
en kyckling［名]鶏肉．ひよこ
(en) kyla［名]寒さ，冷え
ett kylskåp［名]冷蔵庫．
en kyrka［名]教会．gå i kyrkan 教会へ通う
en kyrkogård［名]墓地
kyssas［動]（お互いに）キスをする
en källare［名]地下室
kämpa［動]戦う
känd［形]知られている
känna［動]知っている，知り合いである．känna sig 感じる．känna igen 認識する，（〜であると）分かる．känna till（存在を）知っている
kännas［動]感じられる，〜のような気がする
en känsla［名]感情
känslig［形]敏感な
kär［形]親愛なる；恋している
en kärlek［名]恋，愛
(en) kärnkraft［名]原子力
en kö［名]列，行列
ett kök［名]台所
ett köksbord［名]食卓
(en) köld［名]寒さ
köpa［動]買う
köra［動]運転する
(ett) kött［名]肉
en köttbulle［名]ミートボール

L

la［動]→ lägga
ett laboratorium［名]実験室

lade［動]→ lägga
en lag［名]法，法律
ett lag［名]チーム
laga［動]修理する，（食事などを）作る
laglig［形]合法な
en lagstiftning［名]立法
lagt［動]→ lägga
ett land［名]〈landet, länder, länderna〉国，田舎
landa［動]着陸する
ett landskap［名]ランドスカープ（歴史的・伝統的・文化的な25ある地域区分）；景色
en laptop［名]ラップトップ
en lax［名]サケ．gravad lax サケのマリネ
le［動]〈ler, log, lett〉微笑む
leda［動]導く
ledsen［形]悲しい．Jag är ledsen. 残念に思います，申し訳なく思っています
ledig［形]空いた
legat［動]→ ligga
leka［動]遊ぶ
en lektion［名]授業，レッスン
en lektor［名]講師
leta［動]（efter...）（〜を）探す
leva［動]生きている
levande［形]生きている
leverera［動]配達する
ligga［動]〈ligger, låg, legat〉横たわっている，ある
lika［副]（〜と）同程度に，等しく
likadant［副]同様に
likna［動]似ている
liknande［形]似たような
lilla［形]→ liten
en lillebror［名]弟
lindrig［形]軽度の
(en) lingonsylt［名]コケモモのジャム
en linjal［名]定規
en linje［名]線，路線
en lista［名]リスト
lita［動]（på ...）（〜を）信用する
lite［副]少し
liten［形]〈litet, lilla/små〉小さい，かわいい
en liter［名]リットル
en litteratur［名]文学
ett liv［名]人生，命，生活
en livvakt［名]警護
ett ljud［名]音
locka［動]おびき寄せる，そそのかす
lockande［形]魅力的な
log［動]→ le
en lokalbo［名]地元民

ett lopp [名]レース

loss [副]はがれて，緩んで

lukta [動]匂いがする；(på ...)（～を）嗅ぐ

en lunch [名]昼食

(en) lycka [名]幸運．Lycka till! 幸運を祈る！　がんばって！

lyckas [動]何とかうまくやり遂げる

lycklig [形]幸せな

lyckligtvis [副]幸せなことに，幸運なことに

lyfta [動]持ち上げる

lysa [動]光る，輝く；照らす

ett lysrör [名]蛍光灯

lyssna [動](på...)（～を）聞く

en låda [名]箱

låg [形]低い

låg [動]→ ligga

låna [動]借りる，借用する．låna ut貸す

lång [形]長い，背が高い

ett långlopp [名]長距離レース

långsam [形]ゆっくりの

långt [副]遠く；(比較級を修飾して)はるかに

låsa [動]鍵をかける．låsa upp 鍵を開ける．låsa igen 鍵を閉める

låta [動・助] 〈låter, lät, låtit〉 ～のように聞こえる；～するがままにしておく

låtit [動・助]→ låta

låtsas [動]ふりをする

en lägenhet [名]アパート，マンション

lägga [動] 〈lägger, la (lade), lagt〉 置く．lägga sig 横になる，寝る，就寝する．lägga av やめにする．lägga upp 投稿する

lägre [形]より低い，låg の比較級

lägst [形]最も低い，låg の最上級

en läkare [名]医者，医師

lämna [動]渡す，預ける，～を去る．lämna ut 配る

länder [名]→ land

en längd [名]長さ

ett längdskidlopp [名]クロスカントリーレース

länge [副]長い間．på länge これまでで，これまでのところ．Det var länge sedan! 久しぶりだね！

längre [形]より長い．lång の比較級

längre [副] inte längre もはや～ない

längs [前] ～に沿って

längst [形]最も長い，lång の最上級

en länk [名]リンク

lär [助] 〈lär, ×, ×〉 ～らしい，～だそうだ，～はずだ

lära [動]教える．lära sig 学ぶ

en lärare [名]教師，先生

ett lärosäte [名]高等教育機関

läsa [動]読む，読書する，勉強する

lät [動・助]→ låta

lätt [形]簡単な，易しい；軽い

en läxa [名]宿題

en lögn [名]嘘

en lök [名]たまねぎ

en lördag [名]土曜日

lösa [動]解決する

ett löv [名]葉

M

en mage [名]腹，胃

mager [形]痩せこけた

maj [名] 5月

en majstång [名]メイポール

en mamma [名]お母さん，母

man [代]人が，人は

en man [名] 〈mannen, män, männen〉 男性，夫

ett maraton [名]マラソン

en mark [名]地面，土地

en marknad [名]市場

en markägare [名]土地所有者

mars [名] 3月

en massa [名]たくさんのもの

(en) mat [名]食物

en mataffär [名]食料品店

en match [名]試合

(en) matlagning [名]調理

en matlåda [名]弁当

en maträtt [名]料理

en matsal [名]食堂

en matta [名]カーペット，じゅうたん

(en) matte [名]算数

med [前] ～と(一緒に)【手段・道具】～を用いて【関心の対象】～に関して【付帯状況】～しながら

med [副]一緒に

medan [接] ～している間；～する一方で

meddela [動]連絡する，伝言する

ett meddelande [名]メッセージ，お知らせ

ett medelhavsland [名] 〈-landet, -länder, -länderna〉地中海の国

medelhavsländer [名]→ medelhavsland

en medicin [名]薬

ett medvetande [名]意識

medvetslös [形]意識のない

en mejerivara [名]乳製品

ett mejl [名]メール

mellan [前] ～の間に

ett mellanmål [名]間食

men［接］しかし，だけど，でも

en mening［名］文；意図

mer［代］より多くの. mycket の比較級. mer än ...
　〜を超えて，〜以外に

mest［代］最も多くの. mycket の最上級

en meter［名］メートル

en middag［名］夕食

(en) midnatt［名］真夜中. vid midnatt 真夜中に

en midsommar［名］夏至祭

en midsommarafton［名］夏至祭前夜

mig［代］私を，私に

(en) migrän［名］片頭痛

en mikro［名］電子レンジ

en miljard［名］10億

en miljon［名］100万

en miljö［名］環境

miljövänlig［形］環境に優しい

min［代］〈mitt, mina〉私の

mina［代］→ min

mindre［形］より小さい，liten の比較級

minnas［動］覚えている，記憶している

minsann［副］実際に

minska［動］減少する；減少させる

minst［形］最も小さい，liten の最上級

minus［形］マイナスの

en minut［名］（時間の）分

missa［動］逃す

ett misstag［名］失敗. av misstag 誤って

misstänkt［形］疑わしい

(en) mitt［名］真ん中. i mitten av ... 〜の半ばに

mitt［代］→ min

mittemot［前］〜の真向かいに

(en) mjölk［名］牛乳

mobba［動］いじめる

en mobil［名］携帯電話

en modell［名］モデル，型

mogen［形］熟れた

ett moln［名］雲

en monarki［名］君主制

ett monopol［名］専売会社

en mor［名］〈modern, mödrar, mödrarna〉母

en moral［名］モラル

ett mord［名］殺人

en morgon［名］朝. på morgonen 朝に

en morot［名］〈moroten, morötter, morötterna〉
　ニンジン

morötter［名］→ morot

mot［前］【空間】〜に向かって【時間】〜近く，
　〜ころ【その他】〜に逆らって，（感情・態度の
　対象を表して）〜に対して

motionera［動］運動する

en motor［名］エンジン

en mugg［名］マグ

(en) multiplikation［名］掛け算

ett museum［名］博物館

(en) musik［名］音楽

mycket［代］多くの，多量の. hur mycket?どの
　くらいたくさんの, いくら（値段）

mycket［副］多く，はるかに

en mynt［名］硬貨

må［動］（体の調子が）〜である

måla［動］（ペンキなどを）塗る，（絵などを）描
　く

en måltid［名］食事，食事時間

en månad［名］1カ月

en måndag［名］月曜日

många［代］たくさんの. hur många?どのくら
　いたくさん

måste［助］〜しなければならない

män［名］→ man

en människa［名］人間，人

mänsklig［形］人間の

ett människorov［名］誘拐

märka［動］気づく

märkt［形］記される

en möbel［名］家具

möblera［動］家具を備え付ける

mödrar［名］→ mor

möjlig［形］可能な

möjligen［副］ひょっとしたら

möjligtvis［副］おそらく

mörda［動］殺害する

mörk［形］暗い

mössa［名］（ふちなしの）帽子

möta［動］会う，出迎える

mötas［動］（お互い）出会う

ett möte［名］会合，会議

N

en nacke［名］うなじ

naken［形］裸の

ett namn［名］名前

en natt［名］夜. på natten 夜に. i natt 昨夜，今
　夜

en natur［名］自然

naturlig［形］自然の，当然の

naturligtvis［副］もちろん

ned［副］下へ，下方へ

nej［間］いいえ

ner［副］下へ，下方へ

nere［副］下で，下に

nerifrån［副］下から

nervös［形］気をもんだ，ナーバスな

ni ［代］あなた方は，あなた方が

en nia ［名］9（nioの名詞化）

nio ［数］9

nionde ［数］第9番目の

nittio ［数］90

nittionde ［数］第90番目の

nitton ［数］19

nittonde ［数］第19番目の

en nivå ［名］レベル

ett nivåtest ［名］レベルテスト

njuta ［動］〈njuter, njöt, njutit〉楽しむ

njutit ［動］→ njuta

njöt ［動］→ njuta

NO ［略］→ 理科（Naturorienterande ämne）

nog ［副］十分に；たぶん，きっと，〜と思う

noga ［副］注意して

noll ［数］0

Norge ［固］ノルウェー

normalt ［副］通常

norr ［副］（om ...）（〜の）北に

norrifrån ［副］北から

norrut ［副］北へ

norsk ［形］ノルウェー（語）の

november ［名］11月

nr ［略］→ nummer 番号，第〜番，第〜号

nu ［副］今

ett nummer ［名］数

en numrering ［名］ナンバリング

ny ［形］新しい

en nybörjare ［名］初心者

en nyckel ［名］鍵

en nyhet ［名］ニュース

en nyhetssändning ［名］ニュース放送

nyttig ［形］役に立つ，体によい

nå ［動］届く；（電話などで）連絡を取る

någon ［代］〈något, några〉誰か，何か

någonsin ［副］これまでで，いつか

någonstans ［副］どこかで，どこかに

något ［代］→ någon

några ［代］→ någon

en näbb ［名］くちばし

nämen ［間］ああ

nämligen ［副］すなわち

när ［接］〜するときに．när 完了形 〜した後で

när ［副］いつ

när ［副］時を表す関係副詞

nära ［副・前］（〜の）近くに

(en) närhet ［名］近所．i närheten 近所で，近くに

ett näringsämne ［名］栄養成分

närma ［動］närma sig 近づく

närmare ［副］より近くに，綿密に．nära の比較

級

nästa ［形］次の

nästan ［副］ほとんど，ほぼ

nästnästa ［形］次の次の

ett nät ［名］ネット

nätter ［名］→ natt

nöja ［動］nöja sig 満足する

nöjd ［形］（med ...）（〜に）満足している

en nöjespark ［名］遊園地

O

obehaglig ［形］不快な

och ［接］そして

också ［副］〜もまた，さらに，同様に

ofta ［副］よく，しばしば，頻繁に

oftast ［副］たいてい，頻繁に

oj ［間］あら，まぁ，おっと

okej ［間］了解，OK

oktober ［名］10月

olika ［形］さまざまな

en olycka ［名］事故

om ［接］もしも，〜かどうか

om ［前］【空間】〜のまわりで【時間】（今から）
〜後【頻度】om +året/dygnet/dagen 1年／24
時間／1日につき【その他】〜について

om ［副］回って，包み込んで；やり直して

ett ombud ［名］販売代理店

ett omdöme ［名］判断

omedelbart ［副］即座に

omfattande ［形］包括的な

omgav ［動］→ omge

omge ［動］〈omger, omgav, omgett〉囲んでいる

omgett ［動］→ omge

omkring ［副］およそ；周りに

omkring ［前］〜の周りに

ett område ［名］地域，地区；分野

ond ［形］悪い，不吉な．ha ont i … 〜が痛い

en onsdag ［名］水曜日

operera ［動］手術する

optimistisk ［形］楽観的な

ett ord ［名］単語

en ordbok ［名］〈-boken, -böcker, -böckerna〉
辞書

ordböcker ［名］→ ordbok

en order ［名］命令

orka ［動・助］（体力的・精神的に）〜できる

en orm ［名］ヘビ

oroa ［動］不安にさせる．oroa sig 心配する

orolig ［形］不安である

orsaka ［動］引き起こす

en osanning［名］嘘
oskyldig［形］無罪の
oss［代］私たちを，私たちに
en ost［名］チーズ
otroligt［副］信じられないほど，非常に

P

packa［動］詰める. packa upp 荷物を解く.
　packa ner 荷物を詰める
ett paket［名］包み，パッケージ
en pappa［名］お父さん，父
en paprika［名］パプリカ，ピーマン
ett par［名］カップル
ett paraply［名］傘
en park［名］公園
parkera［動］駐車する
en parkeringsplats［名］駐車場
ett parti［名］政党
en partiledare［名］党首
ett pass［名］パスポート
passa［動］適する，合う；気をつける
en patient［名］患者
ett pendeltåg［名］近郊電車
pengar［名］お金
(en) peppar［名］コショウ
per［前］〜につき
perfekt［形］完璧な
(en) persilja［名］パセリ
en person［名］人，人間
ett piano［名］ピアノ
pigg［形］元気のよい
en plast［名］プラスチック
en plats［名］場所；(順位の)番
en plikt［名］義務
plocka［動］摘み取る，拾う
plugga［動］勉強する
plus［形］プラスの
en plånbok［名］〈-boken, -böcker, -böckerna〉
　財布
plånböcker［動］→ plånbok
en pojke［名］男の子
en pojkvän［名］ボーイフレンド
en polack［名］ポーランド人
Polen［固］ポーランド
(ett) pollen［名］花粉
en polis［名］警察，警察官
en politiker［名］政治家
Poltugal［固］ポルトガル
populär［形］人気のある
en port［名］建物の扉
en potatis［名］じゃがいも

praktisk［形］便利な，実用的な
prata［動］話す，おしゃべりする
en present［名］プレゼント，贈り物
ett pris［名］値段
ett problem［名］問題
en procent［名］パーセント
en procentenhet［名］（パーセント）ポイント
producera［動］生産する
en produkt［名］製品
en professor［名］教授
ett projekt［名］プロジェクト
promenera［動］散歩する，歩く
en psalm［名］讃美歌
pussas［動］（お互いに）キスをする
en pyjamas［名］パジャマ
pynta［動］飾る
på［前］【空間】〜の上に，〜に接触して；(特
　定の活動が想起される場所名詞と）〜で【時間】
　（行為の達成にかかる時間を示して）〜で；(行
　為の行われていない期間や示して）〜間；(時
　間帯・曜日・季節などを表して）〜に
på［副］接触して；継続して
pågick［動］→ pågå
pågå［動］〈pågår, pågick, pågått〉続く，続行
　する
pågått［動］→ pågå
påminna［動］påminna A om B　AにBを思い出
　させる
en påsk［名］復活祭，イースター. i påskas こ
　の前の復活祭に
påstod［動］→ påstå
påstå［動］〈påstår, påstod, påstått〉主張する
ett påstående［名］主張
påstått［動］→ påstå
påverka［動］影響する

R

en radio［名］ラジオ
rak［形］まっすぐな
raka［動］raka sig 髭をそる
en rakhyvel［名］カミソリ
ramla［動］転ぶ
en rast［名］休憩・休み時間
reagera［動］反応する
ett recept［名］レシピ；処方箋
en reception［名］受付
en receptionist［名］受付係
red［動］→ rida
redan［副］すでに
ett regalskepp［名］戦艦
en regel［名］規則

ett regn [名]雨

regna [動]雨が降る

rektangulär [形]長方形の

en rektor [名]校長，社長

relativt [副]比較的

ren [形]きれいな，清潔な

renovera [動]リノベーションする

resa [動]旅行する，移動する；立てる．resa
　sig 立ち上がる，起立する

en resa [名]旅，旅行

en resande [名]旅行者

ett resmål [名]旅行先

en restaurang [名]レストラン

ett resultat [名]結果

rev [動]→ riva

rida [動]〈rider, red, ridit〉馬に乗る

ridit [動]→ rida

rik [形]金持ちの；豊富な

en riksdag [名]王国議会

en riksdagsman [名]〈-mannen, -män, -männen〉
　国会議員

riksdagsmän [名]→ riksdagsman

en ring [名]輪，指輪

ringa [動]電話をかける；ベルが鳴る

en risk [名]危険

riva [動]〈river, rev, rivit〉破る

rivit [動]→ riva

roa [動] roa sig 楽しむ

rolig [形]おもしろい，楽しい

en roll [名]役割．spela en roll 役割を果たす

en roman [名]小説

ropa [動]叫ぶ

en ros [名]バラ

rosa [形]ピンク色の

en rotfrukt [名]根菜

ett rum [名]部屋．äga rum 開催される，行わ
　れる

rund [形]丸い

runt [前]〜の周りに，〜を回って

runt [副]およそ

rycka [動] rycka till ビクッとする

en rygg [名]背中

rymma [動]収容能力がある，容量がある

en rynka [名]しわ

(en) ryska [名]ロシア語

Ryssland [固]ロシア

rå [形]生の

ett råd [名]忠告，アドバイス

(en) råd [名] (金銭的)余裕

(en) råg [名]ライ麦

råka [動・助]たまたま〜する；偶然に会う

räcka [動]渡す．räcka till 十分である，足りる

rädd [形] (för ...)（〜を）恐れる，怖がる

rädda [動]救う

räkna [動]数える，計算する

en räka [名]エビ

en ränta [名]金利

rätt [形]正しい

en rätt [名]料理；権利

en rättegång [名]裁判

en rättighet [名]権利

röd [形]赤い

en rödbeta [名]赤ビート

en rök [名]煙

röka [動]タバコを吸う

en rökare [名]喫煙者

röra [動]触る，動かす．röra sig 動く

en röst [名]声；投票

rösta [動]投票する

S

sa / sade [動]→ säga

sagt [動]→ säga

en sak [名]物，事

sakna [動]〜を欠く，〜がいなくて寂しい

en sallad [名]サラダ，レタス

(ett) salt [名]塩

salta [動]塩漬けにする

(en) salthalt [名]塩分含有量

samarbeta [動]協力する

samla [動]集める．samla upp 吸引する

samlas [動]集まる

samma [代]同じ．en och samma 同一の

ett samtal [名]会話

sann [形]本当の，真実の

en sanning [名]真実，本当のこと

sannolikt [副]おそらく

satt [動]→ sitta

satt [動]→ sätta

satte [動]→ sätta

en sax [名]はさみ

ett schampo [名]シャンプー

Schweiz [固]スイス

schysst [形] vad schysst 素晴らしい

se [動]〈ser, såg, sett〉見える，見る，会う．
　se ut 〜のように見える．se upp 気を付ける；
　尊敬する

sedan, sen [副]それ以来，それから

sedan, sen [前・接]〜以来，〜から．för ...
　sedan 〜前に

en sedel [名]紙幣

en seger [名]勝利

segla [動]航海する

en sekund［名]秒
en semester［名]有給休暇
sen［形]遅い，遅れた
senast［形]最近の
sent［副]遅れて
september［名] 9月
servera［動] (飲食物を)出す
en servitör［名]ウエイター
ses［動]〈ses, sågs, setts〉お互いに会う
sett［動]→ se
setts［動]→ ses
sex［数] 6
en sexa［名] 6 (sexの名詞化)
sextio［数] 60
sextionde［数]第60番目の
sexton［数] 16
sextonde［数]第16番目の
en sida［名]側面, 側;ページ. på andra sidan ...〜
　の向こう側
sig［代] (3人称再帰代名詞目的格)自分自身を，
　自分自身に
en sill［名]ニシン
en simbassäng［名]プール
simma［動]泳ぐ
sin［代]〈sitt, sina〉 (3人称再帰所有代名詞)自
　分自身の
sina［代]→ sin
ett sinne［名]知覚, 感覚
sist［副]最後に，終わりに
sitt［代]→ sin
sitta［動]〈sitter, satt, suttit〉座っている
en situation［名]状況
sju［数] 7
en sjua［名] 7 (sjuの名詞化)
sjuk［形]病気の
en sjukdom［名]病気
ett sjukhus［名]病院
en sjuksköterska［名]看護師
en sjukvårdsbiträde［名]介護士
sjunde［数]第7番目の
sjunga［動]〈sjunger, sjöng, sjungit〉歌う
sjungit［動]→ sjunga
sjunka［動]〈sjunker, sjönk, sjunkit〉沈む
sjunkit［動]→ sjunka
sjuttio［数] 70
sjuttionde［数]第70番目の
sjutton［数] 17
sjuttonde［数]第17番目の
själv［代]〈självt, själva〉自身. av sig själv 自然
　と
själva［代]→ själv
självstyrande［形]自治の

självständig［形]独立した
självt［代]→ själv
sjätte［数]第6番目の
en sjö［名]湖, 海. till sjöss 沖へ，海路で
en sjömanskostym［名]セーラー服
sjöng［動]→ sjunga
sjönk［動]→ sjunka
ska［助]→ skola
en skada［名]傷
skaffa［動] skaffa sig 手に入れる
skaka［動]揺れる，揺らす
skala［動]皮をむく
ett skaldjur［名]甲殻類
skallra［動]ガタガタ鳴る
en skandal［名]スキャンダル
skapa［動]作り出す
skar［動]→ skära
ske［動]起こる，生じる
ett skede［名]段階
sken［動]→ skina
ett skepp［名]船
skicka［動]送る
en skida［名]スキー板
ett skidlopp［名]スキーレース
en skidåkare［名]スキーヤー
skild［形]離婚している，離婚した，分かれた
skilja［動]分ける. skilja sig 別れる，離婚する
skiljas［動]離婚する. skiljas åt (お互いに)別
　れる
en skillnad［名]違い
skina［動]〈skiner, sken, skinit〉 (太陽などが)
　輝く
skinit［動]→ skina
en skiva［名]薄切り，スライス，円盤状のもの
en skjorta［名]シャツ
skjuta［動]〈skjuter, sköt, skjutit〉撃つ
skjutit［動]→ skjuta
en sko［名]靴
en skog［名]森
skola［助]〈ska/skall, skulle, skolat〉〜するこ
　とにしている. skulle vilja 〜したい(丁寧な表
　現)
en skola［名]学校. gå i skolan 学校に通う
skolat［助]→ skola
ett skolämne［名]科目
skotta［動]シャベルですくう
skratta［動]笑う
skrev［動]→ skriva
en skridsko［名]スケート
ett skrik［名]叫び声
skriva［動]〈skriver, skrev, skrivit〉書く. skriva
　ner 書き留める

en skrivare ［名］プリンター

ett skrivbord ［名］机

skrivit ［動］→ skriva

skruva ［動］ネジを締める．skruva loss ネジを緩める．skruva ner（音量などを）下げる

(en) skräck ［名］恐怖

skulle ［助］→ skola

en skulptur ［名］彫刻

skurit ［動］→ skära

skydda ［動］保護する

skyldig ［形］有罪の

skynda ［動］skynda sig 急ぐ

skål ［間］乾杯

skära ［動］〈skär, skar, skurit〉（ナイフなどで）切る

en skärgård ［名］群島

en skärm ［名］スクリーン

skölja ［動］濯ぐ

sköt ［動］→ skjuta

sköta ［動］世話をする，運営する

slagit ［動］→ slå

slagits ［動］→ slåss

slapp ［動］→ slippa

slippa ［動］〈slipper, slapp, sluppit〉まぬがれる

slog ［動］→ slå

slogs ［動］→ slåss

ett slott ［名］城，城館

en slottsteater ［名］宮殿劇場

sluppit ［動］→ slippa

ett slut ［名］終わり．i slutet av ... ～の終わりに

sluta ［動］終わる，終える

slå ［動］〈slår, slog, slagit〉殴る．slå upp（本などを）開く，（辞書で単語などを）引く，調べる

slåss ［動］〈slåss, slogs, slagits〉殴り合う

släcka ［動］（火などを）消す

en slöjd ［名］スルイド（工作）

smaka ［動］味がする；（på ...）（～を）味見する．smaka av 味付けする

(en) smitta ［名］感染

smutsa ［動］smutsa ner（服などを）汚す

smyga ［動］こそこそ歩く

små ［形］→ liten

(ett) smör ［名］バター

snabb ［形］素早い

snabbt ［副］素早く

en snaps ［名］スナップス，アクアビット

en snapsvisa ［名］スナップスを飲むときに歌う歌

snart ［副］まもなく

sned ［形］斜めの

snygg ［形］かっこいい

snål ［形］けちな

snäll ［形］優しい，親切な

(en) snö ［名］雪

snöa ［動］雪が降る

SO ［略］
　→ 社会（Samhällsorienterande ämne）

(ett) socker ［名］砂糖

en soffa ［名］ソファー

en sol ［名］太陽

sola ［動］sola sig 日光浴をする

en soldat ［名］兵士

(en) solkraft ［名］太陽光

som ［代］関係代名詞

som ［接］～として，～のように．som om あたかも～であるかのように

en sommar ［名］夏．i somras この間の夏に．i sommar この夏．på sommaren 夏に

(ett) sommarsolstånd ［名］夏至

en sommarstuga ［名］サマーコテージ

somna ［動］眠りに落ちる，寝入る

en son ［名］〈sonen, söner, sönerna〉息子

en sort ［名］種類

sov ［動］→ sova

sova ［動］〈sover, sov, sovit〉眠っている

sovit ［動］→ sova

ett sovrum ［名］寝室

Spanien ［固］スペイン

spara ［動］（お金などを）蓄える；とっておく

sparka ［動］蹴る

sparsam ［名］倹約な

spela ［動］競技する，演じる，（楽器を）演奏する

en spelare ［名］プレーヤー

spetsa ［動］尖らせる

en sport ［名］スポーツ

sprack ［動］→ spricka

sprang ［動］→ springa

spred ［動］→ sprida

spricka ［動］〈spricker, sprack, spruckit〉割れる

sprida ［動］〈sprider, spred, spridit〉広げる

spridit ［動］→ sprida

springa ［動］〈springer, sprang, sprungit〉走る

(en) sprit ［名］アルコール

spruckit ［動］→ spricka

sprungit ［動］→ springa

ett språk ［名］言語

spy ［動］嘔吐する

ett spår ［名］～番線, 跡

en spårvagn ［名］トラム

spänna ［動］締める

spännande ［形］わくわくさせる，刺激的な

en stad［名］〈staden, städer, städerna〉町，都会，都市

stack［動］→ sticka

stal［動］→ stjäla

en stam［名］幹

stanna［動］留まる．停車する

stark［形］強い

starta［動］出発する，始まる

statlig［形］国の，国営の

en station［名］駅

en statsminister［名］首相

en status［名］地位

steg［動］→ stiga

en stege［名］はしご

steka［動］（肉などを）焼く

en stekpanna［名］フライパン

stekt［形］焼いた

stel［形］固い

en stereo［名］ステレオ

sticka［動］〈sticker, stack, stuckit〉突き刺す；編む

en stiftare［名］創始者

en stig［名］小道

stiga［動］〈stiger, steg, stigit〉歩む，上がる．stiga upp 起床する．stiga på（乗り物に）乗る，乗車する

stigit［動］→ stiga

stjäla［動］〈stjäl, stal, stulit〉盗む

(en) stockholmska［名］ストックホルム方言

stod［動］→ stå

en stol［名］椅子

stor［形］大きな

en storasyster［名］姉

Storbritannien［固］イギリス

en storebror［名］〈-brodern, -bröder, -bröderna〉兄

storebröder［名］→ storebror

en storlek［名］大きさ

en strand［名］〈stranden, stränder, stränderna〉岸辺

en strejk［名］ストライキ

stressa［動］ストレスを与える，せかす

strukit［動］→ stryka

en strumpa［名］靴下

stryka［動］〈stryker, strök, strukit〉なでる；線を引く．stryka under 下線を引く，強調する

en sträcka［名］距離

strö［動］まき散らす，振りかける

strök［動］→ stryka

en strömming［名］ニシン

stuckit［動］→ sticka

en student［名］学生

studera［動］勉強する，研究する

en stuga［名］小屋，（小さな）家

stulit［動］→ stjäla

en stund［名］（少しの）時間，しばらくの間

ett stycke［名］個

stå［動］〈står, stod, stått〉立っている，書いてある

en stång［名］〈stången, stänger, stängerna〉ポール

stått［動］→ stå

städa［動］掃除する

städer［名］→ stad

ställa［動］置く，立てかける．ställa sig 並ぶ，立つ

ett ställe［名］場所

stänga［動］閉める，閉まる．stänga av スイッチを切る．stänga in 閉じ込める

stängd［形］閉めらた

stänger［名］→ stång

störa［動］邪魔をする

större［形］より大きい，stor の比較級

störst［形］最も大きい，stor の最上級

ett suddgummi［名］消しゴム

ett sund［名］海峡

sur［形］すっぱい，機嫌が悪い

surfa［動］サーフィンする

en surfplatta［名］タブレット

en surströmming［名］発酵させた缶詰のニシン

suttit［動］→ sitta

svalde［動］→ svälja

svalt［動］→ svälja

en svamp［名］きのこ

ett svar［名］答え

svara［動］答える

svart［形］黒い

svensk［形］スウェーデン（語）の

en svensk［名］スウェーデン人（男性）

(en) svenska［名］スウェーデン語

Sverige［固］スウェーデン

svettas［動］汗をかく

svår［形］難しい

svälja［動］〈sväljer, svalde, svalt〉飲み込む

svänga［動］曲がる

sy［動］縫う

(en) sylt［名］ジャム

en symfoni［名］交響曲

en synd［名］（宗教・道徳上の）罪；残念なこと，気の毒なこと．Det var synd! ああ残念！

Syrien［固］シリア

ett syskon［名］（性別に関係なく）兄弟姉妹

en syssling［名］はとこ

ett systembolag［名］国営酒店

en syster ［名］姉, 妹

så ［接］それで, だから, そのため

så att ［接］〜するように；その結果〜

så ［副］とても. så ... att ... とても〜なので, 〜だ

sådan ［代］〈sådant, sådana〉そのような

sådana ［代］→ sådan

sådant ［代］→ sådan

såg ［動］→ se

sågs ［動］→ ses

såld ［形］売られた

sålde ［動］→ sälja

således ［副］従って

sålt ［動］→ sälja

ett sår ［名］傷

såra ［動］傷つける

säga ［動］〈säger, sa (sade), sagt〉言う. det vill säga つまり

säker ［形］安全な；確かな, 確信のある

en säkerhetsbälte ［名］シートベルト

säkert ［副］絶対に, 確かに, 確実に, 間違いなく

sälja ［動］〈säljer, sålde, sålt〉売る

sällan ［副］めったに〜ない

sämre ［形］より悪い. dålig の比較級. よい前提が減少する場合

sämst ［形］最も悪い. dålig の最上級. よい前提が減少する場合

sända ［動］送る, 放映する

en säng ［名］ベッド. gå till sängs 就寝する, 寝る. ligga till sängs 病床にふしている

särskilt ［副］特に

sätta ［動］〈sätter, satte, satt〉置く, 据える. sätta sig 座る, 腰かける. sätta på スイッチを入れる. sätta på sig 身につける

söderut ［副］南へ

söka ［動］探す, 応募する

en sökande ［名］応募者

en söndag ［名］日曜日

sönder ［副］壊れた, 割れた, 故障した

söner ［名］→ son

T

ta ［動］〈tar, tog, tagit〉取る. ta på sig 服など着る. ta av sig 服などを脱ぐ. ta med sig 持って行く. ta fram 取り出す. ta i 力を振り絞る

en tablett ［名］錠剤

tack ［間］ありがとう, （何かを頼む時に）お願いします. Tack så mycket. どうもありがとう

ett tack ［名］感謝. tack vare... 〜のおかげで

ett tag ［名］つかむこと；少しの時間. få tag på ...

〜を見つける, 手に入れる, 〜と連絡を取る

en tagg ［名］トゲ

tagit ［動］→ ta

ett tak ［名］屋根, 天井

tala ［動］話す

en tallrik ［名］皿

en tand ［名］〈tanden, tänder, tänderna〉歯

en tandborste ［名］歯ブラシ

en tandkräm ［名］歯磨き粉

tappa ［名］落とす

en tavla ［名］絵画

ett tecken ［名］しるし, 兆候

en teckning ［名］デッサン

teg ［動］→ tiga

en teknik ［名］技術

en telefon ［名］電話

ett telefonnummer ［名］電話番号

en tenta ［名］試験

en termin ［名］学期

Thailand ［固］タイ

en tia ［名］10（tio の名詞化）

en tid ［名］時間. i tid 時間通りに. förr i tiden 昔は. på den tiden 当時は. genom tiderna 史上

tidig ［形］早い

tidigare ［副］以前は

tidigt ［副］早くに

en tidning ［名］新聞, 雑誌

tiga ［動］〈tiger, teg, tigit〉黙っている

tigit ［動］→ tiga

till ［前］【空間】〜へ, 〜に【時間】〜まで【目標】〜ために【関係】（所属・付属を表して）〜の. till och med （〜を含んだうえで）〜まで

till ［副］追加して, （瞬時的な激しい動きを表して）ちょっと

tillbaka ［副］戻って

tillfällig ［形］一時的な

en tillgång ［名］資産

tillhöra ［動］〜に属している, 〜のものである

tills ［接・前］〜（する）まで

tillsammans ［副］一緒に

tillverka ［動］生産する, 製造する

en tillverkare ［名］生産者

en timme ［名］1時間

tio ［数］10

tionde ［数］第10番目の

en tisdag ［名］火曜日

titta ［動］(på ...) (〜を) 見る

tjugo ［数］20

tjugonde ［数］第20番目の

en tjuv ［名］泥棒

(ett) toapapper ［名］トイレットペーパー

en toffel ［名］スリッパ

tog ［動］→ ta
tolfte ［数］第12番目の
tolv ［数］12
en tolva ［名］12（tolvの名詞化）
tom ［形］空っぽの
en tomat ［名］トマト
en ton ［名］音調，口調
en topp ［名］頂上
ett torg ［名］広場
ett torn ［名］塔
en torsdag ［名］木曜日
en torsk ［名］タラ
total ［形］全体の
en tradition ［名］伝統
traditionell ［形］伝統的な
(ett) trafikkaos ［名］交通渋滞
trampa ［動］踏む
en trappa ［名］階段
tre ［数］3
en trea ［名］3（treの名詞化）
tredje ［数］第3番目の
trekantig ［形］三角の
trettio ［数］30
trettionde ［数］第30番目の
tretton ［数］13
trettonde ［数］第13番目の
trivas ［動］楽しく過ごす，居心地がよい
tro ［動］～と思う，信ずる
trolig ［形］ありそうな
troligen ［副］思うに
trots ［前］～にもかかわらず
trots att ［接］～にもかかわらず
en trottoar ［名］歩道
tråkig ［形］退屈な，困った，残念な
trång ［形］狭い，混み合った
ett trä ［名］材木
ett träd ［名］木
en trädgård ［名］庭
träffa ［動］会う
träffas ［動］お互いに会う
ett trähus ［名］木造の家
träna ［動］トレーニングする
trängas ［動］押し合いへし合いする
trängre ［形］より狭い，trångの比較級
trängst ［形］最も狭い，trångの最上級
en tröja ［名］セーター
trött ［形］疲れている；飽きた
tung ［形］重い
tunn ［形］薄い
en tunnelbana ［名］地下鉄
(en) tur ［名］幸運，順番
Turkiet ［固］トルコ

en turist ［名］旅行者
tusen ［数］1,000
tusende ［数］第1,000番目の
en TV ［名］テレビ
tvivla ［動］疑問に思う，疑う
ett TV-program ［名］テレビ番組
tvungen ［形］vara tvungen att ... ～せざるを得ない
två ［数］2
en tvåa ［名］2（tvåの名詞化）
en tvål ［名］石鹸
tvärtom ［副］それとは逆に，それとは反対に
tvätta ［動］洗う
en tvättstuga ［名］洗濯室
tycka ［動］～と思う．tycka om ～が好きである
tyckas ［動］～のように思える
tydlig ［形］はっきりした，明瞭な
tydligen ［副］明らかに
en tyfon ［名］台風
tyngre ［形］より重い，tungの比較級
tyngst ［形］最も重い，tungの最上級
typ ［名］タイプ，型
typisk ［形］典型的な，特徴的な
(en) tyska ［名］ドイツ語
Tyskland ［固］ドイツ
tyst ［形］沈黙した，静かな．hålla tyst 黙る
tyvärr ［副］残念ながら
en tå ［名］足の指，つま先
ett tåg ［名］電車
en tårta ［名］ケーキ
täcka ［動］覆う
tänder ［名］→ tand
tänka ［動・助］思う，考える；～するつもりだ．tänka efter よく考える
en tävling ［名］競技会
tömma ［動］空にする

U

en ugn ［名］オーブン
umgicks ［動］→ umgås
umgås ［動］〈umgås, umgicks, umgåtts〉交際する，付き合いをする
undan ［副］わきへ，よけて，回避して
under ［前］【空間】～の下に【時間】～の間
under ［副］下に
understrukit ［動］→ understryka
understryka ［動］〈understryker, underströk, understrukit〉強調する
underströk ［動］→ understryka
en undertext ［名］字幕
undra ［動］だろうかと思う，いぶかしく思う，(控

えめに）尋ねる

undvek ［動］→ undvika

undvika ［動］〈undviker, undvek, undvikit〉避ける

undvikit ［動］→ undvika

ung ［形］若い

en ungdom ［名］若者

en unge ［名］動物の子供

ungefär ［副］約，およそ

unik ［形］ユニークな

en union ［名］同盟

ett universitet ［名］大学

upp ［副］上へ，終結して，開いて

uppdatera ［動］更新する，アップデートする

uppe ［副］上で，上に，起きて

ett uppehållstillstånd ［名］滞在許可

uppfann ［動］→ uppfinna

uppfinna ［動］〈uppfinner, uppfann, uppfunnit〉発明する

uppfostra ［動］育てる

uppfunnit ［動］→ uppfinna

uppföra ［動］uppföra sig 振舞う

uppgick ［動］→ uppgå

uppgå ［動］〈uppgår, uppgick, uppgått〉達する

en uppgång ［名］上昇

uppgått ［動］→ uppgå

uppifrån ［副］上から

en uppsats ［名］作文，レポート

upptagen ［形］忙しい

upptäcka ［動］発見する

ur ［前］〜の中から

ur ［副］中から，（内部が）空になって

ursprungligen ［副］もともとは

ursäkta ［動］許す．Ursäkta (mig) すみません

ett usb-minne ［名］USBメモリー

ut ［副］外へ，終わって

utan ［前］〜なしで．utan att … 〜することなく

utan ［接］inte A utan B AでなくBだ．inte bara A utan även (också) B AばかりでなくBも

utanför ［前］〜の外に，〜の郊外に

utantill ［副］空で，暗唱して

ute ［副］外で，外に

en utflykt ［名］遠足，ピクニック

en utgång ［名］出口

utifrån ［副］外から

utomhus ［副］野外で

utomlands ［副］海外に

utreda ［動］捜査する

ett utrymme ［名］空間

en utsikt ［名］眺め，眺望

ett uttal ［名］発音

utveckla ［動］発展させる

V

vacker ［形］美しい

vad ［代］何が，何を，何と

vad ［代］関係代名詞，〜すること，〜するもの

en vagn ［名］車両，トレーラー

vakna ［動］目が覚める

en vakt ［名］守衛

en vaktavlösning ［名］近衛兵の交代式

ett val ［名］選択；選挙

en valdag ［名］投票日

valde ［動］→ välja

ett valdeltagande ［名］投票率

ett valresultat ［名］選挙結果

valt ［動］→ välja

vanlig ［形］普通の

vanligen ［副］普通は，通例は

vanligtvis ［副］普通は

ett vapen ［名］武器

en vapenexport ［名］武器輸出

var ［副］どこに

var ［動］→ vara

vara ［動］〈är, var, varit〉〜である（だ），〜がある（いる）

varandra ［代］お互い（に，を）

varannan ［代］〈vartannat, ×〉1つおきの

en vardag ［名］平日；日常

ett vardagsrum ［名］リビングルーム，居間

en vardagssyssla ［名］日常の活動

varenda ［代］〈vartenda, ×〉1つも欠かさず，毎

varför ［副］なぜ

en varg ［名］オオカミ

ett varhus ［名］デパート

varifrån ［副］どこから

varit ［動］→ vara

varje ［代］それぞれの，毎〜

varken ［接］varken A eller B AもBもともに〜ない

varm ［形］暖かい，暑い，熱い

vars ［代］関係代名詞所有格

vart ［副］どこへ，どちらへ

vartannat ［代］→ varannan

vartenda ［代］→ varenda

en vas ［名］花瓶

(ett) vatten ［名］水，水辺

(en) vattenkraft ［名］水力

en vecka ［名］週

en veckodag ［名］平日，曜日

en vegetarian ［名］菜食主義者

vek ［動］→ vika

227

velat［助］→ vilja
vem［代］誰が，誰を，誰に
vems［代］誰の，誰のもの
ett verk［名］作品. i själva verket 実際のところ
verka［動］〜と思われる，〜のように見える
verkligen［副］本当に，実際に
vet［動］→ veta
veta［動］〈vet, visste, vetat〉知っている
vetat［動］→ veta
vi［代］私たちは，私たちが
via［前］〜を経由して
vid［前］〜のそばに，〜のところで
vidarebefordra［動］転送する
en video［名］ビデオ
en vigsellokal［名］結婚式場
vika［動］〈viker, vek, vikit〉折る，たたむ
vikit［動］→ vika
en vikt［名］重さ，体重
viktig［形］重要な
vila［動］休む，休息する
vilja［助］〈vill, ville, velat〉〜したい
vilka［代］→ vilken
vilken［代］〈vilket, vilka〉どの，どんな
vilket［代］→ vilken
vill［助］→ vilja
en villa［名］一軒家
ville［助］→ vilja
vilse［副］迷って
ett vin［名］ワイン
en vind［名］風
(en) vindkraft［名］風力
vinna［動］〈vinner, vann, vunnit〉勝つ，勝ち取る
en vinst［名］利益
en vinter［名］冬. i vintras この間の冬に. i vinter この冬. på vintern 冬に
ett virus［名］ウイルス
ett vis［名］方法，仕方
visa［動］見せる
en visa［名］歌
viska［動］ささやく
viss［形］ある種の，ある程度の
vissla［動］口笛を吹く
visst［副］確かに
vit［形］白い
ett vitamin［名］ビタミン
ett vittne［名］目撃者
VM［略］→ världsmästerskap 世界選手権
en vodka［名］ウオッカ
en volym［名］巻，ボリューム
vore［動］vara の接続法過去
våga［動・助］〜する勇気がある，あえて〜する

る
en våning［名］階
vår［代］〈vårt, våra〉我々の，私たちの
en vår［名］春. i våras この間の春に. i vår この春. på våren 春に
våra［代］→ vår
våran［代］vår の口語形
vårat［代］vårt の口語形
vårt［代］→ vår
en vårtermin［名］春学期
våt［形］濡れた
väcka［動］起こす，目覚めさせる
ett väder［名］天気，天候
en väderprognos［名］天気予報
en väg［名］道
väga［動］重さがある
en vägg［名］壁
väl［副］よく，十分に；〜ですよね？
väldigt［副］とても
välja［動］〈väljer, valde, valt〉選ぶ
en väljare［名］有権者
välkänd［形］よく知られた
en vän［名］友人
vända［動］ひっくり返す. vända sig till ... 〜に向けられる
(en) vänster［名］左. till vänster 左へ
vänta［動］(på ...) (〜を)待つ
en väntetid［名］待ち時間
ett värde［名］価値
en värld［名］世界
ett världsarv［名］世界遺産
en världsklass［名］世界的レベル
ett världsmästerskap［名］世界選手権
värma［動］温める
(en) värmekraft［名］火力
värre［形］より悪い. dålig の比較級. 悪い前提が増加する場合に
värst［形］最も悪い. dålig の最上級. 悪い前提が増加する場合に
en väska［名］バッグ，カバン
en västkust［名］西海岸
västra［形］西の
en växt［名］植物

W

en whisky［名］ウイスキー

Y

yngre［形］より若い. ung の比較級
yngst［形］最も若い. ung の最上級

en yta ［名]表面, 面積
ytterligare ［副]さらに

en åder ［名]血管
åka ［動]（乗物に）乗って行く
en ålänning ［名]オーランド人
ångra ［動] ångra sig 後悔する
ett år ［名]年
ett århundrade ［名]世紀
en årskurs ［名]学年
ett årtionde ［名]10年間
ett årtusende ［名]千年紀
en åsikt ［名]意見
åt ［前] 〜の方へ
åt ［動]→ äta
återförena ［動]再統合する
åtminstone ［副]少なくとも
åtta ［数] 8
en åtta ［名] 8（åttaの名詞化）
åttio ［数] 80
åttionde ［数]第80番目の
åttonde ［数]第8番目の

äga ［動]所有する. äga rum 開催される
ett ägg ［名]たまご
äkta ［形]本物の
äldre ［形]より年上の（古い）. gammalの比較級.
　de äldre 老人
äldst ［形]最も年上の（古い）. gammalの最上級
en älg ［名]ヘラジカ
älska ［動]愛する
ett ämne ［名]物質；話題, 題材；分野, 科目
än ［接] 〜より（比較の対象）
än ［副]もう, （否定語とともに）まだ（〜ない）
ändra ［動]変える

ändå ［副]それにもかかわらず
ännu ［副]（否定語とともに）まだ（〜ない）；（比
　較級を修飾して）より一層, さらに
äntligen ［副]ついに
ett äpple ［名]リンゴ
är ［動]→ vara
en ärkebiskop ［名]大司教
(en) ärtsoppa ［名]えんどう豆のスープ
äta ［動] 〈äter, åt, ätit〉食べる
ätbar ［形]食べられる
ätit ［動]→ äta
ätlig ［形]食べられる
även ［副] 〜さえ. även om ... 〜であるにせよ

en ö ［名]島
ett öga ［名] 〈ögat, ögon, ögonen〉目
ögon ［名]→ öga
en ögrupp ［名]群島
öka ［動]増加する；増加させる
ett/en öl ［名]ビール
öppen ［形]開いている
en öppettid ［名]開館時間
öppna ［動]開ける, 開く
ett öra ［名]耳
ett öre ［名]ウーレ（スウェーデンの貨幣の単位）
öron ［名]→ öra
öva ［動]練習する
över ［前] 〜の上に, 〜を越えて, 〜以上に
över ［副]超えて, 覆って, あふれ出て, 終わっ
　て
överens ［副]合意した. komma överens 合意す
　る
översatt ［動]→ översätta
översatte ［動]→ översätta
översätta ［動] 〈översätter, översatte, översatt〉
　翻訳する
övertala ［動]説得する

本書は，JSPS 科研費 18K00830，17K02680，20K00521 による助成を受けた研究成果の一部である．

著者紹介
當野 能之（トウノ タカユキ）
大阪外国語大学地域文化学科スウェーデン語専攻卒業．神戸大学大
学院文学研究科（修士課程）修了．神戸大学大学院文化学研究科（博
士課程）修了．2007 年神戸大学より博士号（学術）取得．専門は，
スウェーデン語学，スウェーデン語教育，言語学．共著に『世界の
言語シリーズ 12　スウェーデン語』（大阪大学出版会，2016 年）が
ある．

スウェーデン語トレーニングブック

2021 年 3 月 5 日　第 1 刷発行
2024 年 2 月 29 日　第 4 刷発行

著　者 © 當　野　能　之
発行者　　岩　堀　雅　己
印刷所　　株式会社ルナテック

発行所　101-0052 東京都千代田区神田小川町 3 の 24
電話 03-3291-7811（営業部），7821（編集部）　株式会社　白水社
www.hakusuisha.co.jp
乱丁・落丁本は送料小社負担にてお取り替えいたします。

振替 00190-5-33228　　　Printed in Japan　　　加瀬製本

ISBN 978-4-560-08887-6

会話＋文法

入門書の決定版がパワーアップ

ニューエクスプレス＋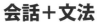

スウェーデン語

シリーズ

CD
＋
音声アプリ

速水 望 著

ザリガニパーティで乾杯、夏至祭でダ
ンス、フィーカで一息……白夜の国の
文化とともに、歌うような響きの言葉
を学びませんか。

■Ａ５判　162頁　2色刷